小企业
财务与会计实务

刘淑叶　主编

·北京·

本书主要内容包括小企业财务会计概述，小企业流动资产的核算，小企业非流动资产的核算，小企业负债和所有者权益的核算，小企业收入、费用和利润的核算，小企业外币业务和小企业财务报表。本书依据最新的税法，紧紧围绕小企业财务与会计实务编写，书中对小企业财务理论知识进行归纳，采用图解的形式逐条讲解，并附有大量的链接实例，便于读者参照运用，具有内容全面深入、举例丰富、实用性强等特色。

本书适合小企业负责人、小企业财会人员、银行贷款业务人员和风险管控人员、大中专院校（包括成人职业教育院校）学生以及其他财经管理人员阅读使用。

图书在版编目（CIP）数据

小企业财务与会计实务/刘淑叶主编. —北京：化学工业出版社，2018.3（2023.1重印）

ISBN 978-7-122-31476-5

Ⅰ.①小… Ⅱ.①刘… Ⅲ.①中小企业-财务会计-研究 Ⅳ.①F276.3

中国版本图书馆CIP数据核字（2018）第020317号

责任编辑：彭明兰

责任校对：宋　玮　　　装帧设计：王晓宇

出版发行：化学工业出版社（北京市东城区青年湖南街13号　邮政编码100011）

印　　刷：三河市航远印刷有限公司

装　　订：三河市宇新装订厂

787mm×1092mm　1/16　印张15½　字数394千字　2023年1月北京第1版第2次印刷

购书咨询：010-64518888　　　售后服务：010-64518899

网　　址：http://www.cip.com.cn

凡购买本书，如有缺损质量问题，本社销售中心负责调换。

定　　价：67.80元

前言
FOREWORD

小企业是我国国民经济和社会发展的重要力量，大力支持、促进小企业发展，是保持国民经济平稳较快发展的重要基础，是关系民生和社会稳定的重大战略任务。小企业对于增加经济、增长活力，有效扩大就业、保持社会和谐稳定、建设创新型国家，都具有十分重要的意义。《小企业会计准则》自 2013 年开始执行，已被广大财会人员所熟知，近两年来，国家还出台了一系列针对小微企业的税收优惠政策，对于小企业的财会实务有着较大影响。

本书依据最新的税法，紧紧围绕小企业财务与会计实务编写，书中对小企业财务理论知识进行归纳，采用图解的形式逐条讲解，并附有大量的实际案例，便于读者参照运用。总的来说，本书具有以下特点。

（1）内容全面、讲解清晰。本书围绕最新的税法，对小企业财务基本知识进行归纳整理，用组织结构图的形式对理论知识分解，逐条讲解，让读者能一目了然地理解理论知识。

（2）实用性强。本书在讲解完小企业财务基础知识后，列举了大量的实际工作案例，模拟实际财务工作情景，既适用于初入职场人员阅读使用，又为相关专业的人员提供了非常实用的学习资料。

本书由刘淑叶主编，由董慧、何影、王红微、齐丽娜、齐丽丽、于涛、孙时春、罗娜、吴宁、李香香、成育芳、张超、雷杰、张健、张进、夏欣、赵慧、白雅君共同参与编写完成。

由于编写时间仓促及经验和学识有限，尽管编者尽心尽力，书中难免出现不足之处，恳请广大读者批评指正。

目录

CONTENTS

第一章　小企业财务会计概述

第一节　小企业的界定 / 1

一、一般标准 / 1

二、特殊标准 / 2

第二节　《小企业会计准则》与现行企业准则的差异 / 2

一、会计计量 / 3

二、收入确认 / 3

三、长期投资的会计处理 / 3

四、固定资产折旧和无形资产摊销 / 3

五、长期待摊费用的会计处理 / 4

六、所得税费用的会计处理 / 4

七、外币财务报表折算差额 / 4

八、财务报表的列报和披露 / 5

九、会计政策变更和会计差错更正的会计处理 / 5

第三节　《小企业会计准则》与相关税法的一致性 / 5

一、《小企业会计准则》和《企业所得税法》的协调 / 5

二、《小企业会计准则》和《企业所得税法》一致性的表现 / 7

第四节　会计假设、信息质量要求和会计处理基础 / 15

一、小企业会计假设（前提） / 15

二、小企业会计信息质量要求 / 17

三、小企业会计确认、计量和报告的基础 / 20

四、小企业会计计量属性 / 20

第五节　会计要素、会计科目和会计账户 / 22

一、会计要素 / 22

二、会计科目 / 24

三、会计账户 / 27

第二章　小企业流动资产的核算

第一节　货币资金的核算 / 28

一、库存现金的核算 / 28

二、银行存款的核算 / 32

三、其他货币资金的核算 / 34

四、其他银行结算方式的会计核算 / 37
第二节　短期投资的核算 / 40
一、初始计量（取得时） / 41
二、后续计量（持有期间） / 41
三、期末计量（出售时） / 42
第三节　应收及预付款项的核算 / 43
一、应收票据的核算 / 43
二、应收账款的核算 / 47
三、预付账款的核算 / 49
四、其他应收款的核算 / 50
第四节　存货的核算 / 52
一、存货概述 / 52
二、存货发出的计价方法 / 54
三、原材料的核算 / 55
四、委托加工物资的核算 / 60
五、周转材料的核算 / 62
六、小企业自制产品（包括半成品）的核算 / 66
七、库存商品的核算 / 83
八、消耗性生物资产的核算 / 85
九、存货清查 / 86

第三章　小企业非流动资产的核算
第一节　长期投资的核算 / 89
一、长期债券投资的核算 / 89
二、长期股权投资的核算 / 93
第二节　固定资产的核算 / 95
一、固定资产的初始确认与计量 / 95
二、固定资产折旧 / 101
三、固定资产的后续支出 / 105
四、固定资产的处置 / 106

第四章　小企业负债和所有者权益的核算
第一节　流动负债的核算 / 109
一、短期借款的核算 / 109
二、应付票据的核算 / 110
三、应付账款的核算 / 112
四、应付职工薪酬的核算 / 113
五、预收账款的核算 / 115
六、应交税费的核算 / 116
七、应付利息的核算 / 129
八、应付利润的核算 / 130

九、其他应付款的核算 / 131
第二节 非流动负债的核算 / 132
一、长期借款的核算 / 132
二、长期应付款的核算 / 133
第三节 所有者权益的核算 / 134
一、实收资本的核算 / 134
二、资本公积的核算 / 137
三、小企业留存收益的核算 / 139

第五章 小企业收入、费用和利润的核算
第一节 小企业收入的核算 / 143
一、小企业销售商品收入 / 143
二、小企业提供劳务收入 / 148
三、视同销售业务 / 152
第二节 小企业费用的核算 / 155
一、小企业费用概述 / 155
二、小企业营业成本的核算 / 156
三、小企业营业税金及附加 / 158
四、期间费用 / 159
第三节 小企业利润的核算 / 165
一、小企业利润 / 165
二、小企业政府补助 / 170
三、小企业所得税费用 / 173
第四节 利润分配的核算 / 176
一、利润分配概述 / 176
二、小企业利润分配的会计处理 / 178

第六章 小企业外币业务
第一节 小企业外币交易 / 181
一、小企业外币交易综述 / 181
二、外币交易及其会计处理 / 182
三、外币项目在资产负债表日的调整 / 185
第二节 小企业外币财务报表的折算 / 188
一、现行汇率法 / 188
二、流动与非流动项目法 / 188
三、货币性与非货币性项目法 / 188
四、时态法 / 189

第七章 小企业财务报表
第一节 小企业财务报表综述 / 192

一、小企业财务报表的作用 / 192
二、小企业财务报表的列报 / 192
三、小企业财务报表列报的基本要求 / 193
第二节　小企业资产负债表 / 195
一、小企业资产负债表的编制要求 / 195
二、小企业资产负债表的编制方法 / 197
第三节　小企业利润表 / 201
一、小企业利润表至少应当单独列示反映的项目 / 202
二、小企业利润表的格式 / 202
三、小企业利润表的编制说明 / 203
第四节　小企业现金流量表 / 205
一、现金流量表的结构及编制基础 / 206
二、小企业现金流量表的编制方法 / 207
三、小企业编制现金流量表应注意的有关问题 / 208
四、小企业现金流量表的格式及编制说明 / 209
第五节　小企业财务报表附注 / 210
一、小企业财务报表附注的披露顺序 / 211
二、小企业财务报表附注披露的基本要求 / 211
三、小企业财务报表附注信息主要包括的内容 / 211

参考文献 / 239

第一章　小企业财务会计概述

Chapter 01

第一节　小企业的界定

一、一般标准

一般标准

《小企业会计准则》主要是对“小企业”加以规范，“小企业”在《中小企业划型标准规定》（工信部联企业［2011］300号）有明确规定

按照《中小企业划型标准规定》，依据企业从业人员、营业收入、资产总额等指标，并结合行业特点，将中小企业划分为中型、小型和微型三种，其中小型企业的划分标准见小型企业划分图

小型企业划分

农、林、牧、渔业。营业收入50万元及以上、500万元以下的为小型企业

工业。从业人员20人及以上、300人以下，且营业收入300万元及以上、2000万元以下的为小型企业

建筑业。营业收入300万元及以上、6000万元以下，且资产总额300万元及以上、5000万元以下的为小型企业

批发业。从业人员5人及以上、20人以下，且营业收入1000万元及以上、5000万元以下的为小型企业

零售业。从业人员10人及以上、50人以下，且营业收入100万元及以上、500万元以下的为小型企业

交通运输业。从业人员20人及以上、300人以下，且营业收入200万元及以上、3000万元以下的为小型企业

仓储业。从业人员20人及以上、100人以下，且营业收入100万元及以上、1000万元以下的为小型企业

邮政业。从业人员20人及以上、300人以下，且营业收入100万元及以上、2000万元以下的为小型企业

住宿业。从业人员10人及以上、100人以下，且营业收入100万元及以上、2000万元以下的为小型企业

小型企业划分

- 餐饮业。从业人员10人及以上、100人以下，且营业收入100万元及以上、2000万元以下的为小型企业
- 信息传输业。从业人员10人及以上、100人以下，且营业收入100万元及以上、1000万元以下的为小型企业
- 软件和信息技术服务业。从业人员10人及以上、100人以下，且营业收入50万元及以上、1000万元以下的为小型企业
- 房地产开发经营。营业收入100万元及以上、1000万元以下，且资产总额2000万元及以上、5000万元以下的为小型企业
- 物业管理。从业人员100人及以上、300人以下，且营业收入500万元及以上、1000万元以下的为小型企业
- 租赁和商务服务业。从业人员10人及以上、100人以下，且资产总额100万元及以上、8000万元以下的为小型企业
- 其他未列明行业。从业人员10人及以上、100人以下的为小型企业

二、特殊标准

《小企业会计准则》的适用，除符合上述一般标准规定外，还需符合下列要求，即下列三类小企业，不适用《小企业会计准则》而顺执行《企业会计准则》。

特殊标准

- 股票或债券在市场上公开交易的小企业
- 金融机构或其他具有金融性质的小企业
- 企业集团内的母公司或子公司（注：这里的母公司与子公司与《企业会计准则》的规定相同）

第二节 《小企业会计准则》与现行企业准则的差异

《小企业会计准则》主要对小企业常见业务的会计处理原则加以规范，不涉及投资性房地产、资产减值、企业年金基金、股份支付、企业合并、中期财务报告、合并财务报表、每股收益、关联方披露等内容。《小企业会计准则》与《企业会计准则》之间是合理分工与有序衔接相结合的关系。

《小企业会计准则》和《企业会计准则》之间关系的具体体现

- 已执行《小企业会计准则》的小企业所发生的交易或事项若在《小企业会计准则》中未做规范，可以参照《企业会计准则》的相关规定进行处理
- 已执行《小企业会计准则》的小企业一旦公开发行股票债券或因经营规模或企业性质转变而成为大中型企业或金融企业的，应当转为执行《企业会计准则》
- 小企业转为执行《企业会计准则》时，应当依照《企业会计准则第38号——首次执行企业会计准则》等相关规定进行会计处理

从形式来看，完整版《企业会计准则》由1项基本准则、41项具体准则及应用指南构

成，其中应用指南又包括会计准则解释、会计科目和主要账务处理。而《小企业会计准则》只有一项相关内容，其文本内容仅占完整版《企业会计准则》的10%左右。

从内容分析，《小企业会计准则》和《企业会计准则》差异较大，其内容差异主要表现在以下方面。

一、会计计量

会计计量

- 《企业会计准则》规定，企业可以根据实际需要选用历史成本、重置成本、可变现净值、现值或公允价值等会计计量属性对会计要素进行计量
- 《小企业会计准则》要求小企业采用历史成本对会计要素进行计量，例如对小企业的资产要求按照成本计量，不再要求计提资产减值准备，资产实际损失的确定参照现行企业所得税政策中的相关认定标准
- 对于小企业的负债不再要求按照公允价值入账，而是要求依照实际发生额入账；对小企业融资租入固定资产的入账价值不再要求按照租赁开始日租赁资产公允价值和最低租赁付款额现值两者中较低者作为会计计量基础，而是要求按照租赁合同约定的付款总额以及在签订租赁合同过程中发生的相关税费等确定。但在财务报表附注中要求对短期投资及存货列明“期末市价”和“期末账面余额与市价的差额”，供报表使用者分析判别相应情况

二、收入确认

收入确认

- 《小企业会计准则》不再要求小企业遵循实质重于形式的原则，而是要求小企业采用发出商品或者提供劳务交易完成及收到货款或取得收款权利作为标准，减少有关风险与报酬转移的职业判断，同时就几种常见的销售方式明确规定了收入确认的时点
- 在收入计量方面，不再要求小企业按照从购买方已收或是应收的合同或协议价款或者应收的合同或协议价款的公允价值确定收入的金额，而是要求根据从购买方已收或应收的合同或协议价款确定收入的金额

三、长期投资的会计处理

长期投资的会计处理

- 《企业会计准则》规定，债券的折价或溢价在债券存续期间内于确认相关债券利息收入时采用实际利率法进行摊销。然而《小企业会计准则》规定，债券的折价或溢价在债券存续期间内于确认相关债券利息收入时采用直线法进行摊销
- 在长期股权投资的后续计量方面，《企业会计准则》规定，长期股权投资在持有期间，投资方可对被投资单位实施控制的长期股权投资采用成本法进行会计处理，投资方对联营企业及合营企业的长期股权投资采用权益法进行会计处理。而《小企业会计准则》则要求小企业全部采用成本法对长期股权投资进行会计处理

四、固定资产折旧和无形资产摊销

固定资产折旧

- 《企业会计准则》规定，企业应当根据固定资产的性质和使用情况，合理确定固定资产的使用寿命和预计净残值，而不必考虑税法的规定
- 《小企业会计准则》规定，小企业应当根据固定资产的性质和使用情况，并考虑税法的规定，合理确定固定资产的使用寿命和预计净残值

无形资产摊销

- 《企业会计准则》规定，企业应当于取得无形资产时分析判断其使用寿命；使用寿命有限的无形资产，其应摊销金额需在使用寿命内系统合理摊销；企业摊销无形资产，应当自无形资产可供使用时起，直到不再作为无形资产确认时止
- 《小企业会计准则》规定，无形资产的摊销期自其可供使用时开始直到停止使用或出售时止；有关法律规定或合同约定了使用年限的，可按照规定或约定的使用年限分期摊销；小企业无法可靠估计无形资产使用寿命的，摊销期不得低于10年

五、长期待摊费用的会计处理

长期待摊费用的会计处理

- 《企业会计准则》规定，“长期待摊费用”账户核算企业已经发生但应由本期以及以后各期负担的分摊期限在一年以上的各项费用，如用经营租赁方式租入的固定资产发生的改良支出等，其会计处理内容、摊销期限和企业所得税法及其实施条例存在较大的差异
- 《小企业会计准则》对长期待摊费用的会计处理内容、摊销期限均和企业所得税法及其实施条例的规定基本一致
- 《小企业会计准则》规定，小企业的长期待摊费用包括已提足折旧的固定资产的改建支出、经营租入固定资产的改建支出、固定资产的大修理支出以及其他长期待摊费用等

六、所得税费用的会计处理

所得税费用的会计处理

- 《企业会计准则》要求企业采用资产负债表债务法核算所得税，在计算应交所得税和递延所得税的基础上，确认所得税费用
- 《小企业会计准则》要求企业采用应付税款法核算所得税，将计算的应交所得税确认为所得税费用，这大大简化了所得税的会计处理
- 小企业在收到与资产相关的政府补助或用作补偿小企业以后期间相关费用或亏损的其他政府补助时，《小企业会计准则》要求确认为递延收益，而税法要求在收到政府补助时一次性计入当期收入或在符合条件的情况下作为不征税收入，以致小企业会计和税法存在差异
- 《小企业会计准则》要求小企业在财务报表附注中增加纳税调整说明，披露“对已在资产负债表和利润表中列示项目和企业所得税法规定存在差异的纳税调整过程”

七、外币财务报表折算差额

《企业会计准则》外币折算规定

- 资产负债表中的资产及负债项目，采用资产负债表日的即期汇率折算，所有者权益项目除“未分配利润”项目外，其他项目采用发生时的即期汇率折算
- 利润表中的收入和费用项目，采用交易发生日的即期汇率折算，也可采用按照系统合理的方法确定的、与交易发生日即期汇率近似的汇率折算
- 按照上述折算产生的外币财务报表折算差额，在资产负债表中所有者权益项目下单独列示

《小企业会计准则》外币折算规定

- 要求小企业对外币财务报表进行折算时，应当采用资产负债表日的即期汇率对外币资产负债表、利润表和现金流量表的所有项目进行折算
- 这样，小企业既不会产生外币财务报表折算差额，也减少了外币财务报表折算的工作量

八、财务报表的列报和披露

财务报表的列报和披露

- 小企业的财务报表至少应当包括资产负债表、利润表、现金流量表和附注四个组成部分，小企业不必编制所有者权益（或股东权益）变动表
- 考虑到小企业会计信息使用者的需求，《小企业会计准则》对于现金流量表也进行了适当简化，无需披露将净利润调节为经营活动现金流量、当期取得或处置子公司及其他营业单位等信息
- 小企业财务报表附注的披露内容大为减少，披露要求也有所降低

九、会计政策变更和会计差错更正的会计处理

会计政策变更和会计差错更正的会计处理

- 《企业会计准则》要求企业根据具体情况对会计政策变更采用追溯调整法或未来适用法进行会计处理，对前期差错更正采取追溯重述法或未来适用法进行会计处理；对会计估计变更采取未来适用法进行会计处理
- 《小企业会计准则》要求小企业对会计政策变更、会计估计变更和会计差错更正都应当采用未来适用法进行会计处理，这大大简化了会计政策变更和会计差错更正的会计处理方法

第三节 《小企业会计准则》与相关税法的一致性

一、《小企业会计准则》和《企业所得税法》的协调

（一）资产会计处理的协调

1. 统一采用历史成本计量

统一采用历史成本计量

- 《企业所得税法》贯彻确定性原则，不承认持有期间市价变动对资产的影响，不确认公允价值变动产生的损益。不确认持有资产的减值，除了金融企业按国务院财政、税务主管部门规定提取的准备金外，减值准备一律不得税前扣除
- 小企业采用历史成本计量属性，不再计提坏账准备、存货跌价准备、固定资产减值准备等，不再根据资产公允价值调整短期投资、长期股权投资账面价值；此外，小企业对长期股权投资一律采用成本法，在实际取得股利时计入当期“投资收益”等

2. 统一资产折旧（摊销）方法和年限

统一资产折旧（摊销）方法和年限

- 《小企业会计准则》规定，以“竣工”为自建固定资产资本化的截止时点，不再是“达到预定可使用状态”，与《企业所得税法》一致
- 小企业应当按照年限平均法对固定资产计提折旧，小企业的固定资产由于技术进步等原因，确需加速折旧的，可以采用双倍余额递减法和年数总和法
- 小企业应当根据固定资产的性质和使用情况，并考虑税法的规定，合理确定固定资产的使用寿命和预计净残值
- 《小企业会计准则》规定，无形资产应当在其使用寿命内采用年限平均法进行摊销，无形资产的摊销期自其可供使用时开始至停止使用或出售时止
- 有关法律规定或合同约定了使用年限的，可以按照规定或约定的使用年限分期摊销
- 小企业不能可靠估计无形资产使用寿命的，摊销期不得低于10年

3. 统一长期待摊费用的会计处理内容和摊销期限

统一长期待摊费用的会计处理内容和摊销期限	《小企业会计准则》规定，小企业的长期待摊费用包括已提足折旧的固定资产的改建支出、经营租入固定资产的改建支出、固定资产的大修理支出和其他长期待摊费用等；长期待摊费用需在其摊销期限内采用年限平均法进行摊销
	大修理支出的界定、长期待摊费用会计处理的内容、摊销期限和税法完全一致

（二）收入会计处理的协调

1. 统一收入确认原则

统一收入确认原则	企业所得税法以收讫货款或者取得索取款项权利凭据为确认标准
	小企业采用发出货物和收取款项权利作为收入确认标准，减少了关于风险和报酬转移的职业判断，减少了会计信息的不确定性

2. 统一收入确认时间

统一收入确认时间	《小企业会计准则》对七种常见的销售方式采用了《企业所得税法》确定的收入确认时点，如销售商品采用托收承付方式的，在办妥托收手续时确认收入
	采取预收款方式的，在发出商品时确认收入
	销售商品采用分期收款方式的，在合同约定的收款日期确认收入等

3. 统一收入计量标准

统一收入计量标准	《小企业会计准则》在收入计量方面和《企业所得税法》相同，即不再要求按照小企业应收的合同或协议价款的公允价值确定收入的金额，而是要求小企业根据购买方已收或应收的合同或协议价款，确定销售商品收入金额
	销售商品涉及现金折扣的，应当按照扣除现金折扣前的金额确定销售商品收入；涉及商业折扣的，应当按照扣除商业折扣后的金额确定销售商品收入金额

（三）费用损失会计处理向税收的靠拢

《小企业会计准则》确认的费用和《企业所得税法》规定的可以税前扣除的费用在很大程度上是一致的，主要表现如下所示，减少了纳税调整的内容。

费用损失会计处理向税收的靠拢	各种费用及财产损失的扣除时间和金额与税法一致
	对于应收账款发生的坏账损失、长期股权投资损失的确认条件和处理方法，按照《企业所得税法》的规定执行
	对小企业的借款费用，只有符合在《企业所得税法》规定的条件下，方可准予扣除

（四）营业外收入会计处理的协调

小企业营业外收入包括非流动资产处置净收益、政府补助、捐赠收益、盘盈收益、汇兑收益、出租包装物以及商品的租金收入、逾期未退包装物押金收益、确实无法偿付的应付款项、已做坏账损失处理后又收回的应收款项、违约金收益等。这些规定和《企业所得税法》一致。

二、《小企业会计准则》和《企业所得税法》一致性的表现

《小企业会计准则》简化了确认收入的判断条件；没有单独规定金融资产的会计处理，只将投资划分为短期投资、长期债券投资和长期股权投资，降低投资分类时的主观性等；强化了有关资产项目、未决诉讼、未决仲裁、对外提供担保事项、纳税调整过程等信息披露的要求。《小企业会计准则》一定程度上消除了小企业会计和税法的差异，两者相同之处的具体内容如表 1-1 所列。

表 1-1 《小企业会计准则》与相关税法的相同点

序号	项目	税法的相关规定	《小企业会计准则》
1	权责发生制	《实施条例》[1]第九条规定，企业应纳税所得额的计算，以权责发生制为原则，属于当期的收入和费用，不论款项是否收付，均作为当期的收入和费用；不属于当期的收入和费用，即使款项已经在当期收付，均不作为当期的收入和费用	小企业会计的确认基础是权责发生制
2	资产的计量基础	《实施条例》第五十六条规定，企业的各项资产，包括固定资产、生物资产、无形资产、长期待摊费用、投资资产、存货等，以历史成本为计税基础 前款所称历史成本，是指企业取得该项资产时实际发生的支出	小企业的资产应当按成本计量
3	资产减值	《实施条例》第五十六条规定，企业持有各项资产期间资产增值或者减值，除国务院财政、税务主管部门规定可以确认损益外，不得调整该资产的计税基础	按成本计量，不计提减值准备
4	除贷款类债权外的应收、预付账款的坏账损失确认条件	《通知》[2]有如下规定 1. 债务人依法宣告破产、关闭、解散、被撤销，或者被依法注销、吊销营业执照，其清算财产不足清偿的 2. 债务人死亡，或者依法被宣告失踪、死亡，其财产或者遗产不足清偿的 3. 债务人逾期 3 年以上未清偿，且有确凿证据证明已无力清偿债务的 4. 与债务人达成债务重组协议或法院批准破产重整计划后，无法追偿的 5. 因自然灾害、战争等不可抗力导致无法收回的 6. 国务院财政、税务主管部门规定的其他条件 从《企业资产损失所得税税前扣除管理办法》（国家税务总局公告[2011]第 25 号）的相关规定可以看出，上述规定也适用于长期债券投资	第十条

续表

序号	项目	税法的相关规定	《小企业会计准则》
5	存货的定义	《实施条例》第七十二条规定，存货，是指企业持有以备出售的产品或者商品、处在生产过程中的在产品、在生产或者提供劳务过程中耗用的材料和物料等	第十一条
6	存货的取得	《实施条例》第七十二条规定，存货按照以下方法确定成本：通过支付现金方式取得的存货，以购买价款和支付的相关税费为成本；通过支付现金以外的方式取得的存货，以该存货的公允价值和支付的相关税费为成本	第十二条 表述不同，通过支付现金以外的方式取得的存货，以该存货的评估价值和支付的相关税费为成本
7	存货的发出	《实施条例》第七十二条规定，企业使用或者销售的存货的成本计算方法，可以在先进先出法、加权平均法、个别计价法中选用一种。 计价方法一经选用，不得随意变更	第十三条
8	投资资产的定义	《实施条例》第七十二条规定，投资资产，是指企业对外进行权益性投资和债权性投资形成的资产	小企业亦设置债权性投资和股权性投资
9	投资资产的取得	《实施条例》第七十二条规定，投资资产按照以下方法确定成本：通过支付现金方式取得的投资资产，以购买价款为成本；通过支付现金以外的方式取得的投资资产，以该资产的公允价值和支付的相关税费为成本	第八条、第十八条、第二十三条
10	长期股权投资损失确认条件	《通知》有如下规定 1. 被投资方依法宣告破产、关闭、解散、被撤销，或者被依法注销、吊销营业执照的 2. 被投资方财务状况严重恶化，累计发生巨额亏损，已连续停止经营 3 年以上，且无重新恢复经营改组计划的 3. 对被投资方不具有控制权，投资期限届满或者投资期限已超过 10 年，且被投资单位因连续 3 年经营亏损导致资不抵债的 4. 被投资方财务状况严重恶化，累计发生巨额亏损，已完成清算或清算期超过 3 年以上的 5. 国务院财政、税务主管部门规定的其他条件	第二十六条
11	固定资产的定义	《实施条例》第二十七条规定，固定资产，是指企业为生产产品、提供劳务、出租或者经营管理而持有的、使用时间超过 12 个月的非货币性资产，包括房屋、建筑物、机器、机械、运输工具以及其他与生产经营活动有关的设备、器具、工具等	第二十七条

续表

序号	项目	税法的相关规定	《小企业会计准则》
12	固定资产的取得	《实施条例》第二十八条规定，固定资产按照以下方法确定计税基础 1. 外购的固定资产，以购买价款和支付的相关税费以及直接归属于使该资产达到预定用途发生的其他支出为计税基础 2. 自行建造的固定资产，以竣工结算前发生的支出为计税基础 3. 融资租入的固定资产，以租赁合同约定的付款总额和承租人在签订租赁合同过程中发生的相关费用为计税基础。租赁合同未约定付款总额的，以该资产的公允价值和承租人在签订租赁合同过程中发生的相关费用为计税基础 4. 盘盈的固定资产，以同类固定资产的重置完全价值为计税基础 5. 通过捐赠、投资等方式取得的固定资产，以该资产的公允价值和支付的相关税费为计税基础	第二十八条 与税法基本相同，但没有规范租赁合同未约定付款总额的入账价值 盘盈的表述不同，采用同类或类似固定资产的市场价格和评估价值
13	租入的固定资产	《实施条例》第四十七条规定，企业根据生产经营活动的需要租入固定资产支付的租赁费，按照以下方法扣除：以经营租赁方式租入固定资产发生的租赁费支出，按照租赁期限均匀扣除；以融资租赁方式租入固定资产发生的租赁费支出，按照规定构成融资租入固定资产价值的部分应当提取折旧费用，分期扣除	
14	固定资产的折旧方法	《实施条例》第五十九条规定，固定资产按照直线法计算的折旧，准予扣除 企业应当自固定资产投入使用月份的次月起计算折旧；停止使用的固定资产，应当自停止使用月份的次月起停止计算折旧 企业应当根据固定资产的性质和使用情况，合理确定固定资产的预计净残值。固定资产的预计净残值一经确定，不得变更	第三十条、第三十一条
15	固定资产的折旧年限	《实施条例》第六十条规定，除国务院财政、税务主管部门另有规定外，固定资产计算折旧的最低年限如下 1. 房屋、建筑物，为20年 2. 飞机、火车、轮船、机器、机械和其他生产设备，为10年 3. 与生产经营活动有关的器具、工具、家具等，为5年 4. 飞机、火车、轮船以外的运输工具，为4年 5. 电子设备，为3年	没有规定，但在实际工作中按照《实施条例》的规定执行

续表

序号	项目	税法的相关规定	《小企业会计准则》
16	固定资产的加速折旧	《实施条例》第九十八条规定，可以采取缩短折旧年限或者采取加速折旧的方法的固定资产，包括以下几种 1. 由于技术进步，产品更新换代较快的固定资产 2. 常年处于强震动、高腐蚀状态的固定资产 采取缩短折旧年限方法的，最低折旧年限不得低于本条例第六十条规定折旧年限的 60%；采取加速折旧方法的，可以采取双倍余额递减法或者年数总和法	第三十条
17	存货或固定资产损失	《通知》有如下规定 1. 对企业盘亏的固定资产或存货，以该固定资产的账面净值或存货的成本减除责任人赔偿后的余额，作为固定资产或存货盘亏损失在计算应纳税所得额时扣除 2. 对企业毁损、报废的固定资产或存货，以该固定资产的账面净值或存货的成本减除残值、保险赔款和责任人赔偿后的余额，作为固定资产或存货毁损、报废损失在计算应纳税所得额时扣除 3. 对企业被盗的固定资产或存货，以该固定资产的账面净值或存货的成本减除保险赔款和责任人赔偿后的余额，作为固定资产或存货被盗损失在计算应纳税所得额时扣除 4. 企业因存货盘亏、毁损、报废、被盗等原因不得从增值税销项税额中抵扣的进项税额，可以与存货损失一起在计算应纳税所得额时扣除	第十五条、第三十四条
18	无形资产的定义、内容	《实施条例》第六十五条规定，《企业所得税法》第十二条所称无形资产，是指企业为生产产品、提供劳务、出租或者经营管理而持有的、没有实物形态的非货币性长期资产，包括专利权、商标权、著作权、土地使用权、非专利技术等	第三十八条
19	无形资产的取得	《实施条例》第六十六条规定，无形资产按照以下方法确定计税基础 1. 外购的无形资产，以购买价款和支付的相关税费以及直接归属于使该资产达到预定用途发生的其他支出为计税基础 2. 自行开发的无形资产，以开发过程中该资产符合资本化条件后至达到预定用途前发生的支出为计税基础 3. 通过捐赠、投资等方式取得的无形资产，以该资产的公允价值和支付的相关税费为计税基础	

续表

序号	项目	税法的相关规定	《小企业会计准则》
20	无形资产摊销	《实施条例》第六十七条规定，无形资产按照直线法计算的摊销费用，准予扣除 无形资产的摊销年限不得低于 10 年 作为投资或者受让的无形资产，有关法律规定或者合同约定了使用年限的，可以按照规定或者约定的使用年限分期摊销	
21	无形资产摊销的加计扣除	《实施条例》第九十五条规定，《企业所得税法》第三十条第（一）项所称研究开发费用的加计扣除，是指企业为开发新技术、新产品、新工艺发生的研究开发费用，未形成无形资产计入当期损益的，在按照规定据实扣除的基础上，按照研究开发费用的 50% 加计扣除；形成无形资产的，按照无形资产成本的 150% 摊销	
22	长期待摊费用的内容	《中华人民共和国企业所得税法》第十三条规定，在计算应纳税所得额时，企业发生的下列支出作为长期待摊费用，按照规定摊销的，准予扣除 1. 已足额提取折旧的固定资产的改建支出 2. 租入固定资产的改建支出 3. 固定资产的大修理支出 4. 其他应当作为长期待摊费用的支出	第四十三条
		《实施条例》第六十九条规定，《企业所得税法》第十三条所称固定资产的大修理支出，是指同时符合下列条件的支出：修理支出达到取得固定资产时的计税基础 50% 以上；修理后固定资产的使用年限延长 2 年以上	
23	长期待摊费用的摊销	《实施条例》第六十八条规定，《企业所得税法》第十三条第（一）项规定的支出，按照固定资产预计尚可使用年限分期摊销；第（二）项规定的支出，按照合同约定的剩余租赁期限分期摊销 改建的固定资产延长使用年限的，除《企业所得税法》第十三条第（一）项和第（二）项规定外，应当适当延长折旧年限 《实施条例》第六十九条规定，《企业所得税法》第十三条第（三）项规定的支出，按照固定资产尚可使用年限分期摊销 《实施条例》第七十条规定，《企业所得税法》第十三条第（四）项所称其他应当作为长期待摊费用的支出，自支出发生月份的次月起，分期摊销，摊销年限不得低于 3 年	第四十四条

续表

序号	项目	税法的相关规定	《小企业会计准则》
24	销售货物收入	《实施条例》第十四条规定，销售货物收入，是指企业销售商品、产品、原材料、包装物、低值易耗品以及其他存货取得的收入	
25	销售收入的确认时间	“国税函［2008］875号文件”[3]规定，采取下列商品销售方式的，应按以下规定确认收入实现时间 1. 销售商品采用托收承付方式的，在办妥托收手续时确认收入 2. 销售商品采取预收款方式的，在发出商品时确认收入 3. 销售商品需要安装和检验的，在购买方接受商品以及安装和检验完毕时确认收入,如果安装程序比较简单，可在发出商品时确认收入 4. 销售商品采用支付手续费方式委托代销的，在收到代销清单时确认收入	第五十九条
26	销售收入的增值税纳税义务发生时间	《中华人民共和国增值税暂行条例》第十九条第一款规定，销售货物或者应税劳务，为收讫销售款项或者取得索取销售款项凭据的当天；先开具发票的，为开具发票的当天 根据《中华人民共和国增值税暂行条例实施细则》第三十八条的规定，收讫销售款项或者取得索取销售款项凭据的当天，按销售结算方式的不同，具体为 1. 采取直接收款方式销售货物，不论货物是否发出，均为收到销售款或者取得索取销售款凭据的当天 2. 采取托收承付和委托银行收款方式销售货物，为发出货物并办妥托收手续的当天 3. 采取赊销和分期收款方式销售货物，为书面合同约定的收款日期的当天，无书面合同的或者书面合同没有约定收款日期的，为货物发出的当天 4. 采取预收货款方式销售货物，为货物发出的当天，但生产销售生产工期超过12个月的大型机械设备、船舶、飞机等货物，为收到预收款或者书面合同约定的收款日期的当天 5. 委托其他纳税人代销货物，为收到代销单位的代销清单或者收到全部或者部分货款的当天；未收到代销清单及货款的，为发出代销货物满180天的当天 6. 销售应税劳务，为提供劳务同时收讫销售款或者取得索取销售款凭据的当天 7. 除代销外的视同销售货物行为，为货物移送的当天	第五十九条
27	以旧换新	“国税函［2008］875号文件”规定，销售商品以旧换新的，销售商品应当按照销售商品收入确认条件确认收入，回收的商品作为购进商品处理	第五十九条

续表

序号	项目	税法的相关规定	《小企业会计准则》
28	买一赠一	“国税函［2008］875号文件”规定，企业以买一赠一等方式组合销售本企业商品的，不属于捐赠，应将总的销售金额按各项商品的公允价值的比例来分摊确认各项的销售收入	遵从税法
29	商业折扣、现金折扣	“国税函［2008］875号文件”规定，企业为促进商品销售而在商品价格上给予的价格扣除属于商业折扣。商品销售涉及商业折扣的，应当按照扣除商业折扣后的金额确定销售商品收入金额 债权人为鼓励债务人在规定的期限内付款而向债务人提供的债务扣除属于现金折扣。销售商品涉及现金折扣的，应当按扣除现金折扣前的金额确定销售商品收入金额，现金折扣在实际发生时作为财务费用扣除	第六十条
30	销售折让、销售退回	“国税函［2008］875号文件”规定，企业因售出商品的质量不合格等原因而在售价上给的减让属于销售折让；企业因售出商品质量、品种不符合要求等原因而发生的退货属于销售退回。企业已经确认销售收入的售出商品发生销售折让和销售退回，应当在发生当期冲减当期销售商品收入	第六十一条
31	提供劳务收入的内容	《实施条例》第十五条规定，提供劳务收入，是指企业从事建筑安装、修理修配、交通运输、仓储租赁、金融保险、邮电通信、咨询经纪、文化体育、科学研究、技术服务、教育培训、餐饮住宿、中介代理、卫生保健、社区服务、旅游、娱乐、加工以及其他劳务服务活动取得的收入	第六十二条 不含“金融保险”
32	劳务收入的会计处理	“国税函［2008］875号文件”规定，企业应按照从接受劳务方已收或应收的合同或协议价款确定劳务收入总额，根据纳税期末提供劳务收入总额乘以完工进度扣除以前纳税年度累计已确认提供劳务收入后的金额，确认为当期劳务收入；同时，按照提供劳务估计总成本乘以完工进度扣除以前纳税期间累计已确认劳务成本后的金额，结转为当期劳务成本	第六十三条
33	租金收入	《实施条例》第十九条规定，租金收入，是指企业提供固定资产、包装物或者其他有形资产的使用权取得的收入。租金收入按照合同约定的承租人应付租金的日期确认收入的实现	租金收入小企业会计依然做收入处理，只是包装物等租金收入列为“营业外收入”
34	接受捐赠收入	《实施条例》第二十一条规定，《企业所得税法》第六条第八项所称接受捐赠收入，是指企业接受的来自其他企业、组织或者个人无偿给予的货币性资产、非货币性资产。接受捐赠收入，按照实际收到捐赠资产的日期确认收入的实现	小企业做“营业外收入”处理，入账时间与金额同税法

续表

序号	项目	税法的相关规定	《小企业会计准则》
35	其他收入	《实施条例》第二十二条规定，其他收入，包括企业资产溢余收入、逾期未退包装物押金收入、确实无法偿付的应付款项、已做坏账损失处理后又收回的应收款项、债务重组收入、补贴收入、违约金收入、汇兑收益等	第六十八条
36	分期确认收入的实现	《实施条例》第二十三条规定，企业的下列生产经营业务可以分期确认收入的实现：以分期收款方式销售货物的，按照合同约定的收款日期确认收入的实现；企业受托加工制造大型机械设备、船舶、飞机，以及从事建筑、安装、装配工程业务或者提供其他劳务等，持续时间超过 12 个月的，按照纳税年度内完工进度或者完成的工作量确认收入的实现	第五十九条
37	产品分成方式取得收入	《实施条例》第二十四条规定，采取产品分成方式取得收入的，按照企业分得产品的日期确认收入的实现，其收入额按照产品的公允价值确定	第五十九条
38	收益性支出和资本性支出	《实施条例》第二十八条规定，企业发生的支出应当区分收益性支出和资本性支出。收益性支出在发生当期直接扣除；资本性支出应当分期扣除或者计入有关资产成本，不得在发生当期直接扣除	借款费用、固定资产改建支出、无形资产研发支出
39	损失	《实施条例》第三十二条规定，损失，是指企业在生产经营活动中发生的固定资产和存货的盘亏、毁损、报废损失，转让财产损失，呆账损失，坏账损失，自然灾害等不可抗力因素造成的损失以及其他损失 企业发生的损失，减除责任人赔偿和保险赔款后的余额，依照国务院财政、税务主管部门的规定扣除 企业已经作为损失处理的资产，在以后纳税年度又全部收回或者部分收回时，应当计入当期收入	第七十条，列支于“营业外支出”，只是未列明损失收回的处理；这里会计遵从税法
40	借款费用	《实施条例》第三十七条规定，企业在生产经营活动中发生的合理的、不需要资本化的借款费用，准予扣除。企业为购置、建造固定资产、无形资产和经过 12 个月以上的建造才能达到预定可销售状态的存货发生借款的，在有关资产购置、建造期间发生的合理的借款费用，应当作为资本性支出计入有关资产的成本，并依照本条例的规定扣除	第二十八条、第三十九条
41	外币折算	《实施条例》第三十条规定，企业在货币交易中，以及纳税年度终了时将人民币以外的货币性资产、负债按照期末即期人民币汇率中间价折算为人民币时产生的汇兑损失，除已经计入有关资产成本以及与向所有者进行利润分配相关的部分外，准予扣除	第七十六条、第七十八条

① 《中华人民共和国企业所得税法实施条例》，简称《实施条例》；
② 《财政部国家税务总局关于企业资产损失税前扣除政策的通知》，简称《通知》；
③ 《关于确认企业所得税收入若干问题的通知》（国税函［2008］875 号），简称“国税函［2008］875 号文件”。

第四节 会计假设、信息质量要求和会计处理基础

一、小企业会计假设（前提）

会计假设是指一般在会计实践中长期奉行、无须证明即可被人们所接受的前提条件。财务会计要在一定的假设条件下方能确认、计量、记录和报告会计信息，所以会计假设也称会计核算的基本前提。

（一）会计主体

1.会计主体的定义

会计主体，又称会计实体、会计个体，是指会计信息所反映的特定单位，它规范了会计工作的空间范围。

2.会计主体作为会计核算基本前提的原因

会计主体作为会计核算基本前提的原因：

- 明确会计主体，才能划定会计所要处理的各项交易或事项的范围
- 明确会计主体，才能把握会计处理的立场
- 明确会计主体，才能将会计主体的经济活动与会计主体所有者的经济活动区分开

3.会计主体与法律主体的区别

会计主体与法律主体的区别：

- 会计主体不同于法律主体
- 法律主体往往是一个会计主体。例如，一个企业作为一个法律主体，应当建立会计核算体系，独立地反映其财务状况、经营成果和现金流量
- 会计主体不一定是法律主体。例如，在企业集团的情况下，一个母公司拥有多个子公司，企业集团在母公司的统一领导下开展生产经营活动。母子公司虽然是不同的法律主体，但是，为了全面反映企业集团的财务状况、经营成果及现金流量，就有必要将这个企业集团作为一个会计主体，编制合并会计报表

（二）持续经营

持续经营，是指在可以预见的将来，企业将会按当前的规模及状态继续经营下去，不会停业，也不会大规模削减业务。在持续经营前提下，企业会计确认、计量和报告应当以持续、正常的生产经营活动为前提。

持续经营作为会计核算基本前提的原因：

- 企业是否持续经营，在会计原则、会计方法的选择上有很大差别
- 通常情况下，只有明确企业将会按当前的规模和状态继续经营下去，不会停业，也不会大规模削减业务，才能确定会计主体将依照既定用途使用资产，按照既定的合约条件清偿债务，会计人员才能选择会计原则和会计方法
- 因为持续经营是根据企业发展的一般情况所做的设定，而任何企业都存在破产、清算的风险，所以企业不能持续经营的可能性总是存在的。为此，需要企业定期对其持续经营基本前提做出分析和判断
- 如果可以判断企业不会持续经营，就应当改变会计核算的原则和方法，并在企业财务报表中作相应披露

（三）会计分期

会计分期，又称会计期间，是指将一个企业持续经营的生产经营活动划分为一个个连续的、长短相同的期间。

在会计分期前提下，会计需划分会计期间，分期结算账目和编制财务报表。会计期间分为年度、半年度、季度以及月度。年度、半年度、季度和月度均按公历起讫日期确定。半年度、季度和月度都称为会计中期。

1.会计分期的目的

会计分期的目的是将持续经营的生产经营活动划分为连续、相等的期间，以此结算盈亏，按期编报财务报表，从而及时向各方面提供有关企业财务状况、经营成果以及现金流量的信息。

2.会计分期作为会计核算基本前提的原因

会计分期作为会计核算基本前提的原因

- 根据持续经营这个基本前提，一个企业将要按照当前的规模和状态持续经营下去。要最终确定企业的生产经营成果，只能等到一个企业在几年后歇业的时候核算一次盈亏。但是，企业的生产经营活动及投资决策要求及时得到有关信息，无法等到歇业时一次性地核算盈亏。因此，就需要将企业持续经营的生产经营活动划分为一个个连续的、长短相同的期间，分期核算和反映
- 由于会计分期，才产生了当期与其他期间的差别，从而出现权责发生制和收付实现制的区别，才使得不同类型的会计主体有了记账的基准，继而出现了应收、应付、递延等会计处理方法

3.会计分期的时间

会计分期的时间

- 最常见会计期间是一年，以一年确定的会计期间称会计年度，按照年度编制的财务会计报表也称年报，在我国，会计年度自每年的1月1日至12月31日
- 为了更及时地反映企业的经营状况，通常将一个会计年度再划分为半年、季度和月度，统称为会计中期，以中期为基础编制的财务报告称中期财务报告
- 年度会计报告与中期会计报告反映企业经营情况的详细程度不同，填报的时间和要求也不同，它们共同构成了企业的报告体系

（四）货币计量

货币计量，是指会计主体在会计核算过程中采用货币作为计量单位，计量、记录并报告会计主体的生产经营活动。小企业会计应当以货币计量。

1.货币计量作为会计核算基本前提的原因

货币计算作为会计核算基本前提的原因

- 在会计核算过程中之所以选择货币作为计量单位，是由货币本身的属性决定的
- 货币是商品的一般等价物，是衡量一般商品价值的共同尺度，具有价值尺度、流通手段、储藏手段和支付手段等特点
- 其他的计量单位，如重量、长度、容积、台、件等，只能从一个侧面反映企业的生产经营情况，无法在量上进行汇总和比较，不便于实物管理和会计计量
- 为全面反映企业的生产经营、业务收支等情况，会计核算就选择会计要素中共同的价值尺度货币作为主要计量单位

货币计算作为会计核算基本前提的原因

- 统一采用货币尺度，也有不利之处，许多影响财务状况和经营成果的一些因素，并不是都能用货币来计量的，如企业经营战略、在消费者当中的信誉度、企业的地理位置、企业的技术开发能力等
- 为了弥补货币计量的局限性，企业应采用一些非货币指标作为会计报表的补充

2. 记账本位币

记账本位币，是指企业经营所处的主要经济环境中的货币或企业经营活动主要使用的货币。

记账本位币

- 在货币计量前提下，企业会计应当以货币计量
- 在我国，企业会计通常应当以人民币为记账本位币
- 业务收支以人民币以外的货币为主的企业，可以选定其中一种货币作为记账本位币，但是编报的财务报表应当折算为人民币
- 在境外设立的中国企业向国内报送的财务报表，应当折算为人民币

在选定记账本位币时，应当考虑的因素包括下列几点。

考虑因素

- 该货币主要影响商品和劳务的销售价格，通常以该货币进行商品和劳务的计价和结算
- 该货币主要影响商品和劳务所需人工、材料和其他费用，通常以该货币进行上述费用的计价和结算
- 融资活动获得的货币及保存从经营活动中收取款项所使用的货币

3. 货币计量假设

货币计量假设内含币值稳定假设，是以币值不变为前提的。

二、小企业会计信息质量要求

会计工作的基本任务是向财务报表使用者提供与企业财务状况、经营成果及现金流量等相关的会计信息。会计信息质量的高低是评估会计工作成败的标准。会计信息质量要求主要包括客观性、相关性、明晰性、可比性（含一致性）、实质重于形式、重要性、谨慎性和及时性等。

（一）客观性

客观性

- 客观性要求企业应当以实际发生的交易或者事项为依据进行会计确认、计量和报告，如实反映出已确认过的或是符合计量要求的各项会计要素以及其他相关会计信息，保证会计信息真实可靠、内容完整
- 客观性是对会计工作的基本要求
- 会计工作提供信息的目的是满足会计信息使用者的决策需要。因此，应该做到内容真实、数字准确、资料可靠
- 在会计核算工作中坚持客观性原则，应当在会计核算时客观地反映企业的财务状况、经营成果和现金流量，确保会计信息的真实性；会计工作应当正确运用会计原则和方法，准确反映企业的实际情况；会计信息必须能够经受验证，以核实其是否真实
- 如果企业的会计核算不是以实际发生的交易或事项为依据，没有如实地反映企业的财务状况、经营成果和现金流量，会计工作就失去了存在的意义，甚至会误导会计信息使用者，造成决策的失误

（二）相关性

相关性

- 相关性要求企业提供的会计信息应当与财务报表使用者的经济需要相关，有助于财务报表使用者对企业过去、现在或者未来的情况做出评价或者预测
- 信息的价值在于其与决策相关，有助于决策
- 相关的会计信息能够有助于财务报表使用者评价过去的决策，证实或修正某些预测，从而具有反馈价值；有利于财务报表使用者做出预测和决策，从而具有预测价值
- 在会计核算工作中坚持相关性原则，就要求在收集、加工、处理和提供会计信息过程中，充分考虑财务报表使用者的信息需求
- 对于特定用途的会计信息，不一定都能通过财务报表来提供，而可以采用其他形式加以提供
- 如果会计信息提供以后，没有满足财务报表使用者的需要，对财务报表使用者的决策没有什么作用，就不具有相关性

（三）明晰性

明晰性

- 明晰性要求企业提供的会计信息应当清晰明了，便于财务报表使用者理解和使用
- 提供会计信息的目的在于使用，要使用会计信息首先必须了解会计信息的内涵，弄懂会计信息的内容，这就要求会计核算和财务报表必须清晰明了
- 在会计核算工作中坚持明晰性原则，会计记录应当准确、清晰，填制会计凭证、登记会计账簿应当做到依据合法、账户对应关系清楚、文字摘要完整；在编制会计报表时，项目勾稽关系清楚、项目完整、数字准确
- 如果企业的会计核算和编制的财务报表不能做到清晰明了、方便理解和使用，就不符合明晰性原则的要求，不能满足财务报表使用者的决策需求

（四）可比性（含一致性）

可比性

- 小企业提供的会计信息应当具有可比性
- 同一企业不同时期发生的相同或者相似的交易或者事项，应当采用一致的会计政策，不得随意变更。确需变更的，需在附注中说明。不同企业发生的相同或相似的交易或事项，可采用规定的会计政策，确保会计信息一致、相互可比
- 企业发生的交易或事项具有复杂性和多样化，对于某些交易或事项可以有多种会计核算方法，企业会计方法的选择要在报告中加以披露
- 保证会计信息可比性的前提是企业在各个会计期间应尽可能地采用相同的会计核算方法
- 不同的企业可能处于不同行业、不同地区，经济业务发生于不同时间，为了保证会计信息能够满足决策的需要，方便比较不同企业的财务状况、经营成果和现金流量，企业需遵循可比性要求，即不同企业发生的相同或者相似的交易或者事项，应当采用规定的会计政策，确保会计信息一致、相互可比
- 如果对于相同或相似的交易或事项，不同的企业或者同一企业在不同的会计期间采用不同的会计政策，将不利于财务报表使用者对会计信息的理解，不利于会计信息作用的发挥，因此必须要在报表附注中对会计政策变更等情况加以说明

（五）实质重于形式

实质重于形式

- 实质重于形式要求企业应当按照交易或者事项的经济实质进行会计确认、计量和报告，不应只以交易或者事项的法律形式为依据
- 在实际工作中，交易或事项的外在法律形式或人为形式并不总能完全反映其实质内容。因此，会计信息要想反映其所拟反映的交易或事项，就必须根据交易或事项的实质和经济现实，而不能只根据它们的法律形式进行核算和反映
- 如果企业的会计核算只按照交易或事项的法律形式或人为形式进行，而其法律形式或人为形式又没有反映其经济实质和经济现实，那么，其最终结果将会不利于财务报表使用者的决策，甚至会误导财务报表使用者的决策

（六）重要性

重要性

- 重要性要求企业提供的会计信息应当反映与企业财务状况、经营成果和现金流量等有关的所有重要交易或者事项
- 重要性是指财务报表某项目的省略或错报会影响使用者据此做出经济决策的，该项目就具有重要性。重要性原则与会计信息成本效益直接相关
- 坚持重要性原则，即可使提供会计信息的收益大于成本。对于那些不重要的项目，若也采用严格的会计程序，分别核算，分项反映，就会导致会计信息的成本大于收益
- 在评价某些项目的重要性时，极大程度上取决于会计人员的职业判断。通常来说，应当根据企业所处环境，从项目的性质和金额大小两方面进行判断。从性质而言，当某一事项有可能对决策产生一定影响时，就属于重要项目；从金额方面判断，当某一项目的数量达到一定规模时，就可能对决策产生影响

（七）谨慎性

谨慎性

- 谨慎性要求企业对交易或者事项进行会计确认、计量和报告应当保持应有的谨慎，不应高估资产或者收益、低估负债或者费用
- 企业的经营活动充满着风险和不确定性，在会计核算工作中坚持谨慎性原则，要求企业在面临不确定因素的情况下做出职业判断时，必须保持必要的谨慎，充分估计到各种风险及损失，既不高估资产或收益，也不低估负债或费用
- 需要注意的是，谨慎性并不意味着企业能够任意设置各种秘密准备，否则，就属于滥用谨慎性，将按照对会计差错更正的要求进行相应的会计处理

（八）及时性

及时性

- 及时性要求企业对于已经发生的交易或者事项，应当及时进行会计确认、计量和报告，不得提前或者延后
- 会计信息的价值在于帮助所有者或其他方面做出经济决策，具有时效性。即使是客观、可比、相关的会计信息，若不及时提供，对于财务报表使用者也没有任何意义，甚至可能误导财务报表使用者
- 在会计核算过程中应坚持上述基本原则，具体见下页图
- 如果企业的会计核算不能及时进行，会计信息无法及时提供，就无助于经济决策，就不符合及时性原则的要求

应坚持的基本原则

- 一是要求及时收集会计信息，即在经济业务发生后，及时收集整理各种原始单据
- 二是及时处理会计信息，即在国家统一的会计制度规定的时限内，及时编制出财务报表
- 三是及时传递会计信息，即在国家统一的会计制度规定的时限内，及时将编制出的财务报表传递给财务报表使用者

三、小企业会计确认、计量和报告的基础

（一）权责发生制的要求

权责发生制是依据收款的权利与付款的义务是否发生来判定收入和费用是否确认的标准，在商品交易中，企业只要具有了收取货款的权力，而不论其是否收到均确认为收入或资产；只要具有了支付货款的义务，而不论是否支付均确认为一项费用或负债。

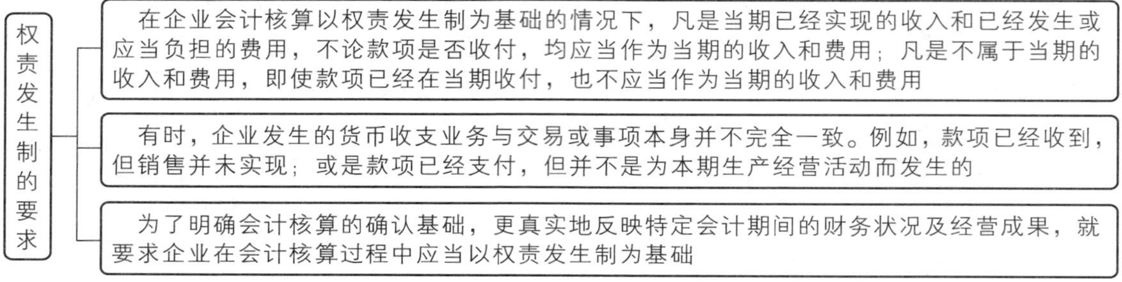

（二）权责发生制与收付实现制的区别

权责发生制与收付实现制的区别

- 收付实现制是与权责发生制相对应的一种确认基础，它是以收到或支付现金作为确认收入和费用的依据
- 目前，我国的行政单位采用收付实现制，事业单位除经营业务采用权责发生制外，其他业务也采用收付实现制

四、小企业会计计量属性

会计计量是指根据一定的计量标准和计量方法，在资产负债表和利润表中确认并列示会计要素而确定其金额的过程。会计计量基础，又称会计计量属性，是指用货币对会计要素进行计量时的标准。

（一）会计计量属性的种类

1. 历史成本

历史成本

- 历史成本，又称原始成本，是指以取得资产时实际发生的成本作为资产的入账价值，小企业会计大部分适用历史成本。历史成本法下，要素成本一旦确认，不再进行变更
- 一般情况下，资产的历史成本越高，资产的原始价值就越大；反之，资产的原始价值就越小，二者在质和量的内涵上是一致的

历史成本

- 在历史成本计量下，资产按照购置时支付现金的金额，或者按照购置资产时所付出的对价的公允价值计量
- 负债按照因承担现时义务而实际收到的款项或资产金额，或者承担现时义务的合同金额，或是按照日常生产经营过程中为偿还负债预期需要支付的现金的金额计量
- 所得税的计税基础多为历史成本

2. 重置成本

重置成本

- 重置成本，是指企业重新取得与其所拥有的某项资产相同或与其功能相当的资产需要支付的现金
- 重置成本适用的前提是资产处于在用状态，一方面反映资产已经投入使用；另一方面反映资产能够继续使用，对所有者具有使用价值
- 通常情况下，重置成本可分为复原重置成本和更新重置成本。复原重置成本是指运用原来相同的材料、建筑或制造标准、设计、格式和技术等，以现行市价复原购建原来某项全新资产所发生的支出。更新重置成本是指利用新型材料，并且根据现代标准、设计及格式，以现行市价生产或建造具有相等功能的全新资产所发生的支出
- 在重置成本计量下，资产按照现在购买相同或者相似资产所需要支付的现金的金额计量。负债按照现在偿付该项债务所需支付的现金的金额计量
- 小企业盘盈资产的计价要用重置成本计量

3. 可变现净值

可变现净值

- 可变现净值，是指在日常生产经营过程中，存货的估计售价减去至完工时估计将要发生的成本、估计的销售费用及相关税费后的金额
- 在可变现净值计量下，资产按照其正常对外销售所能收到现金的金额扣减该资产直至完工时估计将要发生的成本、估计的销售费用及相关税费后的金额计量

4. 现值

现值

- 现值，是指资产或负债形成的未来现金流量的折现价值
- 在现值计量下，资产按照预计从其持续使用和最终处置中所产生的未来净现金流入量的折现金额计量。负债依照预计期限内需要偿还的未来净现金流出量的折现金额计量

5. 公允价值

公允价值

- 公允价值，是指市场参与者在计量日发生的有序交易中，出售一项资产所能收到或者转移一项负债所需支付的价格
- 在公允价值计量下，资产和负债按照市场参与者在计量日发生的有序交易中，出售资产所能收到或者转移负债所需支付的价格计量
- 企业应当采用适当且可获得足够数据的方法来计量公允价值，而且要尽可能使用相关的可观察输入值，尽可能避免使用不可观察输入值

（二）会计计量属性的采用

会计计量属性的采用

- 《企业会计准则》规定，企业在对会计要素进行计量时，通常应当采用历史成本，采用重置成本、可变现净值、现值、公允价值计量的，应当保证所确定的会计要素金额能够取得并可靠计量
- 考虑到我国市场发展的现状，《企业会计准则》中主要在金融工具确认和计量，投资性房地产、非同一控制下的企业合并、债务重组以及具有商业实质的非货币性资产交换等方面采用了公允价值
- 《小企业会计准则》第六条规定："小企业的资产应当按照成本计量"

第五节　会计要素、会计科目和会计账户

一、会计要素

小企业的会计要素分为资产、负债、所有者权益、收入、费用和利润六大类。其中，资产、负债和所有者权益三项会计要素主要反映小企业的财务状况，通过资产负债表对外呈报，故又称资产负债表要素，该三个要素只有截止于某个会计时点，才能对其进行确认的计量，故又称时点要素。而收入、费用和利润三项会计要素主要反映小企业的经营成果，是通过利润表对外呈报，故又称利润表要素，这三个要素一般反映的是一定期间的经营成果，因此又称为期间要素。

（一）反映财务状况的会计要素

1. 资产

（1）资产的特征

资产的特征

- 资产预期会给小企业带来经济利益。所谓经济利益，是指直接或间接地流入小企业的现金或现金等价物。资产可以为小企业带来经济利益，例如，小企业通过收回应收账款、出售库存商品等直接获得经济利益。按照这一特征，那些已经没有经济价值、无法给小企业带来经济利益的项目，就不能继续确认为小企业的资产
- 资产是为小企业拥有的，或即使不为小企业拥有，也是小企业所控制的。一项资源要作为小企业资产进行确认，小企业应该拥有此项资源的所有权，可按照自己的意愿使用或处置资产
- 资产是由过去的交易或事项形成的。也就是说，资产是过去已经发生的交易或事项所产生的结果，资产必须为现实的资产，而不能是预期的资产。未来交易或事项可能产生的结果不得作为资产确认

链接实例 1-1 某小企业的某工序上有两台机床，其中 A 机床型号较老，自 B 机床投入使用后，一直未再使用；B 机床是 A 机床的替代产品，目前承担该工序的全部生产任务。A、B 机床是否都是该小企业的固定资产?

解 A 机床不能确认为该小企业的固定资产。该小企业原有的 A 机床已长期闲置不用，不能带来经济利益，因此不应作为资产反映在资产负债表中。B 机床属于该小企业的固定资产。

链接实例 1-2 某小企业的加工车间有两台设备。A 设备是从甲企业融资租入获得的，B 设备是从乙企业以经营租入方式获得的，目前两台设备均投入使用。A、B 设备是否为该小

企业的资产？

解 该小企业对经营租入的B设备既没有所有权也没有控制权，因此B设备不能确认为该小企业的资产。而其融资租入的A设备虽然没有所有权，但享有与所有权相关的风险和报酬的权利，即拥有实际控制权，因此将A设备确认为该小企业的资产。

（2）资产的分类

资产的分类

- 小企业的资产按照流动性，可分为流动资产和非流动资产
- 小企业的流动资产包括货币资金、短期投资、应收及预付款项、存货等
- 小企业的非流动资产包括长期债券投资、长期股权投资、固定资产、生产性生物资产、无形资产、长期待摊费用等

2.负债

（1）负债的特征

负债的特征

- 负债的清偿预期会导致经济利益流出小企业。负债往往是在未来某一时日通过交付资产（包括现金及其他资产）或提供劳务来清偿。企业对债务的清偿必然会导致企业资产的减少，而不能导致资产减少的债务，不能称为负债
- 负债是由过去的交易或事项形成的现时义务。也就是说，引起负债的交易或事项必须已经发生，如赊购货物或劳务会形成应付账款，接受银行贷款则会产生偿还贷款的义务。只有源于已经发生的交易或事项，方能确认为负债；预计负债，小企业会计准则不予确认

（2）负债的分类

负债的分类

- 小企业的流动负债包括短期借款、应付及预收款项、应付职工薪酬、应交税费、应付利息等
- 小企业的非流动负债包括长期借款、长期应付款等

3.所有者权益

所有者权益

- 所有者权益，是指小企业资产扣除负债后由所有者享有的剩余权益
- 小企业的所有者权益包括实收资本（或股本）、资本公积、盈余公积和未分配利润
- 对于小企业来说，其资产形成的资金来源不外乎两个：一个是债权人；另一个是所有者。债权人对于小企业资产的要求权形成负债，所有者对于小企业资产的要求权形成所有者权益。所有者权益的来源有所有者投入的资本、资本公积和留存收益等

（二）反映经营成果的会计要素

反映经营成果的会计要素

- 收入，是指小企业在日常生产经营活动中形成的、会导致所有者权益增加、与所有者投入资本无关的经济利益的总流入，包括销售商品收入和提供劳务收入
- 费用，是指小企业在日常生产经营活动中发生的、会导致所有者权益减少、与向所有者分配利润无关的经济利益的总流出。小企业的费用有营业成本、营业税金及附加、销售费用、管理费用、财务费用等
- 利润，是指小企业在一定会计期间的经营成果，包括营业利润、利润总额以及净利润

收入的特征

- 是小企业日常经营活动形成的。其日常性表现在企业经常性发生的主要经营活动，包括销售商品、提供劳务、销售材料、出租固定资产等，但对于不经常发生的如材料、包装物等的出租收入，却不在此列
- 收入的发生会导致所有者权益增加，表现为资产的增加或负债的减少或是两者兼有
- 收入的发生一定能够导致经济利益流入企业，一项交易一旦发生经济利益无法流入企业的情况，将不能作为收入确定。由收入导致的经济利益的流入要区别于所有者的资本投入，资本投入不作为收入推算

费用的特征

- 小企业日常经营活动中发生的费用，是指按照配比原则与当期确认的收入相关的成本及与本会计期间相关的支出，包括营业成本、财务费用等
- 费用的发生会导致经济利益流出，企业会表现为资产的减少或是负债的增加，或是两者兼有
- 费用导致经济利益流出，企业要区别于利润分配，向所有者进行的利润分配，虽经济利益流出企业，但不属于费用，不能作为费用推算

链接实例 1-3 某小企业出售固定资产、无形资产的收入以及出售不需要的材料的收入是否应确认为企业的收入?

解 出售固定资产、无形资产并非该小企业的日常活动，这种偶发性的收入不得确认为收入，而应作为营业外收入确认。出售不需要的材料的收入属于该小企业日常活动中的收入，故而确认为该小企业的收入，具体确认为其他业务收入。

链接实例 1-4 某小企业处置固定资产发生的净损失，是否确认为该小企业的费用?

解 处置固定资产而发生的损失，虽然会造成所有者权益减少和经济利益的总流出，但不属于企业的日常活动，所以不能确认为该小企业的费用，而应确认为营业外支出。

二、会计科目

会计科目是对会计要素的具体内容进行分类的标志，也就是对各项会计要素在科学分类的基础上所赋予的名称。会计科目的设置，对于正确核算和监督企业的经济活动，具有重要的作用。会计科目是对会计对象的具体内容进行科学归类，是连续核算和监督的重要工具。同时，会计科目又是设置账户的依据，会计科目还是规范会计核算和加强会计监督的重要手段。小企业为了核算和监督会计对象的具体内容，应根据规定的会计科目设置账户，进行会计处理。

小企业会计科目分类情况如下。

（一）按会计要素和经营管理的要求分类

按会计要素和经营管理的要求分类

- 资产类会计科目。根据资产的一般分类以及资金的流动性强弱，将资产类会计科目分为流动资产类和非流动资产类（包括长期投资、固定资产、无形资产、长期待摊费用等）会计科目
- 负债类会计科目。根据债务偿还期限的长短和负债的构成，分为流动负债类和非流动负债类会计科目

按会计要素和经营管理的要求分类	
	所有者权益类会计科目。包括资本类、留存收益类会计科目
	成本费用类会计科目。主要分为生产成本、制造费用等会计科目
	损益类会计科目。根据企业经营损益形成的内容划分，可以分为主营业务收入与成本、其他业务收入与成本、投资收益和营业外收支等类别的会计科目

（二）按会计科目隶属关系分类

按会计科目隶属关系分类	
	总分类科目，又称总账科目或一级科目，是反映各种经济业务总括资料的会计科目，包括库存现金、银行存款、原材料、应收账款、固定资产等，该类科目在应用指南中加以规范
	明细分类科目，又称子目，可分为二级明细科目、三级明细科目等，是对某个总分类科目提供详细资料的会计科目。例如，为反映短期投资的详细情况，在“短期投资”总分类科目下可按照股票、债券、基金等短期投资种类设置明细账，详细反映短期投资增减变动的情况。又如，在应收账款总分类科目下，可按照债务人设置明细科目进行明细核算，详细、具体地反映应收账款的增减变动情况

《小企业会计准则》中规范的会计科目列表如表 1-2 所列。会计实务操作和会计教学时均应当规范使用会计科目，既不要写错别字，也不要任意增减字。

表 1-2 小企业会计科目表

类别		序号	编号	会计科目名称
一、资产类	流动资产	1	1001	库存现金
		2	1002	银行存款
		3	1012	其他货币资金
		4	1101	短期投资
		5	1121	应收票据
		6	1122	应收账款
		7	1123	预付账款
		8	1131	应收股利
		9	1132	应收利息
		10	1221	其他应收款
		11	1401	材料采购
		12	1402	在途物资
		13	1403	原材料
		14	1404	材料成本差异
		15	1405	库存商品
		16	1407	商品进销差价
		17	1408	委托加工物资
		18	1411	周转材料
		19	1421	消耗性生物资产

续表

类别		序号	编号	会计科目名称
一、资产类	非流动资产	20	1501	长期债券投资
		21	1511	长期股权投资
		22	1601	固定资产
		23	1602	累计折旧
		24	1604	在建工程
		25	1605	工程物资
		26	1606	固定资产清理
		27	1621	生产性生物资产
		28	1622	生产性生物资产累计折旧
		29	1701	无形资产
		30	1702	累计摊销
		31	1801	长期待摊费用
		32	1901	待处理财产损溢
二、负债类	流动负债	33	2001	短期借款
		34	2201	应付票据
		35	2202	应付账款
		36	2203	预收账款
		37	2211	应付职工薪酬
		38	2221	应交税费
		39	2231	应付利息
		40	2232	应付利润
		41	2241	其他应付款
	非流动负债	42	2401	递延收益
		43	2501	长期借款
		44	2701	长期应付款
三、所有者权益类	资本	45	3001	实收资本
		46	3002	资本公积
	留存收益	47	3101	盈余公积
		48	3103	本年利润
		49	3104	利润分配

续表

类别		序号	编号	会计科目名称
四、成本费用类	制造成本	50	4001	生产成本
		51	4101	制造费用
	其他成本	52	4301	研发支出
		53	4401	工程施工
		54	4403	机械作业
五、损益类	收入	55	5001	主营业务收入
		56	5051	其他业务收入
		57	5111	投资收益
		58	5301	营业外收入
	费用	59	5401	主营业务成本
		60	5402	其他业务成本
		61	5403	营业税金及附加
		62	5601	销售费用
		63	5602	管理费用
		64	5603	财务费用
		65	5711	营业外支出
		66	5801	所得税费用

三、会计账户

会计账户

- 账户是根据会计科目设置的，具有一定格式和结构，用来分类反映会计要素增减变动情况及其结果的载体
- 账户按照其所提供信息的详细程度及其统驭关系不同分为总分类账户（简称总账账户或总账）和明细分类账户（简称明细账）；按照其所反映的经济内容不同分为资产类账户、负债类账户、所有者权益类账户、成本类账户、损益类账户等
- 账户分为左方（记账符号为“借”）、右方（记账符号为“贷”）两个方向，一方登记增加，另一方登记减少。资产、成本、费用类账户借方登记增加额，贷方登记减少额；负债、所有者权益、收入类账户借方登记减少额，贷方登记增加额
- 检查所有账户记录是否正确，可以采用两种试算平衡方法，即发生额试算平衡法和余额试算平衡法。前者是按照本期所有账户借方发生额合计和贷方发生额合计的恒等关系，检验本期发生额记录是否正确的方法；后者是按照本期所有账户借方余额合计和贷方余额合计的恒等关系，检验本期账户记录是否正确的方法
- 会计科目和账户均是对会计对象具体内容的项目分类，两者口径一致、性质相同。会计科目是账户的名称，也是设置账户的依据，账户是会计科目的具体运用，也是会计科目的承载主体。两者的区别是：会计科目只是账户的名称，不存在结构；而账户则具有一定的格式和结构

第二章　小企业流动资产的核算

02 Chapter

第一节　货币资金的核算

一、库存现金的核算

库存现金是企业流动性最强的一种货币资金，可以随时用来购换企业生产经营活动中所需的各种物资、支付相关的费用、偿还债务等，小企业需严格遵守国家有关现金管理制度，正确进行现金收支的核算，监督企业现金使用的合法性与合理性。

（一）库存现金的管理

根据国务院发布的《现金管理暂行条例》的规定，企业现金管理制度主要包括以下内容。

1.库存现金的使用范围

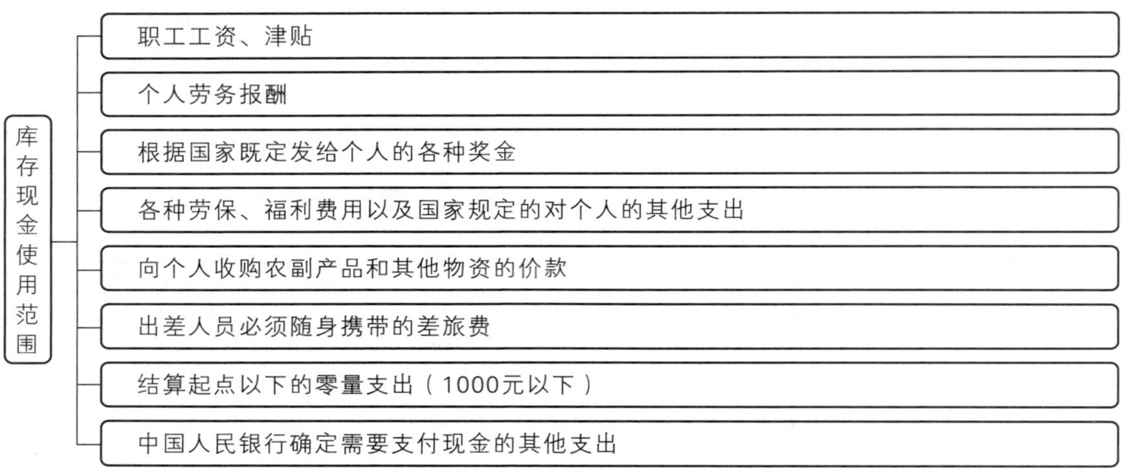

除上述情况可以用现金支付外，其他款项的支付应通过银行转账结算。

2.库存现金的限额

库存现金的限额：

- 库存现金限额是指为了保证企业日常零星支付的需要，按规定允许留存于企业的现金的最高数额
- 库存现金限额应由开户银行根据开户单位的实际情况和距离银行远近等情况核定，一般情况下为企业3～5天的日常用度所需的资金，特殊情况可以申请10～15天的资金用度

3. 库存现金收支的规定

库存现金收支的规定

- 企业收入的现金应于当天送存银行，当天送存银行有困难的，由开户银行确定送存的时间
- 企业需要支付的现金，应从银行提取或从库存现金中支付，不得从收入的现金中支付，即不得“坐支”现金。由于特殊情况需要“坐支”现金的，应当事先报经开户银行审查批准，由开户银行核定坐支范围和限额，企业需定期向开户银行报送坐支金额和使用情况
- 企业在规定的现金适用范围内从开户银行提取现金，应当写明用途，加盖银行预留印鉴，经开户银行审核后，予以支付现金
- 由于采购地点不固定，交通不便，生产或者市场急需以及其他特殊情况必须使用现金的，小企业应当向开户银行申请，由企业财会部门负责人签字盖章，经开户银行审核后给予支付现金
- 小企业在组织现金收支工作中，应注意以下“五不准”

“五不准”

- 不准“白条顶库”，即不得用不符合财务制度的凭证抵顶库存现金
- 不准“公款私存”，即不准用企业收入的现金以个人名义储蓄
- 不准设置“小金库”从而保留账外公款
- 不准谎报用途套取现金
- 不准用银行账户代其他单位和个人存取现金

（二）库存现金的具体核算

为了总体反映企业库存现金的收入、支出和结存情况，企业应当设置“库存现金”账户，该账户借方登记库存现金的增加，贷方登记库存现金的减少，期末余额在借方，反映企业实际持有的库存现金余额。库存现金具体账务处理见表 2-1。

表 2-1 库存现金账务处理

业务情景	账务处理
将现金存入银行，根据银行退回的进账单第一联	借：银行存款 　贷：库存现金
从银行提取现金时，根据支票存根所记载的金额	借：库存现金 　贷：银行存款
企业因支付内部职工出差等原因所需的现金	借：其他应收款（按支出凭证所记载的金额） 　贷：库存现金
收到出差人员交回的差旅费剩余款并结算时	借：库存现金（按实际收回的现金） 　管理费用（按应报销的金额） 　贷：其他应收款（按实际借出的现金金额）
因其他业务收到现金	借：库存现金 　贷：有关科目

链接实例 2-1 某小企业 2018 年 5 月发生的有关库存现金收付业务及会计根据业务内容做账务处理如下。

解 (1) 5 月 1 日，企业收到产品货款现金 18000 元，送存银行

借：银行存款 18000

　贷：库存现金 18000

(2) 5 月 3 日，企业签发支票从银行提取现金 80000 元

借：库存现金 80000

　贷：银行存款 80000

(3) 5 月 12 日，员工小李出差预借差旅费 5000 元，以现金支付

借：其他应收款 5000

　贷：库存现金 5000

(4) 5 月 15 日，员工小李出差回来报销差旅费 4200 元，退回剩余现金 800 元

借：库存现金 800

　管理费用 4200

　贷：其他应收款 5000

(5) 5 月 26 日，企业销售一批产品，开出的增值税专用发票上注明货款 20000 元，增值税款 3200 元，共计收入货款 23200 元

借：银行存款 23200

　贷：主营业务收入 20000

　　应交税费——应交增值税（销项税额） 3200

(6) 5 月 31 日，收取职工因过失造成的损失赔偿金 1500 元

借：库存现金 1500

　贷：其他应收款 1500

（三）库存现金清查的核算

库存现金清查的核算

- 企业应当按规定进行库存现金的清查，一般采用实地盘点法，对于清查的结果应当编制现金盘点报告单
- 如果有挪用现金、白条顶库的情况，应及时予以纠正；对于超限额留存的现金应及时送存银行
- 如果账实不符，发现有待查明原因的现金短缺或溢余，应先通过“待处理财产损溢——待处理流动资产损溢”账户核算
- 按管理权限报经批准后，分别按以下情况处理，具体见表2-2

表 2-2 库存现金清查的账务处理

业务情景		账务处理
现金短缺	库存现金少于“库存现金日记账”上的结存数时	借：待处理财产损溢——待处理流动资产损溢 　贷：库存现金
	查明原因后，如应由责任人或保险公司赔偿时	借：其他应收款 　贷：待处理财产损溢——待处理流动资产损溢
	无法查明原因时	借：管理费用 　贷：待处理财产损溢——待处理流动资产损溢

续表

	业务情景	账务处理
现金溢余	盘点的库存现金多于“库存现金日记账”上的金额时	借：库存现金 　贷：待处理财产损溢——待处理流动资产损溢
	属于应支付给个人或单位的	借：待处理财产损溢——待处理流动资产损溢 　贷：其他应付款
	无法查明原因时，计入营业外收入	借：待处理财产损溢——待处理流动资产损溢 　贷：营业外收入

链接实例 2-2 某小企业 2016 年 2 月 28 日对库存现金盘点时，现金日记账账面余额为 2000 元，实地盘点的库存现金金额为 1800 元，造成库存现金短缺的原因有待进一步查明。

解 该企业账务处理如下。

借：待处理财产损溢　　200

　贷：库存现金　　200

如经查明，库存现金短缺的原因是由于出纳员工作不认真造成的，出纳员小王当即赔偿了短缺款。

借：其他应收款——小王　　200

　贷：待处理财产损溢　　200

借：库存现金　　200

　贷：其他应收款——小王　　200

链接实例 2-3 某小企业 2016 年 3 月 30 日对库存现金盘点时，现金日记账账面余额为 2000 元，实地盘点的库存现金金额为 2500 元，造成库存现金比账上多出 500 元的原因有待进一步查明。

解 该企业账务处理如下。

借：库存现金　　500

　贷：待处理财产损溢　　500

经核查后，没有发现造成库存现金溢余的原因，经批准，作为营业外收入处理。

借：待处理财产损溢　　500

　贷：营业外收入　　500

（四）备用金核算

小企业内部周转使用的备用金，如拨给各所属部门收购商品、开支费用或销货找零的款项等，可以单独设置“备用金”科目进行相关核算。

链接实例 2-4 某小企业现金管理采用备用金制度。2016 年 7 月 1 日，企业采购员小赵外出采购某农产品原料，预借款 20000 元，以现金付讫。7 月 5 日，小赵采购归来，交仓库农产品价值 18000 元，退回现金 2000 元。根据上述经济业务，企业应做如下账务处理。

解 （1）备用金制度下，供应部门经申请批准，可以每年预借 30000 元作为部门应急备用金。年初部门预借备用金时

借：备用金——供应　　30000

贷：库存现金 30000

(2) 7月1日预付备用金时

借：备用金——小赵 20000

贷：库存现金 20000

(3) 7月5日报销时

借：材料采购 18000

贷：库存现金 18000

(4) 年末收回备用金时

借：库存现金 30000

贷：备用金 30000

二、银行存款的核算

银行存款是企业存放在银行的货币资金。通常每个独立核算的小企业都在当地国家银行申请开设账户，办理银行的存取款和转账等业务。小企业发生的各种结算款项，除允许用现金结算的方式直接以现金收付的以外，其余均必须以银行划款转账。

（一）银行结算账户

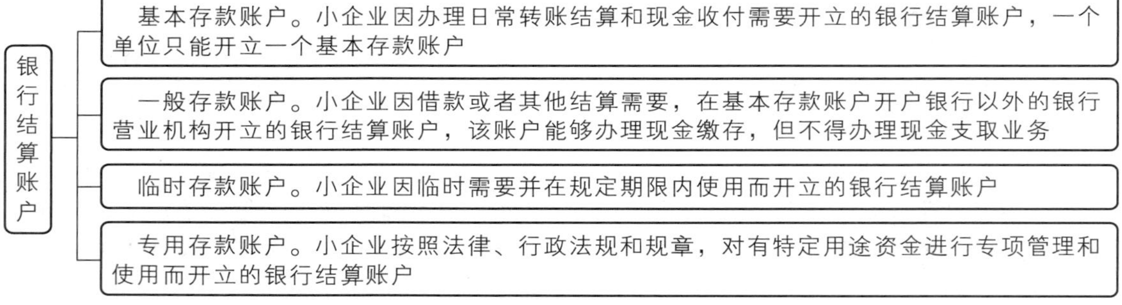

（二）银行存款的具体核算

小企业需设置“银行存款”账户，用来反映银行存款的增减变动及余额情况。该账户是资产账户，借方登记银行存款的增加，贷方登记银行存款的减少，期末余额在借方，代表银行存款的余额。银行存款的具体账务处理见表2-3。

表2-3 银行存款账务处理

业务情景	账务处理
小企业对外销售货物、提供劳务、处置资产等取得银行存款收入时	借：银行存款 贷：主营业务收入、其他业务收入、固定资产清理等科目
小企业银行存款支出时	借：相关科目 贷：银行存款

链接实例2-5 某小企业2018年5月份发生的有关银行存款收付业务，账务处理如下。

解 (1) 5月10日，收到甲公司转账支票一张，金额150000元，偿还前欠货款

借：银行存款 150000

贷：应收账款 150000

（2）5 月 20 日，该企业销售一批产品，含税价款 23200 元，增值税率 16%，收到转账支票一张

借：银行存款 23200

贷：主营业务收入 20000

应交税费——应交增值税（销项税额） 3200

（3）5 月 30 日，该企业外购原材料一批，含税货款 34800 元，增值税率 16%。材料已经入库，款项通过银行转账支付

借：原材料 30000

应交税费——应交增值税（进项税额） 4800

贷：银行存款 34800

（三）银行存款期末核对

为了加强银行存款的管理，小企业必须遵循现金管理办法和结算制度规定来办理银行存款的收付转账业务，建立管理责任制，由财会部门出纳人员专门负责银行存款的管理。按照要求填制和取得各种银行结算凭证，定期进行银行账项的核对，确保银行存款的准确、完整。由于企业间以及企业与银行间送存与结算的时点不同，银行存款余额与企业银行存款日记账余额时常会发生差异，引起这种差异的原因就是未达账项的存在。

未达账项是指企业和银行，有一方取得凭证已经入账，另一方尚未收到凭证而未入账形成的款项差异。

未达账项

- 企业未达账项：①银行已收，而企业尚未入账的情况；②银行已付款入账，而企业尚未入账的款项
- 银行未达账项：①企业已收款入账，而银行尚未入账的款项；②企业已付款入账，而银行尚未入账的款项

一般的企业对于以上发生的未达账项，通过编制“银行存款余额调节表”进行调节。

链接实例 2-6 2016 年 1 月 31 日，某企业银行存款日记账余额为 57000 元，而银行对账单上的存款余额是 59000 元，核对后发现有如下未达账项。

（1）1 月 28 日，该企业收入转账支票 18000 元，交存银行后发生了退票，而企业已经入账。

（2）1 月 29 日，开出的一张转账支票 16000 元，银行尚未记账。

（3）委托银行代收的货款 8000 元，1 月 30 日银行已登记入账，企业尚未入账。

（4）1 月 31 日中国网通委托银行代收企业应付的话费 4000 元，银行已从企业存款中代扣，而企业尚未入账。

解 根据以上未达账项，2016 年 1 月 31 日，该企业编制银行存款余额调节表，见表 2-4。

表 2-4 某企业银行存款余额调节表 2016 年 1 月 31 日

项目	金额/元	项目	金额/元
银行存款记账余额	57000	银行对账单余额	59000
加：银行已代收而企业未收的货款	8000	加：企业已记账而银行未入账的支票	18000
减：银行已支付而企业未付的话费	4000	减：企业已开出而银行未付的支票	16000
调节后余额	61000	调节后余额	61000

三、其他货币资金的核算

其他货币资金是指企业除现金、银行存款之外的其他各种货币资金，它们同属于货币资金，但是用途和存放地点不同，因此分别核算。为了反映和监督其他货币资金的收支及结存情况，小企业应设置“其他货币资金”科目，并按照其他货币资金的种类设置“外埠存款”“银行汇票”“银行本票”“信用证存款”“信用卡”等明细科目，在明细科目项下，还可以进一步按开户银行，银行汇票或本票、信用证的收款单位等设置明细账。有信用卡业务的小企业还需在“信用卡”明细科目中，按开出信用卡的银行和信用卡种类设置明细账。

小企业应当设置“其他货币资金”账户，用于反映其他货币资金的增减变动及余额情况。该账户是资产账户，借方登记其他货币资金的增加，贷方登记其他货币资金的减少，期末余额在借方，反映企业实际持有的其他货币资金数额。

（一）外埠存款的核算

外埠存款是指小企业到外地进行临时或零星采购时，汇往采购地银行开立采购专户的款项。外埠存款的具体账务处理见表 2-5。

表 2-5 外埠存款账务处理

业务情景	账务处理
将款项汇往采购地银行开立采购专户时	借：其他货币资金——外埠存款 贷：银行存款
收到采购员交来供应单位发票账单等报销凭证时	借：在途物资 原材料 库存商品 应交税费——应交增值税（进项税额） 贷：其他货币资金——外埠存款
将多余的外埠存款转回当地银行	借：银行存款 贷：其他货币资金——外埠存款

链接实例 2-7 2018 年 5 月 8 日，某小企业委托开户银行将 500000 元汇往外地某银行开立临时采购专户，用于采购原材料，5 月 12 日，企业收到采购部交来的增值税专用发票等有关购入材料的凭证，凭证上注明材料买价为 400000 元，增值税款 64000 元。同日，材料运抵企业并验收入库。5 月 13 日，企业将剩余款项转回开户银行。根据上述经济业务，企业应做如下账务处理。

解 （1）5 月 8 日，存入款项开立采购专户时

借：其他货币资金——外埠存款　　500000

　　贷：银行存款　　500000

（2）5 月 12 日，收到采购凭证时

借：原材料　　400000

　　应交税费——应交增值税（进项税额）　　64000

　　贷：其他货币资金——外埠存款　　464000

（3）5 月 13 日，收回剩余款项时

借：银行存款　36000
　贷：其他货币资金——外埠存款　36000

（二）银行汇票存款的核算

银行汇票是指企业为了异地采购而向开户银行申请办理的一种银行结算票据。银行汇票存款是指企业为取得银行汇票按规定存入银行的一定款项或锁定银行账户中一定的资金。企业申请银行汇票时，必须向银行提交“银行汇票委托书”，依据银行盖章退回的存根联编制记账凭证。银行汇票存款的具体账务处理见表 2-6。

表 2-6　银行汇票存款账务处理

业务情景	账务处理
取得汇票时	借：其他货币资金——银行汇票存款 　贷：银行存款
使用汇票支付货款时(在银行汇票额度内)	借：原材料 　应交税费——应交增值税（进项税额） 　贷：其他货币资金——银行汇票存款
结算后银行汇票余额退回(解锁)	借：银行存款（多余部分） 　贷：其他货币资金——银行汇票存款
因超过付款期限或其他原因银行汇票退回	借：银行存款 　贷：其他货币资金——银行汇票存款

链接实例 2-8　某小企业向银行提交“银行汇票申请书”，并将款项 300000 元交存银行，要求银行办理银行汇票并已取得汇票。然后该小企业向 A 工厂购入材料，价款 180000 元，增值税 28800 元，用银行汇票办理结算，银行汇票多余款 91200 元由银行退交企业，材料已经验收入库。

解　企业根据相关凭证做如下会计分录。

(1) 取得汇票时，该小企业根据银行盖章退回的银行汇票申请书存根联

借：其他货币资金——银行汇票存款　300000
　贷：银行存款　300000

(2) 使用汇票支付货款时

借：原材料　180000
　应交税费——应交增值税（进项税额）　28800
　贷：其他货币资金——银行汇票　208800

(3) 银行退回多余款项时

借：银行存款　91200
　贷：其他货币资金——银行汇票存款　91200

（三）银行本票存款核算

小企业办理银行本票，应将款项交存开户银行。本票存款实行全额结算，本票存款与结算金额的差额通常采用支票或其他方式结清。银行本票存款的具体账务处理见表 2-7。

表 2-7 银行本票存款账务处理

业务情景	账务处理
取得本票时	借：其他货币资金——银行本票存款 贷：银行存款
支付银行本票后	借：相关账户 贷：其他货币资金——银行本票存款
因超过付款期限或其他原因未曾使用而退还款项时	借：银行存款 贷：其他货币资金——银行本票存款

链接实例 2-9 2018 年 5 月 11 日，X 公司申请办理银行本票，将银行存款 30000 元转入银行本票存款。5 月 15 日，收到 Y 公司增值税发票，含税价款 23200 元，增值税率为 16%，用银行本票办理结算，材料已验收入库。5 月 20 日，收到 Y 公司退回的银行本票余款存入银行。根据上述经济业务，X 公司做如下会计处理。

解 （1）5 月 11 日，取得银行本票时

借：其他货币资金——银行本票 30000

贷：银行存款 30000

（2）5 月 15 日，收到 Y 公司发票，材料也已验收入库时

借：原材料 20000

应缴税费——应缴增值税（进项税额） 3200

贷：其他货币资金——银行本票 23200

（3）5 月 20 日，收到 Y 公司退回的银行本票余款存入银行时

借：银行存款 6800

贷：其他货币资金——银行本票存款 6800

（四）信用证存款的核算

信用证存款是指采用信用证结算方式的企业为开具信用证而存入银行信用证保证金专户的款项。信用证存款的具体账务处理见表 2-8。

表 2-8 信用证存款账务处理

业务情景	账务处理
取得信用证时	借：其他货币资金——信用证存款 贷：银行存款
收到供货单位信用证结算凭证及所附发票账单	借：物资采购 应交税费——应交增值税（进项税额） 贷：其他货币资金——信用证存款
收回未用完的信用证存款时	借：银行存款 贷：其他货币资金——信用证存款

链接实例 2-10 2018 年 5 月，某小企业向中国建设银行申领信用证存款，用于支付原料价款。

解 根据上述经济业务该小企业做会计处理如下。

(1) 5 月 10 日，该小企业为开具信用证存入银行 200000 元

借：其他货币资金——信用证存款（中国建设银行） 200000

　贷：银行存款 200000

(2) 向甲公司支付原料价款 160000 元（不含税），增值税率 16%

借：物资采购（或在途物资） 160000

　应交税费——应交增值税（进项税额） 25600

　贷：其他货币资金——信用卡（中国建设银行） 185600

(3) 银行转回未用完的信用证存款 14400 元

借：银行存款 14400

　贷：其他货币资金——信用证存款 14400

四、其他银行结算方式的会计核算

（一）支票

支票

- 支票是指由单位和个人签发，委托办理支票存款业务的银行在见票时无条件支付确定的金额给持票人或收款人的票据
- 支票结算方式是应用比较广泛的一种结算方式，一般单位和个人在同一票据交换区域的各种结算都可以采用支票结算
- 支票的付款期限一般是自出票10日内，对于已经超过这个期限的，开户银行有权不予受理，付款人可以不付款
- 签发支票的数额要以单位和个人的银行存款数额为限，若签发数额超过银行存款就成为空头支票，空头支票除银行退票外，还应按票面金额处以5%但不低于1000元的罚款，持票人有权要求出票人赔偿支付金额的2%的赔偿金
- 领购支票必须填写“票据和结算凭证领用单”并由银行加盖印鉴，当银行账户结清时，必须把空白支票交回银行进行注销

链接实例 2-11 某公司开出一张支票，从银行提取现金 21000 元。

解 该公司做会计分录如下。

借：库存现金 21000

　贷：银行存款 21000

（二）银行汇票

银行汇票

- 它具有灵活、兑现性强的特点，往往适用于款到发货或钱货两清的交易
- 银行汇票的付款期限比支票长，为一个月。小企业在支付购货款项时，应填写“银行汇票申请书”，签章后交银行受理，收毕款项后签发银行汇票，并用压数机压印出票数额，再将银行汇票交给申请人
- 申请人拿到票后即可与收款单位进行结算，银行汇票的收款人可以将银行汇票背书转给其他人。背书转让不得超过出票金额，未注明出票金额的不能背书转让
- 当小企业收到银行汇票时，要在出票金额以内，根据实际需要的金额办理结算，并将实际结算金额和余额清晰准确地填入银行汇票的相关栏内

链接实例 2-12 某公司需购进一批原材料，已向银行填报银行汇票申请书，汇款 120000 元，由采购人员到外地进行采购。

解 银行受理后退回结算收据，做会计分录如下。

借：其他货币资金——银行汇票　　120000

　　贷：银行存款　　120000

（三）银行本票

- 银行本票是指由银行签发，承诺自己在见票时无条件支付确定的数额给收款人或持票人的票据。分为定额和不定额本票，定额的通常分为1000元、5000元、10000元和50000元。票面的转账字样被划掉的为现金本票
- 银行本票具有信誉度高、支付功能强等特点，债权债务双方可以见票进行核算
- 银行本票的领取手续和银行汇票相同

链接实例 2-13 某小企业用银行本票进行业务结算。

解 根据企业发生经济业务，做会计分录如下。

（1）取得定额为 1000000 元的银行本票时

借：其他货币资金——银行本票　　1000000

　　贷：银行存款　　1000000

（2）该企业购买了一台设备，价格为 938000 元，已成交

借：固定资产　　938000

　　贷：其他货币资金——银行本票　　938000

（3）余额退回时

借：银行存款　　62000

　　贷：其他货币资金——银行本票　　62000

（四）信用卡存款的核算

信用卡存款的核算

- 信用卡是商业银行向个人和单位发行的，凭此向特约单位购物、消费和向银行存取现金，具有消费信用的特制卡片。凡在中国境内金融机构开立基本存款账户的单位均可申领单位卡
- 单位卡可申领若干张，持卡人资格由单位法定代表人或其委托的代理人书面指定和注销。单位卡账户的资金都是从其基本账户转款存入，不得交存现金，不得将销货款项存入其账户
- 持卡人可持信用卡在特约单位购物、消费，但单位卡不得用于10万元以上的商品交易、劳务供应款项的结算，不得支取现金
- 特约单位在每日营业终了，应将当日受理的信用卡签购单汇总，计算手续费和净额，并填写汇（总）计单和进账单，连同签购单一并送交银行办理进账

链接实例 2-14 某公司向其开户银行申请办理信用卡，用现金支付手续费 80 元，用银行存款存入信用卡 400000 元。

解 该公司做会计分录如下。

借：财务费用 80
　贷：库存现金 80
借：其他货币资金——信用卡存款 400000
　贷：银行存款 400000

（五）汇兑

汇兑
- 汇兑是汇款单位委托银行将款项汇往异地收款单位的一种结算方式
- 信汇是汇款人向银行提出申请，同时交存一定金额及手续费，汇出行将信汇委托书以邮寄方式寄给汇入行，授权汇入行向收款人解付一定金额的一种汇兑结算方式
- 电汇是汇款人将一定款项交存汇款银行，汇款银行通过电报或电传给目的地的分行或代理行（汇入行），指示汇入行向收款人支付一定金额的一种汇款方式
- 这两种汇兑结算方式中，信汇费用较低，但速度相对较慢，而电汇具有速度快的优点，但汇款人需负担较高的电报电传费用，因此通常只在紧急情况下或者金额较大时使用。此外，为了确保电报的真实性，汇出行在电报上加注双方约定的密码；而信汇则不需加密码，签字即可

（六）委托收款

委托收款
- 委托收款是收款人委托银行向付款人收取款项的结算方式
- 单位或个人凭已承兑的商业汇票（含商业承兑汇票和银行承兑汇票）、国内信用证、储蓄委托收款（存单）、债券、三方委托协议等付款人债务证明办理款项结算的，都可使用委托收款结算

链接实例 2-15 某公司收到银行转来网通公司的委托收款凭证，支付上月话费 8000 元。

解 该公司做会计分录如下。

借：管理费用 8000
　贷：银行存款 8000

（七）托收承付

托收承付
- 托收承付结算，指根据购销合同由收款人发货后委托银行向异地购货单位收取货款，购货单位根据合同核对单证或验货后，向银行承认付款的一种结算方式
- 邮寄和电报两种结算凭证都是一式五联。第一联回单，是收款人开户行给收款人的回单；第二联委托凭证，是收款人委托开户行办理托收款项后的收款凭证；第三联支票凭证，是付款人向开户行支付货款的支款凭证；第四联收款通知，是收款人开户行在款项收妥后给收款人的收款通知；第五联承付（支款）通知，是付款人开户行通知付款人按期承付货款的承付（支款）通知
- 托收承付结算方式只适用于异地订有经济合同的商品交易及相关劳务款项的结算。代销、寄销、赊销商品的款项，不得办理异地托收承付结算

链接实例 2-16 A 企业收到银行转来外地 B 企业的托收承付凭证，支付其购买的原材料货款 1200000 元、增值税 192000 元，运输费 6000 元、增值税 600 元，原材料已验收入库。

解 该企业做会计分录如下。

借：原材料　　1206000
　　应交税费——应交增值税（进项税额）　　192600
　　贷：银行存款　　1398600

（八）信用证

信用证是一种由银行依照客户的要求和指示开立的有条件的承诺付款的书面文件。信用证是目前国际贸易中最主要、最常用的支付方式。

1. 信用证支付方式的特点

特点
- 开证行承担第一性的，而且是独立的付款责任
- 信用证是一项自足文件。信用证虽然是根据买卖合同开立的，但信用证一经开出，就成为独立于买卖合同以外的一项约定
- 信用证是一种单据买卖，各有关当事人处理的是单据，而不是货物、服务和其他行为。银行只负责单证、单单之间的相符

2. 信用证的收付程序

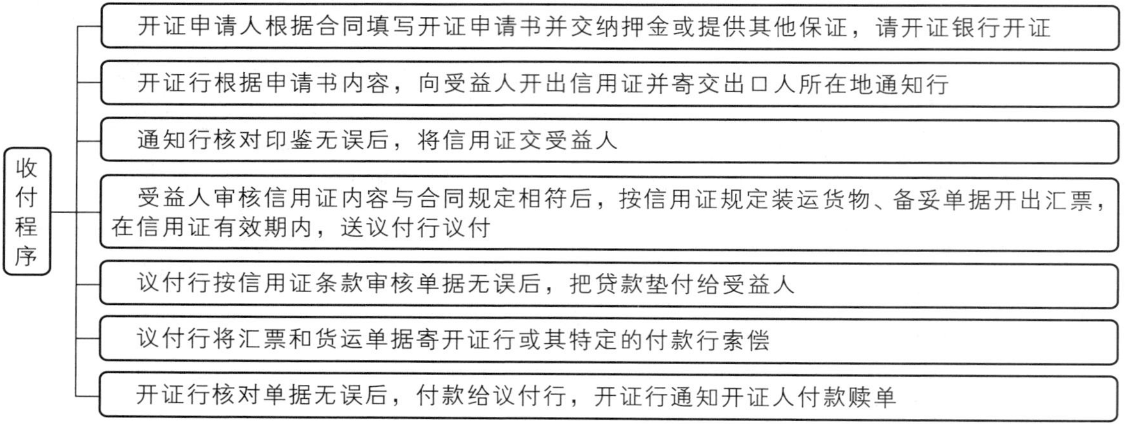

第二节　短期投资的核算

小企业短期投资，是指小企业购入的能随时变现并且持有时间不准备超过一年（含一年，下同）的投资，例如小企业以赚取差价为目的从二级市场购入的股票、债券、基金等。

小企业短期投资的会计处理
- 小企业取得短期投资的成本，为取得投资所付出的代价，包括买价和其他相关费用
- 小企业应设置“短期投资”科目核算小企业购入的能随时变现并且持有时间不准备超过一年（含一年）的投资。“短期投资”科目期末借方余额，反映小企业持有的短期投资成本
- “短期投资”科目应按照股票、债券、基金等短期投资种类进行明细核算

小企业短期投资应当按照以下规定进行会计处理。

一、初始计量（取得时）

初始计量
- 以支付现金取得的短期投资，小企业应当按照购买价款和相关税费作为成本进行计量
- 实际支付价款中包含的已宣告但尚未发放的现金股利或已到付息期但尚未领取的债券利息，应当单独确认为应收股利或应收利息，不计入短期投资的成本

购买短期投资时的账务处理见表2-9。

表2-9 购买短期投资时的账务处理

业务情景	账务处理
小企业购入各种股票、债券、基金等作为短期投资	借："短期投资"科目（按照实际支付的购买价款和相关税费） 贷："银行存款"科目
小企业购入股票，在实际支付的购买价款中包含已宣告但尚未发放的现金股利情况	借："短期投资"科目（按照实际支付的购买价款和相关税费扣除已宣告但尚未发放的现金股利后的金额） "应收股利"科目（按照应收的现金股利） 贷："银行存款"科目（按照实际支付的购买价款和相关税费）
小企业购入债券，在实际支付的购买价款中包含已到付息期但尚未领取的债券利息情况	借："短期投资"科目（按照实际支付的购买价款和相关税费扣除已到付息期但尚未领取的债券利息后的金额） "应收利息"科目（按照应收的债券利息） 贷："银行存款"科目（按照实际支付的购买价款和相关税费）

链接实例2-17 W公司采用小企业会计准则核算，2016年2月23日以暂时性闲置资金从上海证券交易所购入S公司股票180万股，准备短期获利，共支付款项1415万元，其中包括已宣告但尚未发放的现金股利63万元。另支付交易手续费等2万元。2016年2月25日收到宣告的现金股利。

解 2016年2月23日，W公司的账务处理如下。

借：短期投资——S公司股票 13540000
　　应收股利 630000
　　贷：银行存款 14170000

2016年2月25日，W公司的账务处理如下。

借：银行存款 630000
　　贷：应收股利 630000

二、后续计量（持有期间）

在短期投资持有期间，被投资单位宣告分派的现金股利或在债务人应付利息日按照分期付息、一次还本债券投资的票面利率计算的利息收入，需计入投资收益。主要账务处理见表2-10。

表 2-10 在短期投资持有期间的账务处理

业务情景	账务处理
被投资单位宣告分派现金股利	借：“应收股利”科目 贷：“投资收益”科目
在债务人应付利息日	借：“应收利息”科目（按照分期付息、一次还本债券投资的票面利率和票面金额计算的利息收入） 贷：“投资收益”科目

链接实例 2-18 2015 年 1 月 2 日，A 企业从二级市场上购入 B 企业发行的公司债券，该笔债券于 2013 年 7 月 1 日发行，债券期限为 10 年，债券面值为 5000 万元，票面利息为 4%。上一年债券利息于下一年 1 月 15 日支付。A 企业持有目的是短期获利，支付价款为 5200 万元（其中包含已到付息期但尚未发放的债券利息 200 万元），另支付交易费用 60 万元。2015 年 1 月 15 日，A 企业收到该笔利息。2016 年 1 月 15 日，A 企业收到债券利息 200 万元。假设 A 企业采用《小企业会计准则》核算。

解 A 企业应编制如下会计分录。

（1）2015 年 1 月 2 日，购入 B 企业发行的公司债券

借：短期投资——B 企业债券 50600000

应收利息——B 企业 2000000

贷：银行存款 52600000

（2）2015 年 1 月 15 日，A 企业收到买价中包含的尚未发放的债券利息

借：银行存款 2000000

贷：应收利息——B 企业 2000000

（3）2015 年 12 月 31 日，A 企业确认 2015 年度债券利息

借：应收利息——B 企业 2000000

贷：投资收益 2000000

（4）2016 年 1 月 15 日，A 企业收到 2015 年债券利息

借：银行存款 2000000

贷：应收利息——B 企业 2000000

三、期末计量（出售时）

短期投资的处置主要指短期投资的出售、转让等情形。出售短期投资，出售价款扣除其账面余额、相关税费后的净额，需计入投资收益。其主要账务处理见表 2-11。

表 2-11 出售短期投资的账务处理

业务情景	账务处理
出售短期投资时	借：“银行存款”或“库存现金”科目（按照实际收到的出售价款） 贷：“短期投资”科目（按照该项短期投资的账面余额） “应收股利”或“应收利息”科目（按照尚未收到的现金股利或债券利息） 贷或借：“投资收益”科目（按照其差额）

链接实例 2-19 2015 年 4 月 20 日，W 公司从上海证券交易所购入 S 公司股票 100 万股，占 S 公司有表决权股份的 5%，支付价款合计 1016 万元，其中，证券交易印花税等交易费用 1.6 万元，已宣告但尚未发放的现金股利 14.4 万元。W 公司不准备长期持有，将其划分为短期投资。

2015 年 5 月 20 日，W 公司收到 S 公司发放的 2014 年现金股利 14.4 万元。

2015 年 5 月 30 日，S 公司股票收盘价为每股 10.40 元。

2015 年 12 月 31 日，W 公司仍持有 S 公司股票；当日，S 公司股票收盘价为每股 9.80 元。

2016 年 3 月 20 日，S 公司宣告分派 2015 年现金股利 400 万元。

2016 年 4 月 10 日，W 公司收到 S 公司分派的 2015 年现金股利。

2016 年 4 月 21 日，W 公司以每股 9.00 元的价格将股票全部转让，同时支付证券交易费用 1.44 万元。

假设 W 公司采用《小企业会计准则》核算。

解 W 公司的账务处理如下。

(1) 2015 年 4 月 20 日，购入 S 公司股票 100 万股

借：短期投资——S 公司股票　　10016000

　　应收股利——S 公司　　144000

　　贷：银行存款　　10160000

(2) 2015 年 5 月 20 日，收到 S 公司发放的 2014 年现金股利 14.4 万元

借：银行存款　　144000

　　贷：应收股利——S 公司　　144000

(3) 2016 年 3 月 20 日，确认 S 公司分派的 2015 年现金股利中应享有的价额 $=400\times5\%=20$（万元）

借：应收股利——S 公司　　200000

　　贷：投资收益　　200000

(4) 2016 年 4 月 10 日，收到 S 公司分派的 2015 年现金股利

借：银行存款　　200000

　　贷：应收股利——S 公司　　200000

(5) 2016 年 4 月 21 日，出售 S 公司股票 100 万股

借：银行存款　　8985600

　　投资收益　　1030400

　　贷：短期投资——S 公司股票　　10016000

S 公司股票出售价格 $=9.00\times1000000=900$（万元）

出售 S 公司股票取得的价款 $=900-1.44=898.56$（万元）

投资亏损 $=1001.6-898.56=103.04$（万元）

第三节　应收及预付款项的核算

一、应收票据的核算

应收票据是指企业持有的还没有到期、尚未兑现的票据。这里所说的应收票据是指应收

的商业汇票。商业汇票是指一种由出票人签发的，委托付款人在指定日期无条件支付确定金额给收款人或者持票人的票据。

按承兑人的不同，商业汇票分为银行承兑汇票和商业承兑汇票，按是否带息分为带息商业汇票和不带息商业汇票。

为了反映并监督应收票据的取得和收回等经济业务，企业需设置“应收票据”科目，并按照商业汇票的种类设置明细科目进行明细核算。“应收票据”科目的借方登记取得的应收票据的面值和计提的应收票据利息，贷方登记到期收回票据；期末余额在借方，反映企业持有的商业汇票的票面价值和应计利息。

（一）带息应收票据的核算

带息应收票据的核算

- 带息商业汇票是指商业汇票到期时，承兑人需按票面金额加上应计利息向收款人或被背书人支付票款的票据。对于带息票据，应在期末按应收票据的面值和票面利率计提利息，计提的应收利息增加应收票据的账面余额
- 应收票据的利息计算公式为：
  应收票据利息=应收票据票面金额×利率×期限
- 上式中的“期限”是指有效期，也就是签发日与到期日期间，一般用月和日表示，实际工作中为计算方便，常把一年定为360天，当按月表示时，应按到期月份中与出票日期相同的那一天作为到期日。当按日表示时，应从出票日起按照实际天数进行计算。通常出票日和到期日，只能计算其中的一天，避免重复。上式中的利率是指年利率

带息应收票据的账务处理见表 2-12。

表 2-12 带息应收票据的账务处理

业务情景	账务处理
因销售商品、产品、提供劳务等而收到开出、承兑的商业汇票时	借：应收票据（按应收票据的面值） 　贷：主营业务收入等（按实现的营业收入） 　　应交税费——应交增值税（销项税额）
期末计提利息时	借：应收票据 　贷：财务费用
票据到期收回款项时	借：银行存款（按应收到的本息） 　贷：应收票据 　　财务费用（按照差额）

链接实例 2-20 2018 年 5 月 1 日，甲企业向乙企业销售一批商品，货款为 10000 元，增值税 1600 元，收到乙企业的商业汇票一张，期限为 6 个月，票面利率为 5%。

解 （1）收到票据时

借：应收票据　　11600

　贷：主营业务收入　　10000

　　应交税费——应交增值税（销项税额）　　1600

（2）9 月 30 日，计算票据利息

票据利息 = 11600 × 5% × 5 ÷ 12 = 241.67（元）

借：应收票据　　241.67

　　贷：财务费用　　241.67

（3）票据到期收回货款

应收金额 = 11600 + 11600 × 5% × 6 ÷ 12 = 11890（元）

2018 年计提的票据利息 = 11600 × 5% × 1 ÷ 12 = 48.33（元）

借：银行存款　　11890

　　贷：应收票据　　11841.67

　　　　财务费用　　48.33

（二）不带息应收票据的核算

不带息商业汇票，是指商业汇票到期时，承兑人仅需按票面金额（即面值）向收款人或被背书人支付款项的汇票。不带息的应收票据具体账务处理见表 2-13。

表 2-13　不带息应收票据的账务处理

业务情景	账务处理
因销售商品、提供劳务而收到开出、承兑的商业汇票时	借：应收票据 　贷：主营业务收入等 　　应交税费——应交增值税（销项税额）
票据到期，收回款项时	借：银行存款 　贷：应收票据
票据到期，付款方无力付款，则转为应收账款时	借：应收账款 　贷：应收票据
如果企业应收账款改用商业汇票结算，在收到商业汇票时	借：应收票据 　贷：应收账款

链接实例 2-21　A 公司向 B 公司销售一批商品，货款为 200000 元，增值税 32000 元，款项尚未收到，商品已发出。

解　A 公司做会计处理如下。

（1）确认收入时

借：应收账款　　232000

　　贷：主营业务收入　　200000

　　　　应交税费——应交增值（销项税额）　　32000

（2）14 天后收到 B 公司寄来一份 3 个月期的面值为 232000 元的商业承兑汇票，抵付欠款

借：应收票据　　232000

　　贷：应收账款　　232000

（3）3 个月后，应收票据到期收回票面金额 232000 元存入银行

借：银行存款　　232000

　　贷：应收票据　　232000

（三）应收票据贴现的核算

应收票据贴现的核算

- 当小企业持有应收票据而又面临资金短缺的问题的时候，可以持未到期的商业汇票向开户银行申请贴现，以便获得急用的资金
- 票据贴现的有关计算公式如下：
  票据到期价值=票据面值×（1+年利率×票据到期天数÷360）
  或
  票据到期价值=票据面值×（1+年利率×票据到期月数÷12）
- 对于无息票据而言，票据的到期价值就是其面值。
  贴现息=票据到期价值×贴现率×贴现天数÷360
  贴现所得金额=票据到期价值−贴现息
- 会计处理：
  借：银行存款（实际收到金额）
  　　财务费用（贴现息）
  　　贷：应收票据（面值）

链接实例 2-22 2016 年 4 月 21 日，某企业持所收取的出票日期为 1 月 20 日、期限为 6 个月、面值为 500000 元的无息商业承兑汇票一张到银行贴现，贴现企业和承兑企业都在同一票据交换区，银行年贴现率是 8%。

解 到期日是 7 月 20 日，贴现天数 = 9 + 31 + 30 + 20 = 90（天）

贴现息 = 500000 × 8% × 90 ÷ 360 = 10000（元）

贴现净额 = 500000 − 10000 = 490000（元）

会计分录如下。

借：银行存款	490000	
财务费用	10000	
贷：短期借款		500000

注： 银行承兑汇票与商业承兑汇票由于其承兑人的不同，其到期收回款项的可靠程度不同，因此主票据背书转让时就有带追索权与不带追索权之分。商业承兑汇票贴现时一般都带追索权，只有到期时票据权利才终止。票据权利终止时的会计处理：

借：短期贷款

　　贷：应收票据

（四）应收票据收回和背书转让

1. 应收票据的收回

应收票据的收回

- 应收票据到期收回款项时，应按票面金额予以结转
- 商业承兑汇票到期，承兑人违约拒付或无力支付票款的，应在收到银行退回的商业承兑汇票、委托收款凭证、未付票款通知书或拒付款证明时，将其转作应收账款

2. 应收票据的转让

应收票据持有期间，企业可以将持有的票据背书转让，用以购买商品或劳务。有的应收票据背书转让时，需按票面金额结转，具体账务处理如下。

应收票据的转让

- 企业将持有的不带息应收票据背书转让时，借记“物资采购”或“原材料”“库存商品”等科目。按照取得的专用发票上注明的增值税，借记“应交税费——应交增值税（进项税额）”科目，按照应收票据的账面余额，贷记“应收票据”科目，按照应收或应付的补价，借记或贷记“银行存款”等科目
- 由于商业汇票到期存在不能如期承兑的风险，所以企业票据背书转让时必须在备查簿中对背书的票据予以登记，注明背书时间、金额、被背书人等事项
- 如果到期票据退回，企业需要按票载背书进行追索。
  会计处理：
  收到退回的票据时
  借：应收票据
  　　应付账款
  同时
  借：应收账款
  　　贷：应收票据

但在票据到期时，如果票据的签发人无力支付票款，则背书人应负连带责任。

二、应收账款的核算

应收账款是指企业因销售商品、材料和提供劳务等，需向购货单位收取的款项，以及代垫运杂费和承兑到期而未能收到款的商业承兑汇票。通常包括企业出售产品、材料和提供劳务等应向有关债务人收取的价款及代购货方垫付的运杂费等。

（一）应收账款的入账价值

应收账款是企业销售产品或提供劳务等发生的债权，其入账价值包括：销售商品或提供劳务的价款和有关税费等。在确认应收账款的入账价值时，需考虑有关的折扣因素。

1. 商业折扣

商业折扣

- 商业折扣是买方企业为鼓励客户多购商品而在商品标价上给予扣除
- 商业折扣是在销售时发生，企业只需按扣除商业折扣后的净额来确认销售收入和应收账款

2. 现金折扣

现金折扣是企业为了鼓励客户提前付款而向客户提供的债务扣除。通常用符号“折扣/付款期限”来表示。例如“2/10，1/20，n/30”表示买方在10天内付款，销售企业将给购货企业2%的折扣；如果是在20天内付款，企业可以给购货企业1%的折扣；企业允许购货企业最长的交款时间为30天，但购货企业在21～30天内付款的话将不再享有折扣待遇。

常用的现金折扣方法包括两种，即总价法和净价法。

现金折扣

- 总价法。总价法是指把未扣减现金折扣前的售价（总价）作为应收账款的入账价值，将实际发生的现金折扣当作销货企业为快速回笼资金而发生的理财费用。这种方法能够很好地把企业销售的总过程呈现在眼前，但也可能会因购货企业享受现金折扣而高估应收账款及销售收入
- 净价法。净价法是指把扣减现金后的金额作为应收账款的入账价值。净价法有效地弥补了总价法的不足，但是销货方无法有效地记录超过付款期而应收的债权，如购货企业在未享受现金折扣而付全额时，必须要查对原销售总额。在期末结账时对那些已经超过期限尚未收到的应收账款，应按客户未享受的现金折扣进行调整，相对较为麻烦

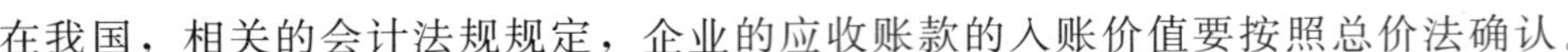

在我国，相关的会计法规规定，企业的应收账款的入账价值要按照总价法确认。

（二）应收账款的核算

小企业在发生应收账款时，通常应借记“应收账款”科目，贷记“主营业收入”“其他业务收入”等科目；收回款项时，借记“银行存款”科目；贷记“应收账款”科目。

链接实例 2-23 S 公司向 W 公司销售一批产品，采用的是托收承付的结算方式，货款是 300000 元，增值税是 48000 元，代垫运费 9000 元，现金折扣模式为“2/10，1/20，n/30”，款项为 357000 元，手续已妥。S 公司应做如下会计分录。

解 （1）确认收入时

借：应收账款——W 公司　　357000

　　贷：主营业务收入　　300000

　　　　应交税费——应交增值税（销项税额）　　48000

　　　　银行存款　　9000

（2）S 公司接到银行收款通知后，根据购货企业是否得到现金折扣的情况入账，假如上述货款在 10 日内收到，做会计分录如下。

折扣 = 348000 × 2% = 6960（元）

借：银行存款　　350040

　　财务费用　　6960

　　贷：应收账款——W 公司　　357000

（3）假如超过折扣的最后期限，做会计分录如下

借：银行存款　　357000

　　贷：应收账款　　357000

（三）坏账及其核算

所谓坏账就是小企业无法收回或收回的可能性极小的应收账款。发生坏账产生的损失叫坏账损失。

小企业应收及预付款项符合下列条件之一的，减除可以收回的金额后确认的无法收回的应收及预付款项，作为坏账损失，坏账损失的确认需满足一定的条件，见以下小企业坏账损失的确认条件。

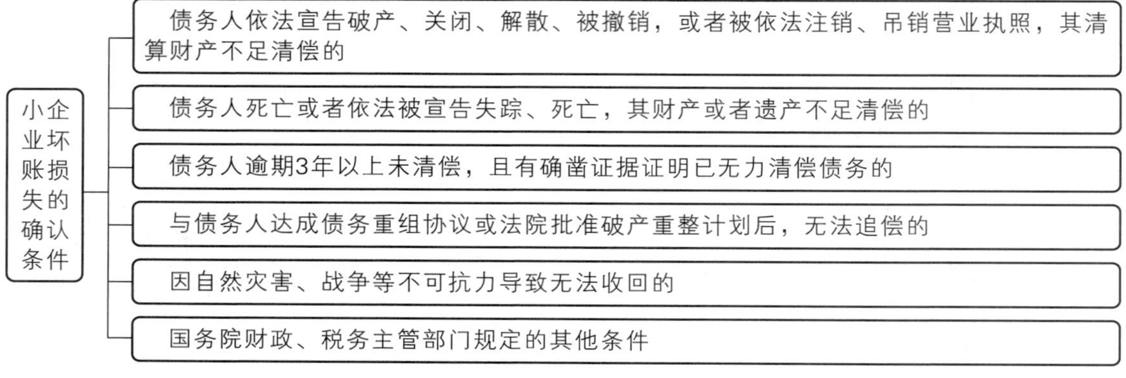

坏账损失的核算方法有两种：直接转销法和备抵法。为简化小企业的会计核算，避免与企业所得税法的差异，小企业选择了与税法一致的坏账损失认定条件和处理方法，即直接转销法。以下是直接转销法对坏账损失的处理。

直接转销法坏账处理

- 企业应收及预付款项发生的坏账损失，应于实际发生时直接计入“营业外支出”并冲减应收及预付款项
- 会计处理：
  借：银行存款、原材料等（可收回的金额）
  　　营业外支出（差额）
  　　贷：应收账款、预收账款、其他应收款等（账面余额）
- 已转销的坏账重新收回
  借：银行存款
  　　贷：营业外收入

链接实例 2-24 某小企业 2014 年将坏账损失的核算方法由原来的直接转销法改为备抵法。2014 年年末应收账款余额为 200000 元，坏账准备的提取比例为 5%，账务处理如下。

解 （1）2014 年年末，提取坏账准备

借：资产减值损失　　10000
　　贷：坏账准备　　10000

（2）2015 年，该小企业发生坏账准备 25000 元，确认坏账损失时

借：坏账准备　　25000
　　贷：应收账款　　25000

（3）该小企业 2015 年年末，应收账款余额为 400000 元

计算“坏账准备”科目应保持的贷方余额为 400000×5%＝20000（元）

计算“坏账准备”实际余额借方为 15000 元（25000－10000）

所以本年末要提 15000＋20000＝35000（元）

借：资产减值损失　　35000
　　贷：坏账准备　　35000

（4）该小企业 2016 年 5 月 20 日收到 2014 年已转销的坏账 7500 元，已存入银行，2016 年 7 月 2 日又确认坏账损失 12500 元，财务处理如下

① 收到已转销的坏账时

借：应收账款　　7500
　　贷：坏账准备　　7500
借：银行存款　　7500
　　贷：应收账款　　7500

② 新确认坏账准备时

借：坏账准备　　12500
　　贷：应收账款　　12500

三、预付账款的核算

预付账款的核算

- 预付账款是小企业因购货而按照合同规定预先支付给供货单位的货款。预付账款是企业的一项债权，售货方未来必须以其产品或劳务向购货方清偿
- 根据经营业务的不同，预付的款项可以是全部的货款，也可能是部分的货款，实际工作中，一旦通过“预付账款”科目进行核算，之后的货物（劳务）支付和款项结算均通过该账户核算

预付账款的具体账务处理见表2-14。

表2-14 预付账款的账务处理

业务情景	账务处理
根据购销合同的规定向销货方预付账款时	借：预付账款 贷：银行存款
企业收到所购货物时	借：在途物资或原材料 应交税费——应交增值税(进项税额) 贷：预付账款
补齐不足的款项	借：预付账款 贷：银行存款
收回多付的款项	借：银行存款 贷：预付账款

链接实例2-25 A企业向B企业采购一批库存商品，货款40000元，增值税6400元，按照合同向B企业预付货款的50%，验收货物后补付其余款项。A企业做如下会计处理。

解 (1) 预付50%货款时

借：预付账款——B企业 20000

贷：银行存款 20000

(2) 收到B企业产品，验收入库

借：在途物资 40000

应交税费——应交增值税（进项税额） 6400

贷：预付账款 46400

(3) 补付货款

借：预付账款 26400

贷：银行存款 26400

四、其他应收款的核算

其他应收款是企业应收款项的另一重要组成部分，是企业除应收票据、应收账款和预付账款以外的各种应收暂付款项。其他应收款、暂付款，是指企业在商品交易业务以外发生的各种应收、暂付款项。

（一）其他应收款核算的内容

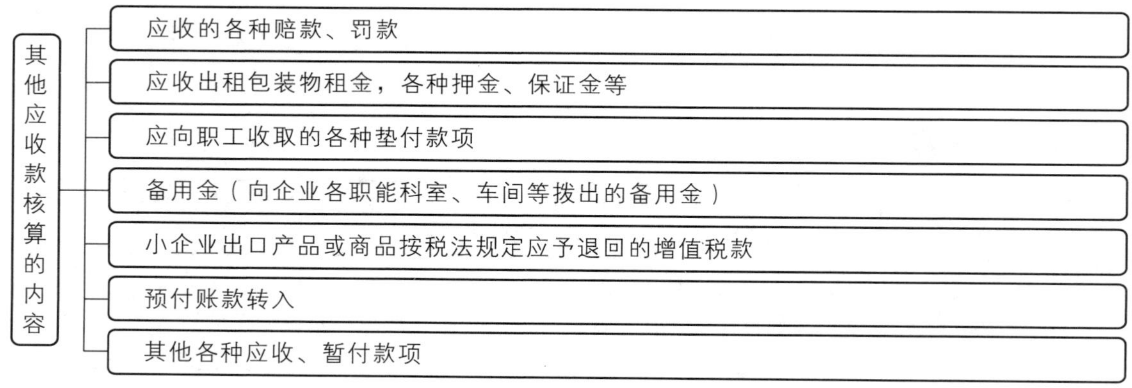

（二）其他应收款核算

在“其他应收款”账户下，应按其他应收款的项目分类，并按不同债务人设置明细账。

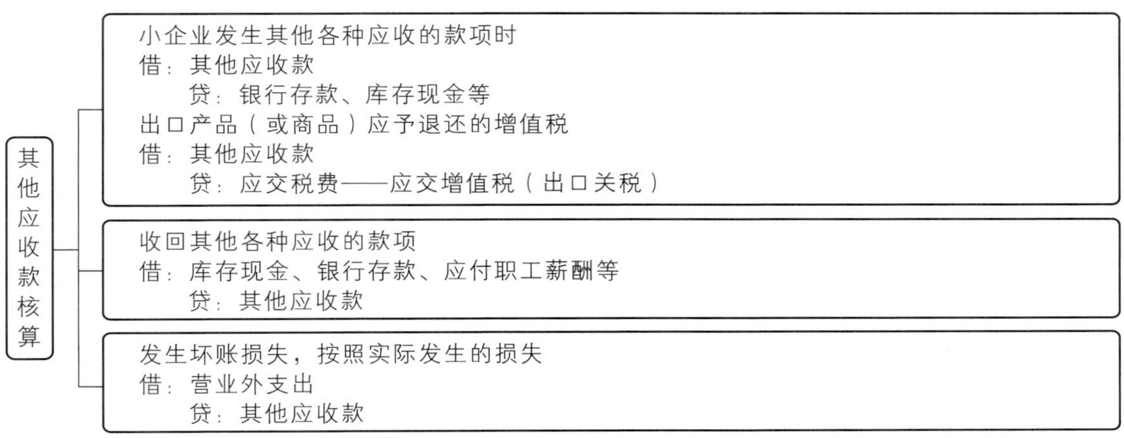

链接实例 2-26 单位供应处小王出差，预借差旅费 2000 元，回来后实际报销支出 1850 元，余额退回。

解 （1）借款时

借：其他应收款　　2000
　　贷：库存现金　　2000

（2）报销时

借：管理费用　　1850
　　库存现金　　150
　　贷：其他应收款　　2000

链接实例 2-27 甲公司参加政府采购项目的招标，支付招标保证金 5000 元，一周后企业中标，中标费用 4000 元，余额退回。

解 （1）支付保证金时

借：其他应收款　　5000
　　贷：银行存款　　5000

（2）中标时

借：管理费用　　4000
　　银行存款　　1000
　　贷：其他应收账款　　5000

链接实例 2-28 某公司对备用金采取定额预付制。本月发生如下业务。

解 （1）3 日，设立管理部门定额备用金，由方某负责管理。管理部门的定额备用金核定定额为 2000 元，财务处开出现金支票。应做如下会计分录。

借：其他应收款——备用金　　2000
　　贷：银行存款　　2000

（2）10 日，方某交来普通发票 500 元，报销管理部门购买办公用品的支出，财务处以现金补足该定额备用金。

借：管理费用　　500

贷：库存现金 500

（3）22 日，经批准减少管理部门定额备用金的核定定额 400 元，方某将 400 元交回财务处。

借：库存现金 400

贷：其他应收款——备用金 400

（4）30 日，由于机构变动，经批准撤销管理部门定额备用金，方某交回购买办公用品支出的普通发票 600 元及现金 100 元。

借：管理费用 600

库存现金 100

贷：其他应收款——备用金 700

第四节　存货的核算

一、存货概述

(一)存货的确认条件

存货，是指小企业在日常生产经营过程中持有以备出售的产成品或商品、处在生产过程中的在产品、将在生产过程或提供劳务过程中耗用的材料和物料等，以及小企业（农、林、牧、渔业）为出售而持有的，或在将来收获为农产品的消耗性生物资产。

小企业的存货包括原材料、在产品、半成品、产成品、商品、周转材料、委托加工物资、消耗性生物资产等。

小企业的存货：

- 原材料是指小企业在生产过程中经加工改变其形态或性质并构成产品主要实体的各种原料及主要材料、辅助材料、外购半成品（外购件）、修理用备件（备品备件）、包装材料、燃料等
- 在产品是指小企业正在制造尚未完工的产品。包括：正在各个生产工序加工的产品，以及已加工完毕但尚未检验或已检验但尚未办理入库手续的产品
- 半成品是指小企业经过一定生产过程并已检验合格交付半成品仓库保管，但尚未制造完工成为产成品，仍需进一步加工的中间产品
- 产成品是指小企业已经完成全部生产过程并已验收入库，符合标准规格和技术条件，可以按照合同规定的条件送交订货单位，或者可以作为商品对外销售的产品
- 商品是指小企业（批发业、零售业）外购或委托加工完成并已验收入库用于销售的各种商品
- 周转材料是指小企业能够多次使用、逐渐转移其价值但仍保持原有形态且不确认为固定资产的材料。包括：包装物，低值易耗品，小企业（建筑业）的钢模板、木模板、脚手架等
- 委托加工物资是指小企业委托外单位加工的各种材料、商品等物资
- 消耗性生物资产是指小企业（农、林、牧、渔业）生长中的大田作物、蔬菜、用材林以及存栏待售的牲畜等

（二）取得存货成本的确定

小企业取得的存货，应当按成本计量。实际工作中，小企业存货取得的途径不同，其成

本的构成也不同。

1. 外购存货的成本确定

外购存货的成本确定：

- 外购存货的成本即存货的采购成本，通常包括购买价款、相关税费、运输费、装卸费、保险费以及其他可归属于存货采购成本的费用
- 存货的购买价款是指企业购入的材料或商品的发票账单上列明的价款，但不包括按规定可以抵扣的增值税额
- 存货的相关税费是指企业购买存货发生的进口关税、消费税、资源税和不能抵扣的增值税进项税额等应计入存货采购成本的税费
- 其他可归属于存货采购成本的费用是指采购成本中除上述各项以外的可归属于存货采购成本的费用，例如在存货采购过程中发生的仓储费、包装费、运输途中的合理损耗、入库前的挑选整理费用等

2. 加工取得存货的成本确定

加工取得存货的成本确定：

- 企业通过进一步加工取得的存货主要包括半成品、在产品、产成品、委托加工物资等，其成本由采购成本、加工成本构成
- 加工成本主要包括对外购材料进一步加工所耗费的人工和制造费用等构成
- 委托外单位加工完成的存货其实际成本包括实际耗用的原材料或者半成品的外购成本和追加的加工费、装卸费、保险费、委托加工途中往返运输费等费用以及按照规定应计入成本的税费
- 经过1年期以上的制造才能达到预定可销售状态的存货发生的借款费用，也计入存货的成本
- 借款费用包括借款利息、辅助费用以及因外币借款而发生的汇兑差额等

3. 其他方式取得存货的成本

企业取得存货的其他方式主要包括接受投资者投资，提供劳务，自行栽培、营造、繁殖或养殖以及存货盘盈等。存货初始成本的确定见表 2-15。

表 2-15 存货初始成本的确定

存货取得途径		实际成本确定方法
接受投资者投资		投资者投入的存货，按评估价确定，涉及增值税进项的，按税法规定处理
提供劳务		与劳务提供直接相关的人工费、材料费和应分摊的间接费用
自行栽培、营造、繁殖或养殖	自行栽培的大田作物和蔬菜	在收获前耗用的种子、肥料、农药等材料费、人工费和应分摊的间接费用
	自行营造的林木类消耗性生物资产	郁闭前发生的造林费、抚育费、营林设施费、良种试验费、调查设计费和应分摊的间接费用
	自行繁殖的育肥畜	出售前发生的饲料费、人工费和应分摊的间接费用
	水产养殖的动物和植物	在出售或入库前耗用的苗种、饲料、肥料等材料费、人工费和应分摊的间接费用
存货盘盈		应当按照同类或类似存货的市场价格或评估价值确定

二、存货发出的计价方法

存货发出的计价，依存货入账价值的确定方法不同而有不同的选择，存货的入账价值的确定既可以采用实际成本法，也可以采用计划成本法。

（一）实际成本法

小企业存货在采用实际成本法入账的情况下，小企业存货的发出可以采用个别计价法、先进先出法和加权平均法来确定发出存货的实际成本。

1. 个别计价法

个别计价法
- 个别计价法亦称个别认定法、具体辨认法、分批实际法，采用这一方法是假设存货具体项目的实物流转和成本流转相一致，按照各种存货逐一辨认各批发出存货以及期末存货所属的购进批别或者生产批别，分别按其购入或生产时所确定的单位成本计算各批发出存货和期末存货成本的方法
- 在这种方法下，是将每一种存货的实际成本作为计算发出存货成本和期末存货成本的基础
- 该种成本结转方法，发出及期末存货的实际成本一一对应

2. 先进先出法

先进先出法
- 先进先出法是指以先购入的存货应先发出（销售或耗用）这样一种存货实物流动假设为前提，对发出存货进行计价的一种方法
- 采用这种方法，先购入的存货成本在后购入存货成本之前转出，据此确定发出存货和期末存货的成本
- 具体方法是：购进存货时，逐笔登记收入存货的数量、单价和金额；发出存货时，按照先进先出的原则逐笔登记存货的发出成本和结存金额
- 先进先出法下，期末存货的结余成本就是最后几批进货的成本，期末存货成本能很好地反映期末存货的市价

3. 月末一次加权平均法

月末一次加权平均法
- 月末一次加权平均法是指以本月全部进货数量加上月初存货数量作为权数，除去本月全部进货成本加上月初存货成本，计算出存货的加权平均单位成本，以此作为基础计算本月发出存货的成本和期末存货的成本的一种方法
- 存货单位成本＝ $\dfrac{\text{月初库存存货的实际成本}+\sum(\text{本月各批进货的实际单位成本}\times\text{本月各批进货的数量})}{\text{月初库存存货数量}+\text{本月各批进货数量}}$

  本月发出存货的成本＝本月发出存货的数量×存货单位成本

  本月月末库存存货成本＝月末库存存货数量×存货单位成本

  或 ＝月初库存存货的实际成本＋本月收入存货的实际成本－本月发出存货的实际成本
- 月末一次加权平均法本期发出存货的单位成本与月末结存存货的单位成本是一致的，只是发出的存货，只能在月末一次性结转成本

4. 移动加权平均法

移动加权平均法

移动加权平均法是指以每次进货的成本加上原有库存存货的成本，除以每次进货数量加上原有库存存货的数量，据以计算加权平均单位成本，作为在下次进货前计算各次发出存货成本依据的一种方法

$$存货单位成本=\frac{原有库存存货的实际成本+本次进货的实际成本}{原有库存存货的实际数量+本次进货的数量}$$

本次发出存货的成本=本次发出存货数量×本次发货前存货的单位成本

本月月末库存存货成本=月末库存存货数量×本月月末存货单位成本

采用移动加权平均法时，本期发生存货的单位成本与月末结存存货的单位成本不一致，且每次购货都需要重新计算存货的单位成本，但存货发生成本的结转可以随时进行

（二）计划成本法

在存货采用计划成本入账的前提下，发出存货的成本直接采用计划成本结转。计划成本法是小企业在购买存货频次较高、品种较多、存货市场价格相对稳定而购货凭证又经常不能及时回收的情况下，为了加强存货的管理与控制，而设计的一种存货计价方法。

计划成本法

小企业采用计划成本法进行核算时，每一项存货的收入和发出都按已确定的计划单价来计价，这样可以简化日常的成本核算工作

对于存货实际成本与计划成本的差异，则按照各种存货设置存货成本差异账户，单独核算存货成本差异，月末将存货成本差异在收入、发出和结存的存货项目之间进行分配，进而将发出存货的计划成本改为实际成本

在实际工作中，在采用计划成本法时要考虑以下两方面的内容：一方面要考虑计划成本的稳定性，计划成本要每半年年初根据实际成本的变动趋势加以科学核定，一旦确定一年内一般不做变更；另一方面，虽然计划成本的高低可通过材料成本差异调整为实际成本，对发生及结存存货的实际成本并无影响，但在制订计划成本时，应尽量与实际成本接近

三、原材料的核算

原材料是指企业在生产过程中经过加工改变其形态或性质并构成产品主要实体的各种材料，通常包括原料及主要材料、辅助材料、外购半成品（外购件）、修理用备件（备品备件）、包装材料、燃料等，但是不包括包装物、低值易耗品等周转性材料。原材料的日常收发和结存可以按照实际成本计价核算，也可以按照计划成本计价核算。具体选用何种方式由企业根据具体情况确定。

（一）实际成本法下原材料的核算

原材料按实际成本核算是指对原材料的收入、发出和结存，不论是总分类核算还是明细分类核算，均按照其实际成本计价。

1. 账户的设置

小企业采用实际成本核算原材料时，小企业可设置“在途物资”“原材料”等科目。

实际成本核算的账户设置

- “在途物资”账户用于核算企业已经付款或已开出商业汇票或赊购业务已收到发票账单但货物尚未运抵企业或尚未验收入库的各种材料物资的实际成本
  “在途物资”账户可按供应单位与材料品种设置明细账户进行明细核算
- “原材料”账户则用于核算已实际办理入库原材料的收、发与结存情况
  “原材料”账户通常按照材料的保管地点（仓库），材料的类别、品种和规格设置材料明细账进行明细核算

2. 原材料取得的核算

（1）外购原材料的核算　企业购入原材料，因为结算方式和采购地点的不同，材料入库和货款支付在时间上不尽一致，所以在会计处理上也有所不同。具体账务处理见表 2-16。

表 2-16　实际成本法下外购原材料的账务处理

业务情景		账务处理
票到料也到时		借：原材料 应交税费——应交增值税（进项税额） 贷：银行存款、其他货币资金、应付票据、应付账款等
票到料未到时	收到结算凭证时	借：在途物资 应交税费——应交增值税（进项税额） 贷：银行存款、其他货币资金、应付票据、应付账款等
	收到材料验收入库时	借：原材料 贷：在途物资
料到票未到时	收货时可暂不做处理	等结算凭证到达后再处理该业务
	月末尚未收到发票账单时办理暂估入库	借：原材料 贷：应付账款——暂估应付账款
	下月初红字冲销原暂估记录	借：原材料 贷：应付账款——暂估应付账款 （注：用红字标明）
	收到发票账单重新办理入库	借：原材料 应交税费——应交增值税（进项税额） 贷：应付账款、银行存款、其他货币资金、应付票据等
预付款方式购货	预付材料款时	借：预付账款 贷：银行存款
	收到材料及账单办理入库时	借：原材料（在途物资） 应交税费——应交增值税（进项税额） 贷：预付账款
	预付款项不足补付材料款时	借：预付账款 贷：银行存款
	收到退回的多付预付款时	借：银行存款 贷：预付账款

链接实例 2-29 某小企业按实际成本核算原材料，2018 年 5 月关于原材料的具体业务如下。

解 （1）1 日，购入原材料 A，买价 18000 元、税款 2880 元，供货单位发货时代垫运杂费 1200 元、税款 120 元，供货单位均提供增值税专用发票，共计 22200 元，货款和运费通过银行支付，材料验收入库，做会计分录如下。

借：原材料——原材料 A　　19200
　　应交税费——应交增值税（进项税额）　　3000
　　贷：银行存款　　22200

（2）8 日，购入原材料 B，买价 30000 元、税款 4800 元，对方代垫运费 2000 元、税款 200 元，货款和运费通过银行支付，原材料 B 尚未入库。根据银行结算凭证及所付发票及运费单等，做会计分录如下。

借：在途物资　　32000
　　应交税费——应交增值税（进项税额）　　5000
　　贷：银行存款　　37000

待原材料 B 运到并验收入库时，根据在途材料明细账的记录和收料单，做会计分录如下。

借：原材料——原材料 B　　32000
　　贷：在途物资　　32000

（3）10 日，购入原材料 C，货款 60000 元、税款 9600 元，对方代垫运费 4000 元、税款 400 元，收到增值税专用发票，材料已验收入库，因存款不足尚未付款，做会计分录如下。

借：原材料——原材料 C　　64000
　　应交税费——应交增值税（进项税额）　　10000
　　贷：应付账款　　74000

（4）15 日，支付该批材料款项时，做会计分录如下。

借：应付账款　　74000
　　贷：银行存款　　74000

若企业开出并承兑商业汇票抵付上项应付账款，应做会计分录如下。

借：应付账款　　74000
　　贷：应付票据　　74000

（5）18 日，购入电缆料一批，根据货站通知办理提货，月末结算凭证仍未到达，按合同价格 10000 元暂估入账，做会计分录如下。

借：原材料　　10000
　　贷：应付账款——暂估应付账款　　10000

待下月初，用红字金额冲销上述分录。

借：原材料　　10000（红字）
　　贷：应付账款——暂估应付账款　　10000（红字）

6 月 20 日收到该批电缆增值税发票和运费发票，按实际支付的材料买价 12000 元、税费 1920 元和运费 1200 元、税费 120 元，做会计分录如下。

借：原材料　　13200
　　应交税费——应交增值税（进项税额）　　2040
　　贷：银行存款　　15240

（2）自制或接受投资者投入原材料的核算 当小企业基本生产车间或辅助生产车间自制原材料或是接受投资者投入的原材料时，需做如下账务处理。具体见表 2-17。

表 2-17 实际成本法下自制或接受投资者投入原材料的账务处理

业务情景	账务处理
自制完工并验收入库的材料，应按实际制造成本	借：原材料 贷：生产成本
接受投资者投入的原材料，应按评估价	借：原材料（发票价或评估价） 应交税费——应交增值税（进项税额）（按专用发票上注明的增值税额） 贷：实收资本（股本）（按照占被投资方股权总额的比例） 资本公积（按借贷双方的差额）

3.原材料发出的总分类核算

小企业在日常原材料领发业务中，需根据领发料凭证随时登记原材料明细账，以反映各种原材料的发出数及结存数。为简化总分类核算工作，实际工作中是将领发料凭证定期按照领用原材料的部门和用途归类和汇总，编制“发料凭证汇总表”。

原材料发出的账务处理见表 2-18。

表 2-18 原材料发出的账务处理

业务情景	账务处理
生产产品领用材料	借：生产成本——基本生产成本 贷：原材料
辅助生产耗用的材料	借：生产成本——辅助生产成本 贷：原材料
生产车间管理部门领用的材料	借：制造费用 贷：原材料
行政管理部门领用的材料	借：管理费用 贷：原材料
销售部门领用的材料	借：销售费用 贷：原材料
在建工程领用的材料	借：在建工程 贷：原材料 应交税费——应交增值税（进项税额转出）（特殊情况下）
用于职工集体福利领用的材料	借：应付职工薪酬 贷：原材料 应交税费——应交增值税（进项税额转出）（特殊情况下）

（二）计划成本法下原材料的核算

1.计划成本法核算的账户设置

小企业采用计划成本法核算时，主要设置“材料采购”“材料成本差异”和“原材料”三个账户。

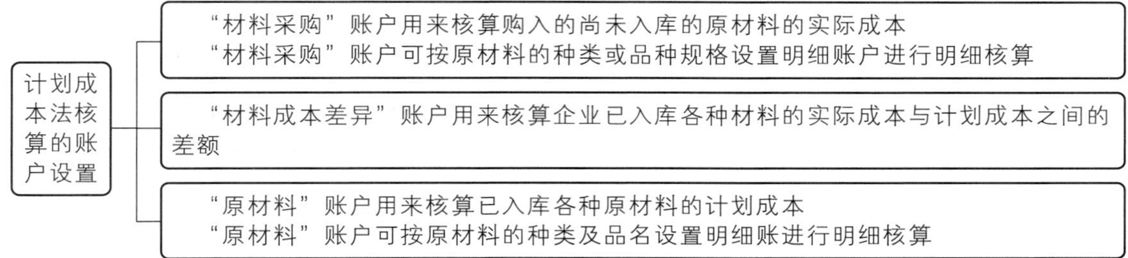

2.原材料取得的核算

（1）外购原材料的核算　企业购入的原材料，按照材料入库和货款支付在时间上的不同情况，进行不同的账务处理。具体账务处理见表2-19。

表2-19 计划成本法下外购原材料的账务处理

<table>
<tr><th colspan="3">业务情景</th><th>账务处理</th></tr>
<tr><td rowspan="3">票到货到时或票先到货后到时</td><td colspan="2">根据票据办理入账</td><td>借：材料采购（实际成本）
应交税费——应交增值税（进项税额）
贷：银行存款、其他货币资金或应付票据、应付账款等</td></tr>
<tr><td colspan="2">材料入库，同时结转超支差异时</td><td>借：原材料（计划成本）
材料成本差异（超支差）
贷：材料采购（实际成本）</td></tr>
<tr><td colspan="2">材料入库，同时结转节约差异时</td><td>借：原材料（计划成本）
贷：材料采购（实际成本）
材料成本差异（节约差）</td></tr>
<tr><td rowspan="4">货到票未到时</td><td colspan="2">月中收到材料</td><td>借：材料采购
应交税费——应交增值税（进项税额）
贷：应付账款</td></tr>
<tr><td colspan="2">月末票未到，办理暂估入库</td><td>借：原材料
贷：材料采购
借：材料成本差异
贷：材料采购</td></tr>
<tr><td rowspan="2">收到发票账单</td><td>月初冲回暂估入库</td><td>借：原材料（红字）
贷：应付账款（红字）</td></tr>
<tr><td>按账单入库</td><td>与票到货到核算程序相同</td></tr>
</table>

（2）自制或接受投资者投入原材料的核算　当小企业基本生产车间或辅助生产车间自制原材料或是接受投资者投入的原材料时，依照计划成本法应做如下账务处理，具体见表2-20。

表 2-20 计划成本法下自制或接受投资者投入原材料的账务处理

业务情景	账务处理
自制材料验收入库时	借：原材料（根据材料交库单所列的计划成本） 贷：生产成本（根据有关成本计算资料所确定的实际成本） 借记或贷记“材料成本差异”（计划成本与实际成本的差额）
投资者投入原材料验收入库时	借：原材料（按计划成本） 应交税费——应交增值税（进项税额） 贷：实收资本或股本（按评估价） 借记或贷记“材料成本差异”账户（计划成本与投资合同或协议约定价值的差额）

四、委托加工物资的核算

(一)委托加工物资概述

委托加工物资概述

- 委托加工物资是小企业提供主要材料委托加工企业加工，加工企业收取加工费或少许辅助费用的经营行为。小企业提供资金，加工企业代购材料加工的行为不属于委托加工的范畴
- 委托加工物资是指小企业委托外单位加工的各种材料、商品等物资。小企业委托外单位加工物资的成本包括加工中实际耗用物资的成本、支付的加工费用以及应负担的运杂费等
- 为了反映和监督委托加工物资增减变动及其结存情况，企业应当设置“委托加工物资”账户。该账户属资产类账户
- 委托加工物资既可以采用实际成本核算也可以采用计划成本核算

（二）委托加工物资的核算

实际成本法下委托加工物资核算见表 2-21。

表 2-21 实际成本法下委托加工物资核算

业务情景	账务处理
发出委托加工物资	借：委托加工物资 贷：原材料（或库存商品）
支付加工费、运杂费及增值税（加工非应税消费产品）	借：委托加工物资 应交税费——应交增值税（进项税额） 贷：银行存款等
加工应税消费品，受托方收取代收代交的消费税	（1）委托方收回加工产品后直接出售 借：委托加工物资 贷：银行存款或应付账款等
	（2）委托方收回后，高于计税价格出售 借：应交税费——应交消费税 贷：银行存款或应付账款等
	（3）委托方收回后用于连续生产应税消费品 借：应交税费——应交消费税 贷：银行存款或应付账款等

小企业材料核算采用计划成本法核算的条件下，委托加工物资也可以采用计划成本核

算，其计划成本与实际成本的差异通过“材料成本差异”账户调整。

链接实例 2-30 A公司将一批原材料委托B公司代加工M产品，发出原材料实际成本为55000元，用银行存款支付加工费用10000元，取得增值税发票上注明增值税额1600元。加工完毕，收回入库（M产品收回后直接用于销售）。

解 （1）发给外单位加工物资时

借：委托加工物资——M产品 55000
　　贷：原材料 55000

（2）支付加工费时

借：委托加工物资——M产品 10000
　　应交税费——应交增值税（进项税额） 1600
　　贷：银行存款 11600

（3）加工完成后验收入库

借：库存商品——M产品 65000
　　贷：委托加工物资——M产品 65000

链接实例 2-31 A公司委托B厂加工（属于应税消费品）150000件M产品，经济业务如下。

解 （1）3月2日，发出材料，实际成本为130000元，应做如下会计处理。

发出委托加工材料时

借：委托加工物资 130000
　　贷：原材料 130000

（2）4月2日，支付商品加工费2800元，支付应当交纳的消费税840元，该商品收回后用于连续生产，消费税可抵扣。A公司和B厂均为一般纳税人，适用增值税税率为16%。会计处理如下。

借：委托加工物资 2800
　　应交税费——应交消费税 840
　　　　　　——应交增值税（进项税额） 448
　　贷：银行存款 4088

（3）4月28日，用银行存款支付往返运杂费300元

借：委托加工物资 300
　　贷：银行存款 300

（4）4月30日，上述商品150000件加工完毕，公司已办理验收入库手续

借：库存商品 133100
　　贷：委托加工物资 133100

链接实例 2-32 A企业委托B企业加工100件N产品，4月7日发出材料一批，计划成本20000元，材料成本差异率4%，以现金支付运杂费1800元。4月20日支付加工费5000元，取得增值税发票标明的税款为800元。4月23日，该批加工材料运达B企业，总支付运费400元（增值税专用发票：价363.64元，税36.36元）（办理入库N产品的计划成本为270元/件）。

解 （1）发出材料时

借：委托加工物资 20800
　　贷：原材料 20000
　　　　材料成本差异 800

（2）支付运杂费时

借：委托加工物资　　1800
　　贷：库存现金　　1800

（3）支付加工费

借：委托加工物资　　5000
　　应交税费——应交增值税（进项税额）　　800
　　贷：银行存款　　5800

（4）支付运费

借：委托加工物资　　363.64
　　应交税费——应交增值税（进项税额）　　36.36
　　贷：银行存款　　400

（5）入库

借：原材料——N 产品　　27000
　　材料成本差异　　1080
　　贷：委托加工物资　　28080

五、周转材料的核算

周转材料是指企业能够多次使用、逐渐转移其价值但仍保持原来形态且不确认为固定资产的材料。低值易耗品和包装物以及建筑企业的钢模板、木模板、脚手架等都属于周转材料。周转材料的核算可以设置“周转材料”科目，用来核算周转材料的计划成本或实际成本，也可以单独设置“包装物”“低值易耗品”作为一级科目进行核算。

（一）低值易耗品的核算

低值易耗品是指那些单位价值较低，或使用期限短，无法作为固定资产核算的各种用具物品等劳动资料。

1. 低值易耗品的分类

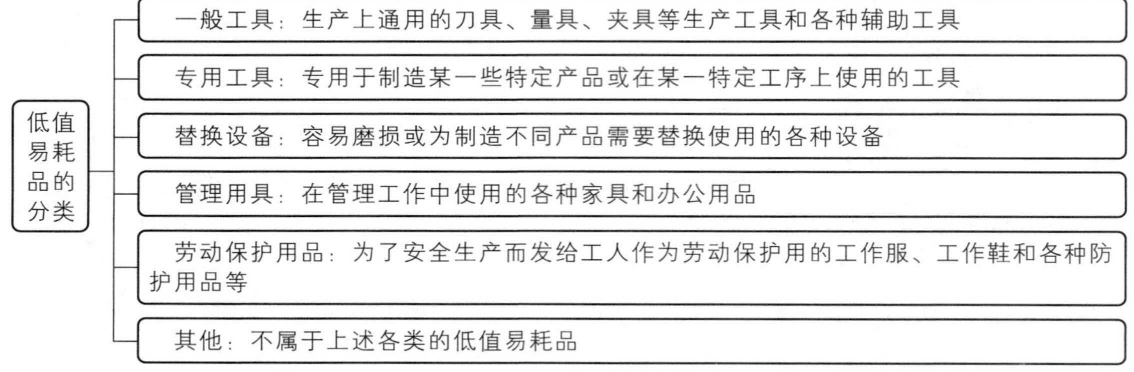

2. 低值易耗品的核算

低值易耗品通常视同存货，作为流动资产进行核算及管理。企业应设置“周转材料”（二级账户为“低值易耗品”）账户，核算低值易耗品的收、发、存以及摊销、报废等业务。按照需要，可在二级账户下设置“在库”“在用”以及“摊销”三个明细账户，分别反映低值易耗品在库、在用和摊销情况。低值易耗品取得的核算比照原材料科目的相关规定处理。低值易耗品的发出通常采用一次摊销法，金额较大的也可采用分次摊销法。

（1）一次摊销法

一次摊销法

一次摊销法，是指在低值易耗品领用时，就将其全部账面价值一次性计入当期成本费用的方法

一次摊销法核算简便，但不利于实物管理，而且价值一次结转也影响费用成本的均衡性。因此，这种方法适用于单位价值较低或使用期限比较短、容易损坏、破碎，而且一次领用不多的低值易耗品。正因为它价值不高，数量不多，所以一次全部计入当期的成本费用也不会对本期的利润造成较大的影响

链接实例 2-33 某公司于 2018 年 5 月 2 日购入一批专用工具属于低值易耗品，价值 2000 元，款项以银行存款支付，当日已验收入库，当月 7 日领用该批工具。2018 年 8 月 10 日该批工具报废，残料回收入库，估价 80 元。该企业增值税率 16%，要求采用一次摊销法核算。

解 编制会计分录如下。

(1) 5 月 2 日，购入专用工具

	借方	贷方
借：周转材料——低值易耗品	2000	
应交税费——应交增值税（进项税额）	320	
贷：银行存款		2320

(2) 5 月 7 日，领用时

	借方	贷方
借：管理费用	2000	
贷：周转材料——低值易耗品		2000

(3) 8 月 10 日，报废、残料入库

	借方	贷方
借：原材料	80	
贷：管理费用		80

(2) 五五摊销法

五五摊销法

五五摊销法，是指周转材料在领用时先摊销其账面价值的一半，在报废时再摊销其账面价值的另一半，即周转材料分两次各按照50%进行摊销。在五五摊销法下，需要设置“在库”“在用”和“摊销”等明细科目进行明细核算

采用五五摊销法，低值易耗品报废前，账面上一直保持其价值的一半，因此有利于实行会计监督，以免出现大量的账外物资。该方法一般适用于使用期限较长，单位价值较高，每月领用、报废数比较均衡的低值易耗品，并且低值易耗品按照车间、部门进行数量和金额明细核算的企业

链接实例 2-34 某公司于 2018 年 2 月 10 日购入一批管理工具，价值 20000 元，款项以银行存款支付，当日已验收入库，当月 15 日领用该批工具。2018 年 5 月 25 日该批工具报废，残料出售收回现金 300 元。该企业增值税率 16%，要求采用五五摊销法核算。

解 编制会计分录如下。

(1) 2 月 10 日，购入管理工具

	借方	贷方
借：周转材料——低值易耗品（在库）	20000	
应交税费——应交增值税（进项税额）	3200	
贷：银行存款		23200

(2) 2 月 15 日，领用管理工具时

	借方	贷方
借：周转材料——低值易耗品（在用）	20000	
贷：周转材料——低值易耗品（在库）		20000

(3) 2 月 28 日，摊销其账面价值 50%

	借方	贷方
借：管理费用	10000	

贷：周转材料——低值易耗品（摊销） 10000

(4) 5月25日，报废管理工具时摊销剩余的50%

借：银行存款 300

管理费用 9700

贷：周转材料——低值易耗品（摊销） 10000

同时，核销该批工具

借：周转材料——低值易耗品（摊销） 20000

贷：周转材料——低值易耗品（在用） 20000

（二）包装物的核算

包装物是指为包装本企业产品而储备的各种包装容器，例如桶、箱、瓶、坛、袋等。它是商品运输、储存不可缺少的物质条件。包装物的种类繁多，数量很大，不同的包装物又各有其特点。为了加强对包装物的管理，便于核算工作，对不同的包装物应采用不同的核算方法。

1. 包装物的核算范围

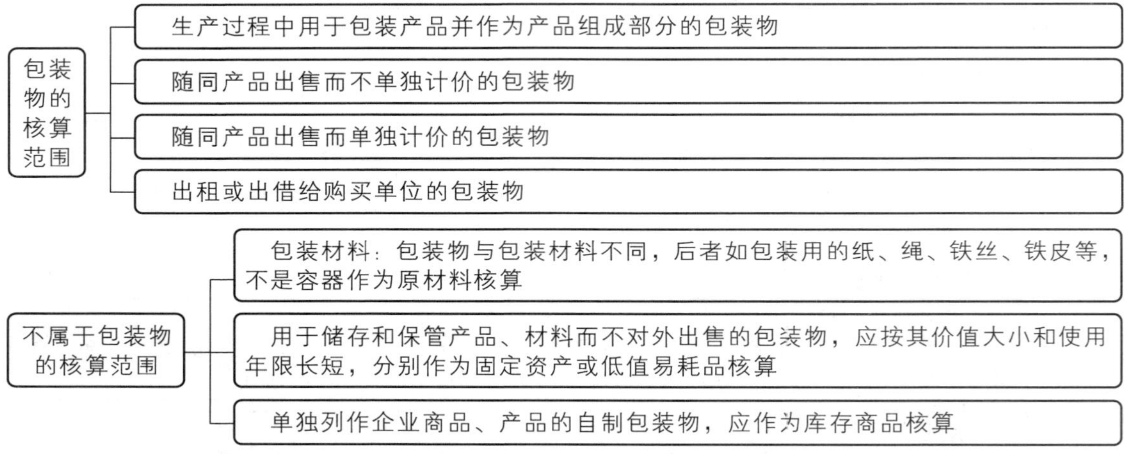

2. 包装物的核算

企业库存、出租或出借各种包装物的实际成本或计划成本和出租、出借包装物的价值损耗，是通过“周转材料”下设置的“包装物”二级科目来核算的。该科目下按照“库存未用包装物”“库存已用包装物”“出租包装物”“出借包装物”“包装物摊销”分设明细科目。

包装物收入的核算，包括外购、自制、委托外单位加工完成并且已验收入库的包装物比照“原材料”科目的相关规定进行处理，而领用包装物的核算方法类似于低值易耗品，有一次摊销法和五五摊销法。

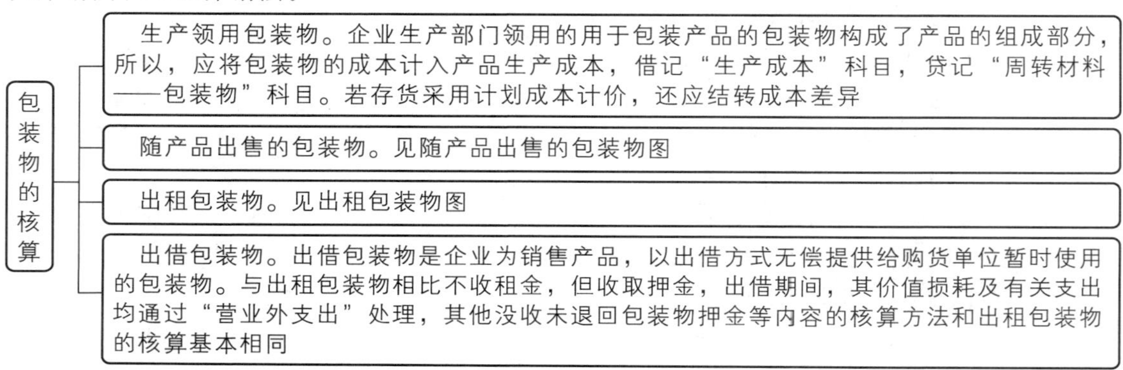

随产品出售的包装物

- 随产品出售不单独计价的包装物，按其成本
  借：销售费用
  　　贷：周转材料——包装物
- 随产品出售单独计价的包装物，按其成本
  借：其他业务成本
  　　贷：周转材料——包装物

出租包装物

- 出租包装物收取的押金作为“其他应付款”，收取的租金作为“营业外收入”
- 小企业出租包装物，按租金收入计算，缴纳增值税
  借：银行存款等
  　　贷：营业外收入
  　　　　应交税费——应交增值税
- 逾期未退回的包装物没收的押金收入，亦转入“营业外收入”并计算增值税
- 出租的包装物无需结转成本，但需在备查簿中登记，待包装物作废时，转入“营业外支出”

链接实例 2-35 某企业对包装物采用计划成本核算，2016 年 3 月，生产产品领用包装物的计划成本为 50000 元，材料成本差异率为 －2%。

解 编制会计分录如下。

	借方	贷方
借：生产成本	50000	
贷：周转材料——包装物		50000
借：生产成本	1000（红字）	
贷：材料成本差异		1000（红字）

链接实例 2-36 2018 年 5 月，甲公司销售商品领用单独计价的包装物一批，计划成本为 150000 元，销售收入 220000 元，增值税税率为 16%，材料成本差异率为 2%，包装物的款项已收到存入银行。

解 编制会计分录如下。

（1）出售单独计价的包装物

	借方	贷方
借：银行存款	255200	
贷：其他业务收入		220000
应交税费——应交增值税（销项税额）		35200

（2）结转单独计价的包装物成本

	借方	贷方
借：其他业务成本	153000	
贷：周转材料——包装物		150000
材料成本差异		3000

链接实例 2-37 甲公司将一批新包装物出租给乙公司，租期 3 个月，每月租金 6000 元。包装物实际成本 12000 元，向客户收取押金 14000 元存入银行。甲公司适用的增值税税率为 16%，其包装物价值采用五五摊销法核算。

解 甲公司有关出租包装物会计处理如下。

（1）收取押金时

	借方	贷方
借：银行存款	14000	

贷：其他应付款——押金（乙公司） 14000

（2）发出包装物时

借：周转材料——包装物——在用 12000

贷：周转材料——包装物——在库 12000

（3）收到租金时

借：银行存款 6960

贷：营业外收入 6000

应交税费——应交增值税（销项税额） 960

（4）领用时摊销50%的价值

借：营业外支出 6000

贷：周转材料——包装物摊销 6000

链接实例2-38 某公司6月销售产品出借一批包装物给M客户，合同约定1个月之内归还。包装物实际成本80000元，向M客户收取押金100000元存入银行。包装物价值采用一次摊销法。7月，M客户逾期未归还包装物。

解 编制会计分录如下。

（1）收取押金时

借：银行存款 100000

贷：其他应付款——M客户（押金） 100000

（2）出借包装物时

借：营业外支出 80000

贷：周转材料——包装物 80000

（3）逾期未归还包装物

借：其他应付款 100000

贷：应交税费——应交增值税（销项税额） 13793.1

营业外收入——押金（M客户） 86206.9

六、小企业自制产品（包括半成品）的核算

小企业自制产品（包括半成品），是企业耗用自购材料进行生产加工的一个过程。在这个过程中，要发生各种各样的耗费，按照其经济用途，可以分为计入产品成本的生产费用和不计入产品成本的期间费用两大类。其中，计入产品成本的生产费用，就构成了自制产品或半成品的成本。

（一）小企业成本核算的要求

1. 正确划分应计入产品成本和不应计入产品成本的费用界限

正确划分应计入产品成本和不应计入产品成本的费用界限

- 非生产经营活动的耗费不能计入产品成本。只有生产经营活动的成本方可计入产品成本。筹资活动和投资活动不属于生产经营活动，它们的耗费不得计入产品成本，而属于筹资成本和投资成本
- 生产经营活动的成本分为正常的成本与非正常的成本，只有正常的生产经营活动成本方可计入产品成本，非正常的经营活动成本不计入产品成本。非正常的经营活动成本包括灾害损失、盗窃损失等非常损失；滞纳金、违约金、罚款、损害赔偿等赔偿支出；坏账损失；以及债务重组损失等
- 正常的生产经营活动成本又被分为产品成本和期间成本。正常的生产成本计入产品成本，其他正常的生产经营成本列为期间成本

2. 正确划分各会计期成本的费用界限

正确划分各会计期成本的费用界限

应计入生产经营成本的费用，还需在各月之间进行划分，以便分月计算产品成本。应由本月产品负担的费用，需全部计入本月产品成本；不应由本月负担的生产经营费用，则不用计入本月的产品成本

为了正确划分各会计期的费用界限，要求企业不得提前结账，将本月费用作为下月费用处理，也不能延后结账，将下月费用作为本月费用处理

3. 正确划分不同成本对象的费用界限

对于需要计入本月产品成本的费用还应在各种产品之间进行划分：凡是能分清应由某种产品负担的间接费用，则需采用合理的方法分配计入有关产品的成本，并保持一贯性。

4. 正确划分完工产品和在产品成本的界限

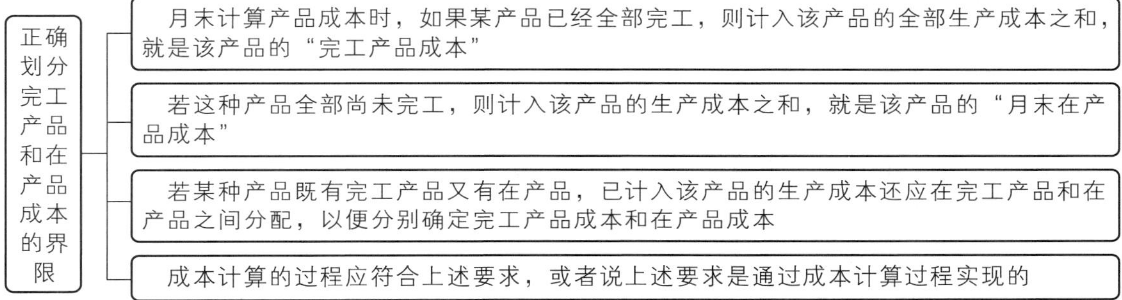

（二）产品（半成品）成本要素的构成

生产费用是指在小企业的生产和经营管理过程中发生的，与生产产品有关，可以计入产品成本的费用。

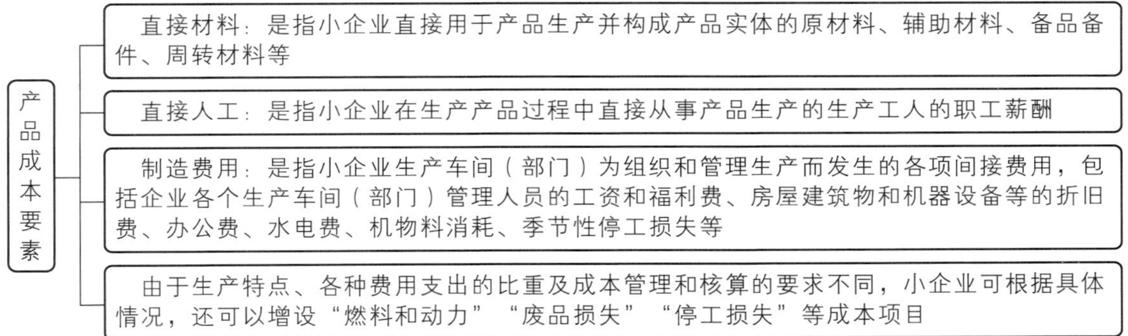

（三）产品成本核算的一般程序

生产性小企业的生产过程，一般都是小企业先接受合同（或订单），生产车间按照合同中列明的品种或订单的批号组织生产。组织生产过程中要根据工艺要求，领用材料、安排人工进行加工制造，在加工制造过程中，会发生燃料、动力的耗费，机器设备的磨损等支出，最后逐步、逐批地完成合同产品，验收入库，实现销售。

小企业产品成本核算，主要是生产费用的归集和分配，包括各要素费用，以及生产费用在完工产品和在产品之间的归集和分配。因此，小企业进行产品成本核算时，一般应遵循下列程序。

产品成本核算的一般程序

- 根据生产特点和成本管理要求，确定成本计算对象，即按批别还是按品种等
- 设置有关成本明细账，如生产成本明细账、制造费用明细账等
- 审核和归集已领用的材料，已耗用的工时、动力、人工等成本项目
- 收集确定各种成本对象的生产量、入库量、在产品盘存数量等；以及其与耗用成本项目的对应性
- 按照事先确定的成本核算对象，归集所发生的成本费用，并依据成本对象的特点，选择采用合理的成本计算方法，对成本项目予以分配，确定计算期末在产品以及完工产成品成本，进而确定单位产品成本

（四）自制产品（半成品）成本的核算

小企业要对产品（半成品）成本进行核算，首先就要根据成本核算的要求，设置会计核算科目，进而进行成本归集，之后进行成本分配，最后计算出完工及在产品成本。

1. 科目设置

为了核算和监督生产费用的发生情况，正确计算产品成本，小企业应设置下列会计科目。

生产环节科目设置

- “生产成本”科目属于成本类科目，核算小企业进行工业性生产发生的各项生产成本，包括生产各种产品（产成品、自制半成品等）、自制材料、自制工具、自制设备等。小企业对外提供劳务发生的成本，可将该科目改为“4001劳务成本”科目，或单独设置“4002劳务成本”科目进行核算。该科目可按照基本生产成本和辅助生产成本进行明细核算
- “生产成本——基本生产成本”科目，应当分别按照基本生产车间和成本核算对象（如产品的品种、类别、订单、批别、生产阶段等）设置明细账（或成本计算单），并按规定的成本项目设置专栏；“生产成本——辅助生产成本”科目，应当按照辅助生产车间和费用项目设置明细账
- “制造费用”科目属于成本类科目，核算小企业生产车间（部门）为生产产品和提供劳务而发生的各项间接费用。小企业经过一年期以上的制造才能达到预定可销售状态的产品发生的借款费用，也在本科目核算。该科目应按照不同的生产车间、部门和费用项目进行明细核算。除季节性的生产性小企业外，该科目期末应无余额

2. 主要会计核算

按照生产进行的程序和环节，对生产过程中发生的成本费用进行归集和处理。具体会计处理如表 2-22 所列。

表 2-22 企业自制产品（半成品）账务处理

业务情景		账务处理
成本对象领用主要材料	凭车间领料单或领料汇总表	借：生产成本——基本生产成本 贷：原材料等
辅助车间领用材料	凭辅助车间领料单或汇总表	借：生产成本——辅助生产成本 贷：原材料、周转材料等

续表

<table>
<tr><th colspan="3">业务情景</th><th>账务处理</th></tr>
<tr><td rowspan="2">车间生产工人的工资</td><td colspan="2">按计件或计时计算的直接生产产品的工人工资及福利</td><td>借：生产成本——基本生产成本
贷：应付职工薪酬——工资
——职工福利</td></tr>
<tr><td colspan="2">按计件或计时计算的辅助生产车间的工人工资及福利</td><td>借：生产成本——辅助生产成本
贷：应付职工薪酬——工资
——职工福利</td></tr>
<tr><td>车间其他管理及维修等人员的工资</td><td colspan="2">按计时计算的工资及福利</td><td>借：制造费用
贷：应付职工薪酬——工资
——职工福利</td></tr>
<tr><td>车间维修领用材料</td><td colspan="2">按领料单实际</td><td>借：制造费用
贷：原材料、周转材料等</td></tr>
<tr><td>车间发生的水、电费，办公费用</td><td colspan="2">按车间实际耗用量</td><td>借：制造费用
贷：银行存款、应付账款等</td></tr>
<tr><td>期末计算的机器设备、厂房等折旧</td><td colspan="2">按折旧计算单</td><td>借：制造费用
贷：累计折旧——设备
——厂房</td></tr>
<tr><td>发生季节性和修理期间的停工损失</td><td colspan="2">按实际发生的支出</td><td>借：制造费用
贷：原材料、银行存款、应付职工薪酬等</td></tr>
<tr><td>制造完成之前发生的借款利息（一年以上的制造期）</td><td colspan="2">在应付利息日根据借款合同利率计算确定的利息费用</td><td>借：制造费用
贷：应付利息（或银行存款）</td></tr>
<tr><td rowspan="5">期末或生产结束，进行辅助费用或制造费用的分配和结转</td><td>辅助生产费用分配</td><td>按生产工时或定额标准</td><td>$$辅助生产费用分配率 = \frac{辅助生产费用}{生产总工时或生产定额} \times 100\%$$</td></tr>
<tr><td>制造费用分配率</td><td>按生产工时或定额标准</td><td>$$制造费用分配率 = \frac{制造费用}{生产总工时或生产定额} \times 100\%$$</td></tr>
<tr><td>生产对象应分配的辅助生产费用</td><td>按生产对象实际耗用工时或定额</td><td>生产对象应分配的辅助生产费用 = 辅助生产费用分配率 × 生产对象实际耗用工时或生产定额</td></tr>
<tr><td>生产对象应分配的制造费用</td><td>按生产对象实际耗用工时或定额</td><td>生产对象应分配的制作费用 = 制作费用分配率 × 生产对象实际耗用工时或生产定额</td></tr>
<tr><td>结转辅助生产费用和制造费用</td><td>按实际分配的数额</td><td>借：生产成本——基本生产成本
贷：生产成本——辅助生产成本
制造费用</td></tr>
<tr><td>期末或生产结束，生产费用在完工产品与在产品之间分配</td><td colspan="2">按计算确认的完工产品成本</td><td>借：库存商品——产成品
——半成品
贷：生产成本——基本生产成本</td></tr>
</table>

3. 特别说明

（1）“生产成本——基本生产成本”科目的期末借方余额，反映小企业尚未加工完成的在产品成本。

（2）季节性生产小企业制造费用全年实际发生额与分配额的差额，除其中属于为下一年开工生产做准备的可留待下一年分配外，其余部分实际发生额大于分配额的差额，借记“生产成本——基本生产成本”科目，贷记“制造费用”科目；实际发生额小于分配额的差额，做相反的会计分录。一般情况下，制造费用结转后应无余额。

（3）辅助生产车间发生的各项间接费用，可在“制造费用”科目核算，也可不通过“制造费用”科目而直接计入“生产成本——辅助生产成本”科目核算。

（4）“生产成本——基本生产成本”的期末余额代表的是期末在产品成本，“制造费用”账户若有借方余额也代表制造过程中的成本，即在产品成本，因此，无论是“生产成本——基本生产成本”账户余额，还是“制造费用”账户余额，期末都作为存货成本，是资产的一种存在形态，一并在“资产负债表——存货”项下列报。

（五）自制产品成本计算方法

1. 成本对象的确定

自制产品成本的计算方法，根据其生产特点、生产经营组织类型和成本管理的要求不同，其成本计算方法的选择不同。小企业的成本计算方法主要有品种法、分步法和分批法三种。而不同成本计算方法的选择，同时就选择了成本的归集对象。

（1）品种法　品种法是指以产品品种作为成本计算对象，归集和分配生产费用，计算产品成本的一种方法。这种方法适用于单步骤、大量生产的小企业，如供水、采掘等。

（2）分步法　分步法是指以生产过程中各个加工步骤（分品种）作为成本计算对象，归集和分配生产费用，计算产品成本的一种方法。这种方法适用于大量、大批多步骤生产的小企业，如冶金、纺织、机械制造等。

（3）分批法　分批法是指按产品的批别作为成本计算对象，归集和分配生产费用，计算产品成本的一种方法。这种方法适用于单件或多件、分批生产和交货的小企业，如机件加工、服装等各种接受订单式交货的小型制造业。

成本对象确定之后，就要按成本对象进行费用的归集和分摊，以便最后计算生产的产品成本。

2. 生产费用的归集与分配

（1）成本的归集和分配

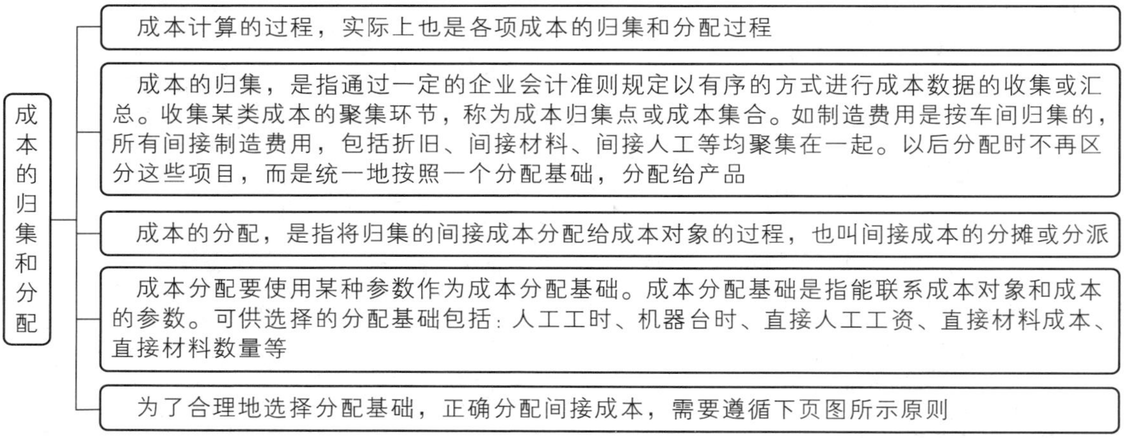

成本的归集和分配

- 成本计算的过程，实际上也是各项成本的归集和分配过程
- 成本的归集，是指通过一定的企业会计准则规定以有序的方式进行成本数据的收集或汇总。收集某类成本的聚集环节，称为成本归集点或成本集合。如制造费用是按车间归集的，所有间接制造费用，包括折旧、间接材料、间接人工等均聚集在一起。以后分配时不再区分这些项目，而是统一地按照一个分配基础，分配给产品
- 成本的分配，是指将归集的间接成本分配给成本对象的过程，也叫间接成本的分摊或分派
- 成本分配要使用某种参数作为成本分配基础。成本分配基础是指能联系成本对象和成本的参数。可供选择的分配基础包括：人工工时、机器台时、直接人工工资、直接材料成本、直接材料数量等
- 为了合理地选择分配基础，正确分配间接成本，需要遵循下页图所示原则

成本归集和分配的原则

- 客观性原则。客观性原则是指成本的归集要按照实事求是的原则，即小企业在领用材料时，为哪一个成本对象领用的材料，就归集到哪个成本对象项下。若同时生产几种产品而领用同一种材料，则材料在不同产品之间的分配，就要按照因果原则分摊
- 因果原则。因果原则是指资源的使用导致成本发生，两者有因果关系，所以应当按使用资源的数量在对象间分摊成本。按此原则确定各对象使用资源的数量，如耗用的材料、工时、机时等，按照使用资源的数量比例分摊
- 受益原则。受益原则是指“谁受益多，谁多承担成本”，应按受益比例分摊成本项目。按此原则，小企业车间管理人员应确定各成本的受益者，例如车间能源耗费各收益对象应承担的比例一般按机器工时分摊，人工工资的分配一般按工时比例分配等。因果原则是看“起因”，受益原则则是看“后果”
- 简单直观原则。小企业在选择分配基础时，既要考虑分配费用的合理性，又要考虑其分配基础的简单和可操作性。要结合生产车间工作实际和生产工艺的要求，合理确定分配基础

（2）材料费用的归集和分配

材料费用的归集和分配

- 用于产品生产的原料及主要材料，如纺织用的原棉、铸造用的生铁、冶炼用的矿石、造酒用的大麦、制皂用的油脂等，一般是按照产品分别领用的，属于直接费用，可根据领料凭证直接记入各种产品成本的“直接材料”项目
- 有时一批材料为几批产品共同耗用。在消耗定额比较准确的情况下，往往采用材料定额消耗量比例或材料定额成本的比例进行分配。其计算公式为

$$分配率=\frac{材料实际消耗量（或实际成本）}{各种产品材料定额消耗量（或定额成本）之和}$$

  某种产品应分配的材料数量（费用）=该种产品的材料定额消耗量（或定额成本）×分配率
- 辅助材料费用计入产品成本的方法，和原材料及主要材料基本相同。凡用于产品生产、可以直接计入产品成本的辅助材料，如专用包装材料等，其费用应根据领料凭证直接计入。但在一般情况下，辅助材料是由几种产品共同耗用的，这就要求采用间接分配的方法

小企业材料费用的归集和分配，在实际工作中，材料费用的分配往往是通过“材料费用分配表”进行的。这种分配表应该按照材料的用途及材料类别，根据归类后的领料凭证编制。

链接实例 2-39 W 公司 2016 年 6 月 10 日投产 A、B 两种产品分别 100 件和 200 件，共领用甲材料 200 千克，每千克单价 40 元，领用乙材料 800 千克，每千克单价 15 元，A、B 产品的消耗定额分别为甲材料 4 千克/件和 6 千克/件，乙材料为 5 千克/件和 7 千克/件。车间用于维修领用甲材料 15 千克，售后维修领用乙材料 10 千克。根据信息编制材料费用分配表。

解 小企业会计根据上述信息编制的材料费用分配表，如表 2-23 所示。

表 2-23 材料费用分配表 单位：元

成本对象 领用材料	A 产品	B 产品	制造费用	销售费用	合计
甲材料	3200（8000×4/10）	4800（8000×6/10）	600		8600
乙材料	5000（12000×5/12）	7000（12000×7/12）		150	12150
合计	8200	11800	600	150	20750

(3) 人工费用的归集和分配

工资费用的界定

- 这里的人工费用仅包括全部为生产产品提供服务的人员的工资和福利费用，不包括管理及其他部门的人员工资及福利费
- 生产车间人员的工资，原则上都要计入产品成本。但是分配工资和福利费用是要划清计入产品成本是直接计入还是需要间接分配计入
- 应计入产品成本的工资和福利费用需按成本项目归集：凡属生产车间直接从事产品生产人员的工资费用，直接列入生产成本的“直接人工费”项目；企业生产车间为组织与管理生产所发生的管理人员的工资和计提的福利费，列入“制造费用”项下，然后采用一定的方法，再分配计入生产成本

人工费用的归集和分配

- 在计件工资制下，生产工人工资一般是根据产量凭证计算工资并直接计入产品成本；在计时工资制下，若只生产一种产品，生产人员工资属于直接费用，可直接计入该种产品成本；若生产多种产品，这就要求采用一定的分配方法在各种产品之间进行分配
- 工资费用的分配，一般采用按产品实用工时比例分配的方法。其计算公式为

$$分配率=\frac{生产工人工资总额}{各种产品实用工时之和}$$

$$某种产品应分配的工资费用=该种产品实用工时\times分配率$$

- 按实用工时比例分配工资费用时，应注意两点：一是分配的工资仅为生产产品的工人工资总额；二是各种产品实用工时之和，仅指小企业本期投产的，实际消耗人工成本的产品耗用工时之和
- 按照规定的工资总额的一定比例从产品成本中计提的职工福利费，其分配方法与工资的分配方法相同

实际工作中，工资费用的分配是通过工资费用分配表来进行的。为了按照工资的用途和发生地点归集并分配工资和计提的福利费用，月末应分生产部门按照工资结算单和有关的生产工时记录编制“工资费用分配表”，然后汇编“工资及福利费用分配汇总表”。

链接实例 2-40 W 公司本期投产 A、B 两种产品，采用计时工资制，6 月 25 日生产车间共发生工资费用 90000 元，福利费用支出 11250 元。其中车间管理人员工资 14000 元，福利费用 1750 元。本月经车间统计员记录，本期生产工人共完成生产工时 380 小时，其中 A 产品消耗 160 小时，B 产品消耗 220 小时。根据信息编制工资及福利费用分配汇总表。

解 小企业会计根据上述信息编制的工资及福利费用分配汇总表如表 2-24 所示。

表 2-24 工资及福利费用分配汇总表 单位：元

成本对象 / 领用材料	A产品	B产品	制造费用	合计
工资	32000（76000×160/380）	44000（76000×220/380）		76000
福利费	4000（9500×160/380）	5500（9500×220/380）		9500
车间管理人员			14000	14000
车间管理人员福利费			1750	1750
合计	36000	49500	15750	101250

（4）外购动力费的归集和分配

外购动力费的归集和分配

- 企业发生的外购动力（如电力、蒸汽），有的直接用于产品生产，有的用于照明、取暖等其他用途
- 动力费应按用途和使用部门分配，也可按照仪表记录、生产工时、定额消耗量比例进行分配。分配时，可编制“动力费用分配表”，以此进行明细核算和总分类核算
- 直接用于产品生产的动力费用，列入“燃料和动力费用”成本项目，记入“生产成本”科目及其明细账；属于照明、取暖等用途的动力费用，则按照使用部门分别记入“制造费用”“管理费用”等科目
- 如果企业设有供电车间这一辅助生产车间，则外购电费应先记入“生产成本——辅助生产成本”科目，加上供电车间本身发生的工资等费用，作为辅助生产成本进行分配

链接实例 2-41 6 月 25 日，W 公司结算本期共发生电费 36000 元，水费 7000 元，蒸汽费 4000 元，W 公司按照企业以往实际情况确定的分配比例分别为 1∶4、1∶3 和 1∶1 在管理和生产部门间进行分配。根据信息编制水电费用分配汇总表。

解 小企业会计根据上述信息编制的水电费用分配汇总表如表 2-25 所示。

表 2-25 水电费用分配汇总表 单位：元

成本对象 外购费用	管理费用	制造费用	合计
电费	7200	28800	36000
水费	1750	5250	7000
蒸汽费	2000	2000	4000
合计	10950	36050	47000

（5）设备折旧的计算与分配 企业经营和生产过程中，要使用各种机器设备。机器设备在使用过程中，会发生有形的磨损和无形的价值损耗，其损耗的价值要转移到所生产的产品价值当中或通过费用补偿的形式加以回收。

设备折旧费用的列支渠道，按照“谁受益，谁承担”的原则，计入相关资产成本或当期损益之中。直接用于产品生产的生产用设备的折旧费用一般计入“制造费用”。辅助生产部门的生产设备的折旧也可以列入“生产成本——辅助生产成本”，通过“辅助生产成本”再分配计入产品成本之中。

链接实例 2-42 6 月 30 日，W 公司财务根据企业固定资产使用情况计算本月固定资产的折旧。该公司办公楼原值 125 万，使用多年累计折旧额 48 万，本期折旧额 0.4 万元。生产车间原值 368 万，累计折旧额 180 万，本期折旧额 1.5 万。办公轿车原值 18 万，累计折旧额 9 万，本期折旧额 0.25 万。生产设备原值 35 万，累计折旧额 15.42 万，本期折旧 0.42 万。小企业会计根据上述信息编制“固定资产折旧计算单”。

解 小企业会计根据上述信息编制的固定资产折旧计算单如表 2-26 所示。

表 2-26 固定资产折旧计算单 单位：元

折旧要素 固定资产	原值	净残值率	折旧年限	本期折旧额	累计折旧额	净值	备注
办公楼	1250000			4000	480000	770000	管理用
生产车间	3680000			15000	1800000	1880000	生产用
办公轿车	180000			2500	90000	90000	管理用
生产设备	350000			4200	154200	195800	生产用
……							
合计				25700			

（6）制造费用的归集和分配

制造费用的归集和分配

- 制造费用是指企业各生产单位为组织和管理生产而发生的各项间接费用，如工资和福利费、折旧费、修理费、办公费、水电费、机物料消耗、劳动保护费、租赁费、保险费、排污费及其他制造费用
- 在生产一种产品的车间中，制造费用可以直接计入其产品成本。在生产多种产品的车间中，就要采用既合理又简便的分配方法，将制造费用分配计入各种产品成本
- 制造费用分配计入产品成本的方法，常用的包括按生产工时、定额工时、机器工时、直接人工费等比例分配的方法
- 制造费用的分配，首先要计算制造费用分配率

  $$制造费用分配率=\frac{制造费用总额}{各种产品实用（定额、机器）工时之和}$$

  某产品应负担的制造费用=该种产品实用工时数×分配率
- 通过各种费用的分配和归集，将本月产品生产时产生的各种费用记入“生产成本——基本生产成本”科目的借方，且已在各种产品之间划分清楚，而且按成本项目分别登记在各自的产品成本计算单（基本生产成本明细账）中了

链接实例 2-43 假设 W 公司本期投产的 A、B 两种产品，至本期末，A 产品 100 件全部完工，B 产品尚未完工。本月经车间统计员记录，本期生产产品的机器工时为 400 小时，其中 A 产品占用 150 小时，B 产品占用 250 小时。根据信息编制制造费用计算单。

解 小企业会计根据上述信息编制的制造费用计算单如表 2-27 所示。

表 2-27 制造费用计算单 单位：元

成本对象 制造费用	A 产品	B 产品	合计
制造费用	26850（71600×150/400）	44750（71600×250/400）	71600
本期应分配的制造费用= 600+ 14000+ 1750+ 36050+ 19200= 71600(元)			
合计	26850	44750	71600

（7）辅助生产费用的归集与分配

辅助生产费用的分配

- 归集在“生产成本——辅助生产成本”科目及其明细账借方的辅助生产费用，因为所生产的产品和提供的劳务不同，其所发生的费用分配转出的程序方法也不同
- 制造工具、模型、备件等产品所发生的费用，可计入完工工具、模型、备件等产品的成本。完工时，作为自制工具或材料入库，从“生产成本——辅助生产成本”科目及其明细账的贷方转入“周转材料（低值易耗品）”或“原材料”科目的借方；领用时，按照其用途和使用部门，一次或分期摊入成本
- 提供水、电、气和运输、修理等劳务所发生的辅助生产费用，多按照受益单位耗用的劳务数量在各单位之间进行分配。在结算辅助生产明细账之前，还应将各辅助车间的制造费用分配转入各辅助生产明细账，归集辅助生产成本
- 辅助生产提供的产品和劳务，主要是为基本生产车间及管理部门使用和服务的。但在某些辅助生产车间之间也有相互提供产品及劳务的情况。辅助生产费用的分配通常采用直接分配法、交互分配法和按计划成本分配法等
- 采用直接分配法，不考虑辅助生产内部相互提供的劳务量，即不经过辅助生产费用的交互分配，直接将各辅助生产车间发生的费用分配给辅助生产之外的各个受益单位或产品

3. 财务核算与会计记录

所有生产费用的归集是通过会计核算、账簿记录来实现的。而对归集起来的费用计入产品成本是通过对归集起来的费用进行再分配完成的。

（1）生产费用归集的核算

链接实例 2-44 综合【链接实例 2-39】至【链接实例 2-43】相关条件，其相关账务处理如下。

解 （1）企业通过领料单等发生领料业务时

借：生产成本——基本生产成本——A 产品	8200	
生产成本——基本生产成本——B 产品	11800	
制造费用	600	
管理费用	150	
贷：原材料——甲材料		8600
原材料——乙材料		12150

（2）企业计算分配工资费用时

借：生产成本——基本生产成本——A 产品	36000	
生产成本——基本生产成本——B 产品	49500	
制造费用	15750	
贷：应付职工薪酬——工资		90000
应付职工薪酬——福利费		11250

（3）企业计付燃料动力费用时

借：制造费用	36050	
管理费用	10950	
贷：银行存款		47000

（4）计算分配固定资产折旧时

借：制造费用	19200	
管理费用	6500	

贷：累计折旧　　25700

（5）企业计算分配制造费用时

借：生产成本——基本生产成本——A 产品　　26850

生产成本——基本生产成本——B 产品　　44750

贷：制造费用　　71600

（2）生产费用的明细记录　根据对费用的归集和初始分配，将相应产品应承担的生产费用记录到相关产品账簿或成本计算单中，如表 2-28～表 2-30 所列。

表 2-28 制造费用明细账　　单位：元

2016 年		凭证编号	摘要	借方						合计	贷方	余额
月	日			工资	折旧	机物料	办公	水电	…			
6	10		维修材料			600				600		
6	25		工资及福利	15750						15750		
6	25		水电费					36050		36050		
6	30		设备折旧		19200					19200		
6	30		分配费用								71600	
			合计	15750	19200	600		36050		71600	71600	0

表 2-29 A 产品基本生产成本明细账

产品名称：A 产品　　单位：元

2016 年		凭证号码	摘要	借方				贷方	余额
月	日			直接材料	直接人工	制造费用	合计		
6	10		领用甲材料	3200			3200		
6	10		领用乙材料	5000			5000		
6	25		分配工资		32000		32000		
6	25		职工福利		4000		4000		
6	30		分配制造费用			26850	26850		71050
6	30		完工入库					71050	0

表 2-30 B 产品基本生产成本明细账

产品名称：B 产品　　单位：元

2016 年		凭证号码	摘要	借方				贷方	余额
月	日			直接材料	直接人工	制造费用	合计		
6	10		领用甲材料	4800			4800		
6	10		领用乙材料	7000			7000		
6	25		分配工资		44000		44000		

续表

2016年		凭证号码	摘要	借方				贷方	余额
月	日			直接材料	直接人工	制造费用	合计		
6	25		分配福利		5500		5500		
6	30		分配制造费用			44750	44750		106050

4.生产费用在完工产品与在产品之间的分配

企业本期投产的产品，如果本期没有生产完工，体现在现实工作中，就是本期投产的产品，本期车间尚没有加工完毕，所有产品都在车间里，处于加工的不同阶段。在会计账簿上就表现为本期发生的材料、工资等费用支出都归集在生产成本明细账的借方，期末生产成本明细账会有相应的借方余额。这一借方余额，体现的就是现已投产的在产品（正在生产的产品）成本。同样的道理，即使本期投产的产品到期末没有全部完工，期末尚有在产品的情况下，生产成本明细账也应该会有相应的余额。

本月发生的生产费用和月初、月末在产品及本月完工产成品成本四项费用的关系可用如下公式表达。

月初在产品成本＋本月发生生产费用＝本月完工产品成本＋月末在产品成本

或　　月初在产品成本＋本月发生生产费用－月末在产品成本＝本月完工产品成本

因为公式中前两项是已知数，所以，在完工产品与月末在产品之间分配费用的方法包括两类：一是将前两项之和按一定比例在后两项之间进行分配，从而得到完工产品与月末在产品的成本；二是先确定月末在产品成本，然后计算求得完工产品的成本。但无论采用哪一类方法，均必须取得在产品数量的核算资料。

（1）在产品收发结存的核算　企业的在产品是指没有完成全部生产过程、无法作为商品销售的在产品，包括正在车间加工中的在产品以及已经完成一个或几个生产步骤但还需继续加工的半成品两部分。对外销售的自制半成品属于商品产品，验收入库后不得列入在产品之内。上述在产品，是从广义的或者就整个企业来说的在产品。从狭义或者就某一车间或某一生产步骤而言，在产品只包括该车间或该生产步骤正在加工中的在产品，车间或生产步骤完工的半成品不包括在内。

在产品收发结存的核算

- 在产品结存的数量，与其他材料物资结存的数量一样，应同时具备账面核算资料和实际盘点资料。企业一方面应做好在产品收发结存的日常核算工作；另一方面应做好在产品的清查工作。做好这两项工作，既可以从账面上随时掌握在产品的动态，又能够清查在产品的实际数量
- 车间在产品收发结存的日常核算，一般是通过在产品收发结存账进行的。在实际工作中，这种账簿也称为在产品台账，应分车间并且按照产品的品种和在产品名称（如零、部件的名称）设立，有利于用来反映车间各种在产品的转入、转出和结存的数量
- 各车间应认真做好在产品的计量、验收和交接工作，并在此基础上依照领料凭证、在产品内部转移凭证、产成品检验凭证和产品交库凭证，及时登记在产品收发结存账。该账簿由车间核算人员登记

在产品收发结存的核算

- 为了核实在产品的数量，确保在产品的安全完整，企业必须认真做好在产品的清查工作。在产品需定期进行清查，也可以不定期轮流清查。清查后，需根据盘点结果和账面资料编制在产品盘点表，填写在产品的账面数、实存数和盘存盈亏数，以及盈亏的原因和处理意见。对于报废及毁损的在产品，还要登记残值
- 若在产品的盘亏是由于没有办理领料或交接手续，或者由于某种产品的零件被另一种产品挪用，则需补办手续，及时转账更正

（2）完工产品与在产品的成本分配方法　生产成本在完工产品与在产品之间的分配，在成本计算工作中是一个重要而又比较复杂的问题。企业需根据在产品数量的多少、各月在产品数量变化的大小、各项费用比重的大小以及定额管理基础的好坏等具体条件，选择既合理又方便的分配方法。常用的方法包括以下六种。

① 不计算在产品成本（在产品成本为零）

不计算在产品成本

- 这种方法适用于月末在产品数量很小的情况
- 算不算在产品成本对完工产品成本影响不大，为了简化核算工作，可以不计算在产品成本，即在产品成本是零
- 本月发生的产品生产费用就是完工产品的成本

链接实例 2-45　接【链接实例 2-44】，6 月 30 日 W 公司本月投产的 A 产品本期完工了 90 件，W 公司完工产品与在产品成本计算采用不计算在产品成本法。

解　W 公司本期完工产品总成本及单位产品成本如表 2-31 产品成本计算单所示。依据产品成本计算单和入库单，W 公司会计处理如下。

借：库存商品——A 产品　　71050

　　贷：生产成本——基本生产成本——A 产品　　71050

表 2-31　产品成本计算单

产品名称（或批别）：A 产品　　计划投产数量：100 件　　实际完工数量：90 件　　单位：元

2016 年		摘　要	成本要素			合计
月	日		直接材料	直接人工	制造费用	
6	10	领用甲材料	3200			3200
6	10	领用乙材料	5000			5000
6	25	分配工资		32000		32000
6	25	职工福利		4000		4000
6	30	分配制造费用			26850	26850
			8200	36000	26850	71050

完工产品单位成本 = 71050/90 = 789. 44（元）

② 在产品成本按年初数固定计算

在产品成本按年初数固定计算

- 这种方法适用于月末在产品数量很小，或在产品数量虽大但各月之间在产品数量变动较小，月初、月末在产品成本的差额对完工产品成本影响不大的情况
- 为简化核算工作，各月在产品成本可以固定按年初数计算
- 采用这种方法，某种产品本月发生的生产费用就是本月完工产品的成本
- 年终时，根据实地盘点的在产品数量，重新调整计算在产品成本，以避免在产品成本与实际出入过大，影响成本计算的正确性

③ 在产品成本按其所耗用的原材料费用计算

在产品成本按其所耗用的原材料费用计算

- 这种方法是在产品成本按所耗用的原材料费用计算，其他费用全部由完工产品成本负担
- 这种方法适合于在原材料费用在产品成本中所占比重较大，而且原材料是在生产开始时一次就全部投入的情况下使用
- 为了简化核算工作，月末在产品可以只计算原材料费用，其他费用全部由完工产品负担

链接实例 2-46 接【链接实例 2-44】，6 月 30 日 W 公司本月投产的 A 产品本期完工了 90 件，W 公司完工产品与在产品成本计算采用在产品成本按其所耗用的原材料费用计算，且 A 产品的原材料为一次性投入。

解 W 公司本期完工产品总成本及单位产品成本如表 2-32 产品成本计算单所示。依据产品成本计算单和入库单，W 公司会计处理如下。

借：库存商品——A 产品　　70230

　贷：生产成本——基本生产成本——A 产品　　70230

表 2-32 产品成本计算单

产品名称（或批别）：A 产品　　计划投产数量：100 件　　实际完工数量：90 件　　单位：元

2016 年		摘　要	成本要素			合计
月	日		直接材料	直接人工	制造费用	
6	10	领用甲材料	2880			2880
6	10	领用乙材料	4500			4500
6	25	分配工资		32000		32000
6	25	职工福利		4000		4000
6	30	分配制造费用			26850	26850
			7380	36000	26850	70230

完工产品单位成本 = 70230/90 = 780. 33（元）

登记生产成本明细账如表 2-33 所示，期末结余的在产品成本，仅为材料部分成本。

表 2-33 基本生产成本明细账

产品名称：A 产品　　　　单位：元

2016 年		凭证号码	摘要	借方				贷方	余额
月	日			直接材料	直接人工	制造费用	合计		
6	10		领用甲材料	3200			3200		
6	10		领用乙材料	5000			5000		
6	25		分配工资		32000		32000		
6	25		职工福利		4000		4000		
6	30		分配制造费用			26850	26850		71050
6	30		完工入库					70230	820
			合计	8200	36000	26850	71050	70230	

④ 在产品成本按定额成本计算

在产品成本按定额成本计算

- 这种方法是事先经过调查研究、技术测定或按定额资料，对于各个加工阶段上的在产品，直接确定一个定额单位成本，月终根据在产品数量，分别乘以各项定额单位成本，即可求出月末在产品的定额成本
- 将月初在产品成本加上本月发生费用，减去月末在产品的定额成本，就可算出产成品的总成本了
- 产成品总成本除以产成品产量，即为产成品单位成本
- 月末在产品成本=月末在产品数量×在产品定额单位成本

  产成品总成本=（月初在产品成本+本月发生费用）–月末在产品成本

  $$产成品单位成本=\frac{产成品总成本}{产成品产量}$$

⑤ 约当产量法

约当产量法

- 所谓约当产量，是指在产品按其完工程度折合成完工产品的产量。如在产品10件，平均完工40%，则约当于完工产品4件
- 按约当产量比例分配的方法，即为将月末结存的在产品，按其完工程度折合成约当产量，然后将产品应负担的全部生产费用，按完工产品产量及在产品约当产量的比例进行分配的一种方法
- 在产品约当产量=在产品数量×完工程度

  $$单位成本=\frac{月初在产品成本+本月发生生产费用}{产成品产量+月末在产品约当量}$$

  产成品成本=单位成本×产成品产量

  月末在产品成本=单位成本×月末在产品约当产量
- 这种方法一般是根据月末在产品的数量，用技术测定或其他方法，计算在产品的完工程度。由于存在于各工序内部的在产品加工程度不同，有的正在加工中，有的已加工完成，有的还尚未加工。为了简化核算，在计算各工序内在产品完工程度时，按平均完工50%计算

约当产量法

有了各工序在产品完工程度和各工序在产品盘存数量，即可求出在产品的约当产量。各工序产品的完工程度可事先制定，产品工时定额不变时可以长期使用。如果各工序在产品数量和单位工时定额均相差不多，在产品的完工程度也可按50%计算

很多加工生产中，原材料是在生产开始时一次投入的。此时，在产品无论完工程度如何，均应和完工产品同样负担材料费用。若原材料是随着生产过程陆续投入的，则应按照各工序投入的材料费用在全部材料费用中所占的比例计算在产品的约当产量

链接实例 2-47 接【链接实例 2-44】，6 月 30 日 W 公司本月投产的 A 产品本期完工了 90 件，W 公司完工产品与在产品成本计算采用约当产量法计算，且 A 产品的原材料为一次性投入，在产品加工完工度达 60%。

解 W 公司本期在产品约当产量 = 10×60% = 6（件）

则单位产品成本 = 71050/(90 + 6) = 740. 10（元）

期末在产品成本 = 740. 1×6 = 4440. 6（元）

完工产品成本 = 71050 − 4440. 6 = 66609. 4（元）

借：库存商品——A 产品　　66609. 4

　　贷：生产成本——基本生产成本——A 产品　　66609. 4

登记生产成本明细账如表 2-34 所示。

表 2-34 基本生产成本明细账

产品名称：A 产品　　　　单位：元

2016 年		凭证号码	摘要	借方				贷方	余额
月	日			直接材料	直接人工	制造费用	合计		
6	10	略	领用甲材料	3200			3200		
6	10		领用乙材料	5000			5000		
6	25		分配工资		32000		32000		
6	25		职工福利		4000		4000		
6	30		分配制造费用			26850	26850		71050
6	30		完工入库					66609. 4	4440. 6
			合计	8200	36000	26850	71050	70230	

⑥ 按定额比例分配完工产品和月末在产品成本的方法（定额比例法）

定额比例法

若各月末在产品数量变动较大，但制定了比较准确的消耗定额，生产费用可以在完工产品和月末在产品之间用定额消耗量或定额费用做比例分配

通常材料费用按定额消耗量比例分配，而其他费用按定额工时比例分配

这种方法的计算公式为（以按定额成本比例分配为例）

$$材料费用分配率=\frac{月初在产品实际材料成本+本月投入的实际材料成本}{完工产品定额材料成本+月末在产品定额材料成本}$$

完工产品应分配的材料成本=完工产品定额材料成本 × 材料费用分配率

月末在产品应分配的材料成本=月末在产品定额材料成本 × 材料费用分配率

$$工资（费用）分配率=\frac{月初在产品实际工作工资（费用）+本月投入的实际工资（费用）}{完工产品定额工时+月末在产品定额工时}$$

由此可见，生产成本在完工产品与在产品之间分配采用的方法不同，确定的在产品成本不同，其完工产品的成本就不同。任何企业都要根据本企业的生产工艺、生产流程和生产特点，选择适合本企业生产特点的分配方法。同种产品的分配方法要尽量一致。

在产品成本属于存货成本的一部分，期末要根据账面记录进行盘点清查，对清查的结果进行处理，并在资产负债表中列报。

完工产品成本，要根据不同成本确定方法下实际确定的完工产品成本办理完工入库，计入库存产品成本中。期末也一并在资产负债表——存货项下列报。

5. 自制半成品的核算

自制半成品的成本归集与分配的过程与自制产品相似，只是由于其是自制半成品，需要进一步加工方能对外销售，所以，在存货管理上略有不同。

自制半成品的核算

- 自制半成品是指已经过一定加工并检验合格，交付半成品仓库，但尚未制造成为商品、仍需继续加工的中间产品
- 企业是否需要单独核算自制半成品，需根据企业的生产特点和成本核算及管理要求加以确定。单独核算自制半成品的企业，宜设置“自制半成品”账户进行核算。该账户是一个资产类账户，用来核算企业库存自制半成品的实际成本
- 委托外单位加工的自制半成品，应在“自制半成品”科目下单独设置“委托外部加工自制半成品”明细科目进行核算。自制半成品的具体账务处理见表2-35
- 自制半成品的范围只包括存放在半成品仓库中的自制半成品和委托外单位加工的自制半成品。从一个车间直接进入另一个车间继续加工的自制半成品，不包括在自制半成品范围内，应列入车间在产品范围，在“生产成本”科目核算

表 2-35 自制半成品的账务处理

业务情景		账务处理
从半成品库领用自制半成品继续加工时		借：生产成本 贷：库存商品——自制半成品
已经生产完成并已检验送交半成品库的自制半成品		借：库存商品（原材料）——自制半成品 贷：生产成本
委托外单位加工的自制半成品	发出加工时	借：委托加工物资——半成品（委托外部加工自制半成品） 贷：自制半成品（库存半成品）
	支付外部加工费和运杂费时	借：委托加工物资——自制半成品（委托外部加工自制半成品） 应交税费——应交增值税（进项税额） 贷：银行存款
	加工完成并已验收入库时	借：库存商品（原材料）——（自制半成品） 贷：委托加工物资——自制半成品（委托外部加工自制半成品）

链接实例 2-48 2018 年 5 月，某小企业发生了下述自制半成品业务，做会计处理如下。

解 （1）本月加工车间生产完成并验收合格入库自制半成品一批，实际生产成本 50000 元，根据半成品入库单做如下会计分录

借：原材料——自制半成品 50000

贷：生产成本——基本生产成本 50000

（2）本月生产车间领用自制半成品一批，用于继续加工，按先进先出法计算，其实际成本为 15000 元

借：生产成本——基本生产成本　　15000

　　贷：原材料——自制半成品　　15000

（3）本月委托 B 企业加工一批半成品，按先进先出法算，确定该批半成品实际成本为 10000 元

借：委托加工物资——委托外部加工自制半成品　　10000

　　贷：原材料——自制半成品　　10000

（4）该半成品发生产品加工费 3000 元，增值税 480 元，款项已通过银行支付

借：委托加工物资——委托外部加工自制半成品　　3000

　　应交税费——应交增值税（进项税额）　　480

　　贷：银行存款　　3480

（5）月末委托外单位加工的该批自制半成品，加工完成并验收入库，结转成本时

借：库存商品——库存半成品　　13000

　　贷：委托加工物资——委托外部加工自制半成品　　13000

七、库存商品的核算

（一）库存商品的分类

库存商品是工业性小企业已经过全部加工过程，完工入库处于待售状态的产成品；商业性小企业购入以备出售的各种商品。其具体包括如下。

库存商品的分类

- 小企业的库存商品包括库存产成品、外购商品、存放在门市部准备出售的商品、发出展览的商品以及存放在外的商品等
- 小企业接受外来原材料加工制造的代制品和为外单位加工修理的代修品，制造并修理完成验收入库后，视为本企业的产成品，所发生的支出，也在本科目核算
- 可以降价出售的不合格品也在本科目核算，但应与合格品分开记账
- 委托外单位加工的商品及委托其他单位代销的商品，不作为库存商品核算，已经完成销售手续，购货单位尚未提取的商品作为代管产品处理，也不再在"库存商品"账户计算，应单独设置代管产品备查簿记录

（二）库存商品的核算

小企业应设置"库存商品"账户，来记录和反映小企业库存商品的收发及储存情况，并按库存商品的种类、规格和型号设置明细账核算。

小企业（农、林、牧、渔业）可将本科目改为"1405 农产品"科目。

库存商品的核算

- 工业小企业的产成品一般按实际成本进行核算。在这种情况下，产成品的收入、发出和销售，平时仅记数量不记金额。月度终了，计算入库产成品的实际成本，对外销售产成品可以采用先进先出法、加权平均法和个别计价法等方法确定成本，计价方法一经选用不得随意变更
- 商业小企业库存商品核算可以选择进价金额核算法，也可以采用售价金额核算法
- 商业小企业购入商品过程中发生的费用（包括运输费、装卸费、保险费、包装费以及运输途中的合理损耗等）在"销售费用"中核算，不在本科目核算

小企业库存商品的具体核算见表 2-36。

表 2-36 库存商品的账务处理

业务情景	账务处理
工业小企业生产完成验收入库的产成品	借：库存商品（实际成本） 贷：生产成本
商业小企业购入商品到达验收入库（采用进价核算法下）	借：库存商品（实际成本） 应交税费——应交增值税（进项税额） 贷：银行存款、应付收据、应付账款等
对外销售产成品或商品	借：主营业务成本 贷：库存商品
商业小企业购入商品时（采用售价金额核算法）	借：在途物资（实际成本） 应交税费——应交增值税（进项税额） 贷：银行存款、应付收据、应付账款等
购入商品入库时	借：库存商品（售价） 贷：在途物资（实际成本） 商品进销差价（售价-进价）
销售转结成本时	借：主营业务成本（实际成本-差额） 商品进销差价（按差价率结转） 贷：库存商品（售价）

注： 1. 进价核算法下，库存商品的采购入库在未达企业时通过在途物资及货到票未到情况下期末的暂估入库，均可参照原料采购的核算方法，只是其成本中不包含采购费用科目“库存商品”。

2. $\text{商品进销差价率} = \dfrac{\text{分摊前“商品进销差价”科目贷方金额}}{\text{“库存商品”科目借方金额} + \text{本月“主营业务收入”科目贷方发生额}} \times 100\%$

3. $\text{本月销售商品应分摊的进销差价} = \text{本月“主营业务收入”科目贷方发生额} \times \text{商品进销差价率}$

链接实例 2-49 2016 年 8 月，某小企业发生的库存商品经济业务及所做的相应的会计处理如下。

解 （1）验收入库甲产品 500 件，实际单位成本 50 元，共计 25000 元；乙产品 2000 件，实际单位成本 80 元，计 160000 元

借：库存商品——甲产品 25000

——乙产品 160000

贷：生产成本——甲产品 25000

——乙产品 160000

（2）销售甲产品 300 件，销售乙产品 1500 件，结转销货成本

借：主营业务成本 135000

贷：库存商品——甲产品 15000

——乙产品 120000

八、消耗性生物资产的核算

（一）消耗性生物资产概述

消耗性生物资产是指小企业（农、林、牧、渔业）生长中的大田作物、蔬菜、用材林以及存栏待售的牲畜等。

小企业（农、林、牧、渔业）持有的消耗性生物资产应当按成本计量，形成的渠道不同，成本的确定也不同。

成本的确定

- 外购消耗性生物资产，按照实价、相关税费、运输费、装卸费、保险费以及外购过程中发生的其他直接费用作为成本
- 自行栽培、营造、繁殖或养殖的消耗性生物资产的成本确定见下图

自行栽培成本确定

- 自行栽培的大田作物和蔬菜的成本包括收获前的种子、肥料、农药等材料费、人工费和应分摊的间接费用
- 自行营造的林木类消耗性生物资产的成本包括郁闭前发生的造林费、抚育费、营林设施费、良种试验费、调查设计费及应分摊的间接费用
- 自行繁殖的育肥畜的成本包括出售前的饲料费、人工费和应分摊的间接费用
- 水产养殖的动、植物成本包括在出售或入库前耗用的苗种、饲料、肥料等材料费、人工费和应分摊的间接费用

（二）消耗性生物资产的核算

消耗性生物资产的核算见表2-37。

表2-37 消耗性生物资产的账务处理

业务情景	账务处理
外购消耗性生物资产	借：消耗性生物资产 应交税费——应交增值税（进项税额） 贷：银行存款、应付收据、应付账款等
自行栽培的大田作物、自行营造的林木、自行繁殖的育肥畜、水产养殖的动植物	借：消耗性生物资产 贷：银行存款、应付收据、应付账款等
自行间伐、择伐和补植发生的支出	借：消耗性生物资产 贷：银行存款、应付收据、应付账款等
达到郁闭后发生的管护支出	借：管理费用 贷：银行存款、应付收据、应付账款等
消耗性生物资产收获为农产品	借：农产品 贷：消耗性生物资产（账面余额）
产、役畜淘汰为育肥畜	借：消耗性生物资产（账面余额） 生产性生物资产累计折旧（已折现） 贷：生产性生物资产（账面余额）

续表

业务情景	账务处理
育肥畜转为产、役畜	借：生产性生物资产（账面余额） 　　贷：消耗性生物资产（账面余额）
出售	借：银行存款、应付收据、应付账款等（实际收到的金额） 　　贷：主营业务收入 借：主营业务收入 　　贷：消耗性生物资产

九、存货清查

小企业会计期末为了确保存货的账存数与实存数一致，需要定期或不定期对存货进行清查，对清查过程中发现的盘亏、盘盈及毁损，都要查明原因，及时处理，以保证账实相符，加强存货管理。

存货清查是指小企业通过对存货的实地盘点，确定存货的实有数量，并与账面结存数进行核对，从而确定存货实存数与账面结存数是否相符的一种专门的方法。

（一）存货清查的方法步骤

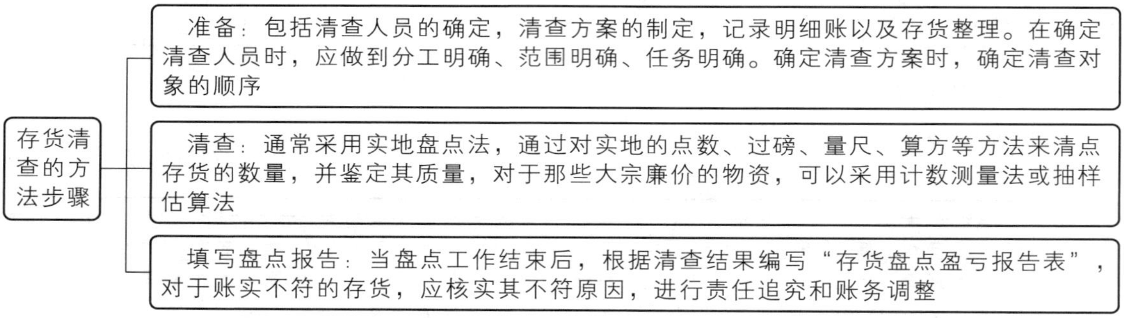

存货清查的方法步骤

- 准备：包括清查人员的确定，清查方案的制定，记录明细账以及存货整理。在确定清查人员时，应做到分工明确、范围明确、任务明确。确定清查方案时，确定清查对象的顺序
- 清查：通常采用实地盘点法，通过对实地的点数、过磅、量尺、算方等方法来清点存货的数量，并鉴定其质量，对于那些大宗廉价的物资，可以采用计数测量法或抽样估算法
- 填写盘点报告：当盘点工作结束后，根据清查结果编写“存货盘点盈亏报告表”，对于账实不符的存货，应核实其不符原因，进行责任追究和账务调整

（二）存货清查的核算

为了反映企业在财产清查中查明的各种存货的盘盈、盘亏和毁损情况，企业需设置“待处理财产损溢”科目，借方通常登记存货的盘亏、毁损金额及盘盈的转销金额，贷方登记存货的盘盈金额以及盘亏的转销金额。企业清查的各种存货损溢，可在期末结账前处理完毕，期末处理后，本科目应该没有余额。存货清查的具体账务处理见表 2-38。

表 2-38 存货清查的账务处理

业务情景		账务处理
存货盘盈	批准处理前,依“存货盘点盈亏报告表”	借：原材料、库存商品 　　贷：待处理财产损溢——待处理流动资产损溢
	报经批准后，依批准结果	借：待处理财产损溢——待处理流动资产损溢 　　贷：营业外收入

续表

<table>
<tr><th colspan="3">业务情景</th><th>账务处理</th></tr>
<tr><td rowspan="4">存货盘亏及毁损</td><td colspan="2">批准处理前，依“存货盘点盈亏报告表”</td><td>借：待处理财产损溢——待处理流动资产损溢
贷：原材料、库存商品等</td></tr>
<tr><td rowspan="3">报经批准后</td><td>残料入库时</td><td>借：原材料
贷：待处理财产损溢——待处理流动资产损溢</td></tr>
<tr><td>需过失人或保险公司赔偿的</td><td>借：其他应收款——过失人等
贷：待处理财产损溢——待处理流动资产损溢</td></tr>
<tr><td>扣除残料价值和应由保险公司、过失人赔款后的净损失</td><td>借：营业外支出
贷：待处理财产损溢——待处理流动资产损溢</td></tr>
</table>

链接实例 2-50 某企业在财产清查中盘盈 A 材料 500 千克，实际单位成本 20 元，经查明属于材料收发计量方面的错误。

解 应做会计处理如下。

（1）批准处理前

借：原材料 10000

贷：待处理财产损溢——待处理流动资产损溢 10000

（2）批准处理后

借：待处理财产损溢——待处理流动资产损溢 10000

贷：营业外支出 10000

链接实例 2-51 某公司在财产清查中发现盘亏 A 材料 100 千克，实际单位成本 80 元。经查明属于一般经营损失。

解 应做会计处理如下。

（1）批准处理前

借：待处理财产损溢——待处理流动资产损溢 8000

贷：原材料——A 8000

（2）批准处理后

借：营业外支出 8000

贷：待处理财产损溢——待处理流动资产损溢 8000

链接实例 2-52 某公司在财产清查中发现毁损 A 材料 80 千克，实际单位成本 10 元，经查明属于材料保管员的过失造成的，按规定由其个人赔偿 700 元，残料已办理入库手续，价值 100 元。应做会计处理如下。

解 （1）批准处理前

借：待处理财产损溢——待处理流动资产损溢 800

贷：原材料——A 800

（2）批准处理后

① 由过失人赔款部分

借：其他应收款——保管人 700

贷：待处理财产损溢——待处理流动资产损溢 700

② 残料入库

借：原材料——A 100

贷：待处理财产损溢——待处理流动资产损溢 100

链接实例 2-53 某公司因地震造成一批库存材料毁损，实际成本 120000 元，根据保险责任范围及保险合同规定，应由保险公司赔偿 100000 元。应做会计处理如下。

解 （1）批准处理前

借：待处理财产损溢——待处理流动资产损溢 120000

贷：原材料 120000

（2）批准处理后

借：其他应收款——保险公司 100000

营业外支出——非常损失 20000

贷：待处理财产损溢——待处理流动资产损溢 120000

第三章　小企业非流动资产的核算

03 Chapter

第一节　长期投资的核算

长期投资是指小企业不作为短期投资的其他投资，即小企业不准备随时变现，持有时间在1年以上的投资，包括长期股权投资和长期债券投资。

一、长期债券投资的核算

长期债券投资是指小企业准备长期（在1年以上）持有的债券投资，是企业以购买长期债券的方式向其他单位的投资。

（一）长期债券投资的初始计算

长期债券投资的初始计算

- 债券投资的初始计算应当按照购买价款和相关税费作为成本。实际支付的价款中包含的已到付息期但尚未领取的债券利息，应单独确认为“应收利息”，不计入“长期债券投资”成本
- 科目设置：为了清楚地核算小企业的长期债券投资情况，小企业应设置“长期债券投资——面值”“长期债券投资——溢折价”“长期债券投资——应计利息”科目

长期债券投资的初始会计核算见表3-1。

表3-1　长期债券投资的初始会计核算

业务情景	账务处理
一般情况	借：长期债券投资——面值（按购买债券的票面价值） （或）长期债券投资——溢折价（溢价-借差） 贷：银行存款（实际支付的购买价款及相关税费） （或）长期债券投资——溢折价（折价-贷差）
实际支付价款中包含已到付息期尚未领取的债券利息	借：长期债券投资——面值（票面金额） 应收利息（已到付息期尚未领取的债券利息） （或）长期债券投资——溢折价（溢价-借差） 贷：银行存款（实际支付的全部价款及税费） （或）长期债券投资——溢折价（折价-贷差）

注：债券发行可按面值发行，叫平价发行，也可按高于面值的价格发行，叫溢价发行，还可按低于面值的价格发行，叫折价发行。债券发行价格的高低主要受发行债券的票面利率与市场利率的不同影响的。

链接实例 3-1 某公司 2016 年 1 月 1 日购入浦发银行当日发行的三年期债券作为长期投资，债券面值 100000 元，票面利息 6%，每年末支付利息，到期还本，公司实际支付价款 100000 元，另支付相关手续费 3000 元。

解 某公司根据债券购入通知单，债券过户交割凭单及银行专用回单等凭证，做如下会计处理。

借：长期债券投资——面值 100000

长期债券投资——溢折价 3000

贷：银行存款 103000

链接实例 3-2 某公司 2016 年 1 月 3 日购入民生银行 2015 年 1 月 1 日发行的三年期债券作为长期投资，债券面值 200000 元，票面利率 5%，每年年末付息（利息实际支付日为 1 月 10 日），到期还本，公司实际支付价款 205000 元（包含已到付期尚未领取的债券利息 10000 元），另支付相关手续费 2000 元。

解 某公司根据债券购入通知单，债券过户交割凭单及银行专用回单等凭证，做会计处理如下。

借：长期债券投资——面值 200000

应收利息 10000

贷：银行存款 207000

长期债券投资——溢折价 3000

（二）长期债券投资持有期间的核算

1. 长期债券投资持有期间利息的确认

长期债券投资持有期间利息的确认

- 长期债券投资在持有期间发生的应收利息，应当确认为投资收益
- 分期付息一次还本的长期债券投资，在债务人应付利息日，按照票面利率计算的应收未收利息，确认为应收利息，不增加长期债券投资账面余额
- 到期一次还本付息的长期债券投资，在资产负债表日按照票面利率计算的应收未收利息，增加长期债券投资限额账面余额
- 在确认债券利息收入的同时，债券的折价或溢价，按债券期限采用直线法摊销，确认债券实际收益
- 每次摊销的溢价（或折价）=债券溢价（或折价）/付息期（或计息期）

2. 长期债券持有期间利息的会计处理

长期债券持有期间利息的会计处理见表 3-2。

表 3-2 长期债券持有期间利息的会计处理

业务情景	账务处理
分期付息一次还本债券在应付利息日	借：应收利息（面值×票面利率） 长期债券投资——溢折价（折价摊销） 贷：投资收益（两者之和） 或 借：应收利息（面值×票面利率） 贷：投资收益（两者之差） 长期债券投资——溢折价（溢价摊销）

续表

业务情景	账务处理
到期一次还本付息债券在资产负债表日	借：长期债券投资——应计利息（面值×票面利率×期间） 　　长期债券投资——溢折价（折价摊销） 　　贷：投资收益（二者之和） 或 借：长期债券投资——应计利息（面值×票面利率×期间） 　　贷：投资收益（二者之差） 　　　　长期债券投资——溢折价（溢价摊销）

链接实例 3-3 接【链接实例 3-1】，2016 年 12 月 31 日，某公司计提债券利息并摊销溢折价。

解 编制如下会计分录。

借：应收利息　　6000（100000×6%）

　贷：投资收益　　5000

　　　长期债券投资——溢折价　　1000（3000/3）

链接实例 3-4 如果【链接实例 3-1】中浦发银行发行的为到期一次还本付息的债券。

解 则 2016 年 12 月 31 日，某公司根据债券情况计提债券利息。

借：长期债券投资——应计利息　　6000（100000×6%×1）

　贷：投资收益　　5000

　　　长期债券投资——溢折价　　1000（3000/3）

3. 长期债券投资到期或处置

长期债券投资到期是小企业将投资的债券持有到期，收回本金的情形；而处置则是在投资的债券尚未到期前即对持有的债券进行转让的行为。

长期债券投资处置或到期收回的账务处理见表 3-3。

表 3-3 长期债券投资处置或到期收回的账务处理

业务情景	账务处理
到期	借：银行存款 　　贷：长期债券投资——面值（分期付息或到期一次还本付息） 或 借：银行存款 　　贷：长期债券投资——应计利息（到期一次还本付息）
处置	借：银行存款（实收数） 　　长期债券投资——溢折价（折价账面余额） 　　贷：长期债券投资——面值 或 借：银行存款（实收数） 　　长期债券投资——溢折价（折价账面余额） 　　贷：长期债券投资——溢折价（溢价账面余额） 　　　　长期债券投资——应计利息（已提数） 或 借：银行存款（实收数） 　　长期债券投资——溢折价（折价账面余额） 　　贷：应收利息（未收数） 　　　　投资收益（或借记）（差额）

注：长期债券投资未到期处置，应结平账面余额，清收应收（或应计）的利息，计算结转相应的损益。

链接实例 3-5 接【链接实例 3-2】，某公司将购入的民生银行债券持有到期，收回债券本金及利息。

解 持有期间及到期收回的全部会计处理。

（1）2016 年 1 月 10 日收到利息

借：银行存款 10000

贷：应收利息 10000

（2）2016 年 12 月 31 日计息

借：应收利息 10000

长期债券投资——溢折价 1500（3000/2）

贷：投资收益 11500

（3）2017 年 1 月 10 日收到利息

借：银行存款 10000

贷：应收利息 10000

（4）2017 年 12 月 31 日计息

借：应收利息 10000

长期债券投资——溢折价 1500（3000/2）

贷：投资收益 11500

（5）2018 年 1 月 1 日收到本金利息

借：银行存款 210000

贷：长期债券投资——面值 200000

应收利息 10000

链接实例 3-6 接【链接实例 3-4】，2017 年 4 月 1 日，某公司因资金需要，将该笔债券提前进行了处置，处置所得价款共 105000 元。

解 会计处理如下。

借：银行存款 105000

长期债券投资——溢折价 2000

贷：长期债券投资——面值 100000

长期债券投资——应计利息 6000

投资收益 1000

4. 长期债券投资损失

小企业长期债券投资符合下列条件之一的，减除可收回的金额后确认的无法收回的长期债券投资，作为长期债券投资损失。

（1）损失确认条件

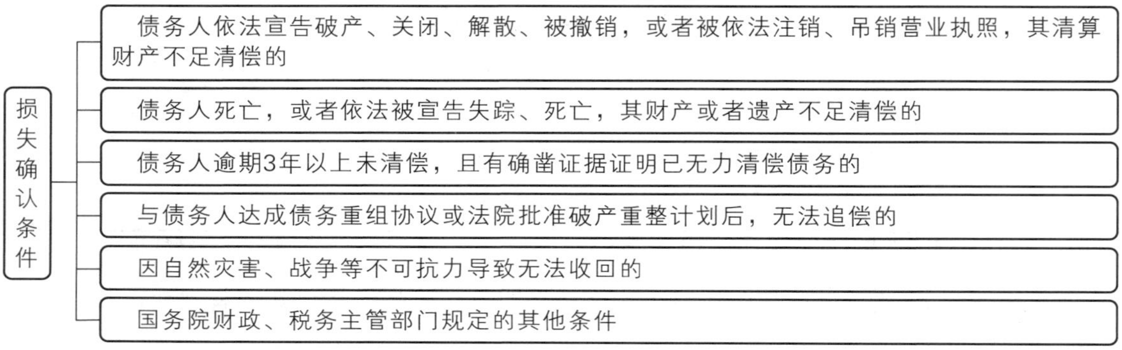

损失确认条件：
- 债务人依法宣告破产、关闭、解散、被撤销，或者被依法注销、吊销营业执照，其清算财产不足清偿的
- 债务人死亡，或者依法被宣告失踪、死亡，其财产或者遗产不足清偿的
- 债务人逾期3年以上未清偿，且有确凿证据证明已无力清偿债务的
- 与债务人达成债务重组协议或法院批准破产重整计划后，无法追偿的
- 因自然灾害、战争等不可抗力导致无法收回的
- 国务院财政、税务主管部门规定的其他条件

（2）长期债券投资损失的会计处理　长期债券投资损失应当于实际发生时计入“营业外支出”，同时冲减长期债券投资账面余额。

借：银行存款（实际收到金额）
　　营业外支出（差额）
　　长期债券投资——溢折价（账面余额或贷记）
　　贷：长期债券投资——面值
　　　　长期债券投资——应计利息（计提数）
　　　　应收利息（未收数）

二、长期股权投资的核算

长期股权投资，是指小企业准备长期持有（在1年以上）的权益性投资，包括长期股票投资和其他长期权益性投资。

长期股权投资的初始计量：

- 小企业取得长期股权投资时，应按初始投资成本计量
- 以支付现金取得的长期股权投资，应当按照购买价款和相关税费作为成本。实际支付价款中包含的已宣告尚未发放的现金股利，单独确认为应收股利，不计入长期股权投资成本
- 通过非货币性资产交换取得的长期股权投资，应当按照换出非货币性资产的评估价值和相关税费作为成本

长期股权投资取得的账务处理见表3-4。

表3-4　长期股权投资取得的账务处理

业务情景	账务处理
以支付现金取得时	借：长期股权投资 　贷：银行存款
	如果实际支付价款中包含的已宣告但尚未发放的现金股利，则应做如下处理 借：长期股权投资（按实际支付的购买价款和相关税费扣除已宣告但尚未发放的现金股利后的金额） 　应收股利（按应收的现金股利） 　贷：银行存款（按实际支付的购买价款和相关税费）
以非货币性资产交换取得	借：长期股权投资（按非货币性资产的评估价值与相关税费之和） 　贷：固定资产清理（按换出非货币性资产的账面价值） 　　应交税费（按支付的相关税费） 　　按照其差额，贷记“营业外收入”或借记“营业外支出”等科目

链接实例3-7　A公司2015年10月1日购买W股份公司股票10000股，准备长期持有，每股成交价为16.4元（其中包含已宣告尚未分派的现金股利0.2元/股），另支付相关手续费500元。

解　A公司根据证券的购入通知单、银行回单及股票过户交割单等凭证，做如下会计处理。

借：长期债券投资——W股份股票　　162500（164500－2000）
　　应收股利　　2000（10000×0.2）

贷：银行存款　　164500（16.4×10000+500）

链接实例 3-8 A 公司 2018 年 5 月用一台 2014 年购入的机床（该机床原价 140000 元，已提折旧 98000 元）交换 B 公司持有的 W 股份公司股票 1000 股，拆卸搬运工程中发生费用 800 元，股权过户等发生手续费 200 元，该设备评估价为 40000 元，以银行存款支付。

解 会计处理如下。

（1）清理固定资产账面价值

借：固定资产清理　　42000

累计折旧　　98000

贷：固定资产　　140000

（2）发生清理费用

借：固定资产清理　　800

贷：银行存款　　800

（3）换入股票，换出设备

借：长期股权投资——W 股份股票　　40200

营业外支出　　9200（借贷查）

贷：固定资产清理　　42800

应交税费——应交增值税（销项税额）　　6400（40000×16%）

银行存款　　200

链接实例 3-9 2015 年 2 月 10 日，甲公司购买乙公司发行的股票 20000 股准备长期持有，从而拥有乙公司 5%的股份。每股买入价为 22 元，每股价格中包含 0.9 元的已宣告但尚未分派的现金股利，另外，甲公司购买股票时发生有关税费 12000 元。购买股票价款及税费全部由银行存款支付。

2015 年 8 月 20 日，甲公司收到乙公司宣告发放 2013 年度现金股利的通知，应分得现金股利 10000 元。

2016 年 5 月 1 日，甲公司将其作为长期投资持有的乙公司 20000 股股票，以每股 31.6 元的价格卖出，支付相关税费 10000 元，实际取得价款 622000 元。款项已由银行收妥。处置时，长期股权投资的账面余额为 440000 元。

解 根据以上经济业务，甲公司做账务处理如下。

（1）买入时

初始投资成本 = 20000×22 + 12000 − 0.9×20000 = 452000 − 18000 = 434000（元）

借：长期股权投资　　434000

应收股利　　18000

贷：银行存款　　452000

（2）2015 年 8 月 20 日，收到被投资方宣告发放现金股利的通知时

借：应收股利　　18000

贷：投资收益　　18000

（3）2016 年 5 月 1 日，处置时

借：银行存款　　622000

贷：长期股权投资　　440000

投资收益　　182000

第二节 固定资产的核算

一、固定资产的初始确认与计量

（一）固定资产概述

固定资产是指小企业为生产产品、提供劳务、出租或经营管理而持有的，使用寿命超过1年的有形资产，包括房屋、建筑物、机器、机械、运输工具、设备、器具、工具等。

小企业应当根据《小企业会计准则》规定的固定资产标准，结合本企业的具体情况，制定固定资产目录，作为核算依据。

1. 固定资产的分类

小企业应依据经营性质及经营规模情况，根据各自实际情况进行固定资产分类，编制固定资产目录，作为固定资产核算的依据。

2. 固定资产的会计科目和账户设置

《小企业会计准则》与《企业会计准则》比较，除了不设“固定资产减值准备”科目和账户外，其他科目和相应账户都是相同的，见表3-5。

表3-5 固定资产会计账户

账户名称	核算内容
固定资产	核算固定资产的原价（成本），借记增加的固定资产原价，贷记减少的固定资产原价，期末借方余额反映期末固定资产账面原价。在“固定资产”账户下，可按照类别、使用单位设置明细账户
累计折旧	是“固定资产”的调整账户，贷记计提的固定资产折旧，借记处置固定资产时转出的累计折旧，期末贷方余额反映固定资产累计折旧额
在建工程	核算企业基建、更新改造在建工程发生的支出，借记发生的实际支出，贷记在建工程完工转出的成本，期末借方余额反映尚未完工的在建工程的成本
工程物资	核算在建工程使用的各种材料物资。借记收入各种材料物资的成本，贷记支出各种材料物资的成本，期末借方余额反映期末结存各种材料物资的成本

续表

账户名称	核算内容
固定资产清理	核算因企业出售、报废、毁损、对外投资等原因转出或减少的固定资产价值，以及在清理过程中发生清理费用和变卖废旧材料或获得的赔款等实现的清理收入 借记：①转出的固定资产账面价值；②发生的清理费用 贷记：①变卖废旧材料收入；②因报废、毁损而获得保险赔偿或责任人赔款 期末该账户有余额的，反映相关固定资产清理未完 固定资产清理完后，需结出该账户余额，并结转“营业外收入”或“营业外支出”账户，结转后该账户无余额

（二）固定资产的增加核算

1. 外购的固定资产

外购固定资产的成本，包括购买价款、相关税费、运输费、装卸费等。应当区分是否需要安装以及是否用于生产经营等情况分别进行处理，见表 3-6。

表 3-6 外购固定资产核算

是否要安装	用途	会计处理
不需要安装	用于生产经营	借：固定资产（成本） 应交税费——应交增值税（进项税） 贷：银行存款（或应付账款、应付票据等）
	用于生活福利	税法规定，购进货物用于生活福利的进项税不予抵扣，在会计上应计入成本。 借：固定资产 贷：银行存款（应付账款、应付票据等）
需要安装	用于生产经营	借：在建工程 应交税费——应交增值税（进项税） 贷：银行存款（应付账款、应付票据等）
	用于生活福利	借：在建工程 贷：银行存款（应付账款、应付票据等）

链接实例 3-10 某小企业于 2018 年 5 月 10 日，购入一台用于生产经营的、不需要安装的设备，取得的增值税专用发票上注明的价款为 60000 元，增值税为 9600 元，发生运输费用 4000 元。全部款项已用银行存款支付。

增值税法规定，购进用于生产经营的货物（包括存货和固定资产）的进项税以及按照发生的相关运输费用的 10% 计算的进项税额允许抵扣。

解 进项税额 = 9600 + 4000 × 10% = 10000（元）

固定资产成本 = 60000 + 4000 ×（1 − 10%）= 63600（元）

借：固定资产——生产用固定资产　　63600

　　应交税费——应交增值税（进项税）　　10000

　　贷：银行存款　　73600

在此例中，如果购买的设备用于生活福利，则进项税不予抵扣。会计处理如下。

借：固定资产——非生产用固定资产 73600

贷：银行存款 73600

链接实例 3-11 某小企业于 2018 年 5 月 20 日，购买一台用于职工集体生活福利的、需要安装的大型设备，取得的增值税专用发票上注明的价款为 50000 元，增值税额为 8000 元，发生运输费用 1500 元，包装费 500 元。该设备购进后于 2018 年 5 月 25 日安装完毕，并交付使用，发生安装费用 1650 元。全部价款均用银行存款支付。

解 （1）2018 年 5 月 20 日，购入设备时

设备成本 = 50000 + 8000 + 1500 + 500 = 60000（元）

借：在建工程——设备安装工程 60000

贷：银行存款 60000

（2）2018 年 5 月 25 日，支付安装费

借：在建工程——设备安装工程 1650

贷：银行存款 1650

（3）2018 年 5 月 25 日，设备安装完毕交付使用

借：固定资产——非生产用固定资产 61650

贷：在建工程——设备安装工程 61650

在本例中，如果购买的设备用于生产经营，则：

（1）购入设备时

设备成本 = 50000 + 1500 ×（1 − 10%）+ 500 = 51850（元）

借：在建工程——设备安装工程 51850

应缴税费——应交增值税（进项税） 8150

贷：银行存款 60000

（2）支付安装费时

借：在建工程——设备安装工程 1650

贷：银行存款 1650

（3）设备安装完毕时

借：固定资产——生产用固定资产 53500

贷：在建工程——设备安装工程 53500

如果企业以一笔款项购入多项固定资产而各项固定资产又没有单独标价的，应当按照各项固定资产或类似资产的市场价格或评估价比例对总成本进行分配，分别确定各项固定资产的成本。

$$某项固定资产的市场价格比重 = \frac{该项固定资产的市场价格}{各项固定资产的市场价格合计数}$$

$$某项固定资产成本 = 总成本 \times 该项固定资产的市场价格比重$$

固定资产的市场价格无法取得时，可用类似资产的市场价格代替；如类似资产的市场价格也无法取得，可用评估价值。

链接实例 3-12 某小企业 2018 年 5 月 20 日，购入一条生产线全套设备，该生产线由甲设备 10 台、乙设备 5 台、丙设备 8 台组成，假定不需要安装。取得的增值税专用发票注明的价款为 300000 元，增值税额为 48000 元，另支付运输费 5000 元，包装费 3000 元，设备

款项用商业承兑汇票支付，运输费和包装费用银行存款支付。各项设备均无单独标价，也无法取得其市场价格或类似资产的市场价格，经过有关机构评估，甲设备每台评估价值为15000元，乙设备每台评估价值为12000元，丙设备每台评估价值为13000元。

解 计算：生产线总成本＝300000＋5000×（1－10％）＋3000＝307500（元）

进项税＝48000＋5000×10％＝48500（元）

列表计算如表3-7所示。

表3-7 各设备的单台成本 单位：元

设备	数量	每台评估价值	总评估价值	比重	总成本	单台成本
A设备	10	15000	150000	0.48	147600	14760
B设备	5	12000	60000	0.19	58425	11685
C设备	8	13000	104000	0.33	101475	12684
合计			314000	1.00	307500	

会计处理如下。

借：固定资产——生产用固定资产（甲设备） 147600
　　　　　——生产用固定资产（乙设备） 58425
　　　　　——生产用固定资产（丙设备） 101475
　　应交税费——应交增值税（进项税） 48500
　贷：应付票据 348000
　　　银行存款 8000

2. 自行建造的固定资产

自行建造的固定资产

- 自行建造的固定资产，包括建造房屋、建筑物、各种设施和大型设备的安装工程。按照实施的方式分为自营建造和出包建造两种方式。无论是哪种方式，都要通过“在建工程”科目核算，竣工验收后再结转“固定资产”科目
- 自营建造的固定资产，其成本应当按照直接材料、直接人工、直接机械施工费等计量。其会计处理见表3-8。
  在实务中，企业利用自营方式建造固定资产的很少，通常采用出包方式
- 采用出包方式建造固定资产。在出包方式下，“在建工程”科目主要是企业与在建工程承包商办理工程价款的结算科目。会计处理见表3-9

表3-8 自营建造固定资产的账务处理

业务情景	账务处理
购入为在建工程所用的各种材料物资时（假设在建工程用于生产经营）	借：工程物资 应交税费——应交增值税（进项税） 贷：银行存款等
领用工程物资时	借：在建工程 贷：工程物资

续表

业务情景	账务处理
确认应付给工程人员的职工薪酬时	借：在建工程 　贷：应付职工薪酬
将本企业生产的产品用于不动产在建工程时（属于视同销售行为）	借：在建工程 　贷：库存商品 　　应交税费——应交增值税（销项税）
如有为在建工程借款，应在应付利息日确认应付借款利息	（1）工程竣工决算前发生的借款利息 借：在建工程 　贷：应付利息 （2）工程竣工决算后发生的借款利息 借：财务费用 　贷：应付利息
在建工程发生的其他支出	借：在建工程 　贷：银行存款
在建工程在试运转过程中形成的产品、副产品或试车收入及相应的支出	（1）试运转收入 借：银行存款 　贷：在建工程 （2）试运转支出 借：在建工程 　贷：银行存款
在建工程完工后，结出工程实际发生的成本，即竣工决算价值，办理竣工验收手续，交付使用	按决算价值 借：固定资产 　贷：在建工程

表 3-9 出包建造固定资产的账务处理

业务情景	账务处理
按合理估计的工程进度支付和合同规定的结算的进度款支付时	借：在建工程——建筑工程（××工程） 　　　　——安装工程（××工程） 　贷：银行存款、预付账款等
将需要安装的设备运抵现场安装时	借：在建工程——在安装设备（××设备） 　贷：工程物资——××设备
为建造固定资产发生的待摊支出，如长期借款、应付职工薪酬等，在分摊给××工程时[①]	借：在建工程——待摊支出 　贷：银行存款、应付职工薪酬、长期借款等
工程完工时，按合同规定应补付的工程款，在补付工程款时	借：在建工程——建筑工程 　贷：银行存款等

续表

业务情景	账务处理
在建工程完工后，办理验收手续，交付使用，结转固定资产②	借：固定资产 　　贷：在建工程——建筑工程 　　　　　　　——安装工程 　　　　　　　——待摊支出 　　　　　　　——在安装设备

① 在建工程达到预定可使用状态时，首先要计算分配待摊支出。

待摊支出分配率= 累计发生的待摊支出 ÷（建筑工程支出+ 安装工程支出+ 在安装设备支出）× 100%

某工程应分配的待摊支出= （某工程建筑工程支出+ 某工程安装工程支出+ 某工程在安装设备支出）× 待摊支出分配率

② 计算确定已完工的固定资产成本

房屋建筑物的成本= 建筑工程成本+ 应分摊的待摊支出

需要安装设备的成本= 设备成本+ 为设备安装发生的基础、支座等建筑物工程支出+ 安装工程支出+ 应分摊的待摊支出

3. 投资者投入的固定资产

小企业接受投资者投入的固定资产，需按照评估价值和相关税费，借记“固定资产”科目，按应计入实收资本的金额，贷记“实收资本”科目，按其差额，贷记“资本公积——资本溢价”科目。

链接实例 3-13 A 公司于 2016 年 1 月 1 日收到 B 公司投入的机器一台，评估价为 80000 元。不考虑相关税费，设备已投入使用。A 公司接受 B 公司投资前，所有者权益总额为 2000000 元，其中实收资本为 1200000 元。

解 B 公司的投资应计入实收资本的份额 = (1200000/2000000) × 80000 = 48000（元）

资本溢价 = 80000 − 48000 = 32000（元）

借：固定资产　　80000

　　贷：实收资本——B 公司　　48000

　　　　资本公积——资本溢价　　32000

4. 融资租入的固定资产

融资租入的固定资产
- 融资租入的固定资产，在租赁期开始日，应按租赁合同约定的付款总额和签订租赁合同过程中发生的相关税费，借记“固定资产”科目；按付款总额，贷记“长期应付款”科目；按实际发生的相关税费，贷记“银行存款”科目
- 在合同约定的分期付款日，按照约定的付款额付款时，借记“长期应付款”科目，贷记“银行存款”等科目

链接实例 3-14 A 公司 2015 年 12 月 1 日与 B 公司签订一项融资租赁合同，租入一台数控机床，约定付款总额为 500000 元，租赁期限为 10 年，租赁期开始日为 2016 年 1 月 1 日，自租赁期开始日起每年 12 月 31 日付款 50000 元。在租赁期开始日前租赁设备应运抵 A 公司，并投入使用。不考虑相关税费及其他事项。

解 A 公司根据《小企业会计准则》进行会计处理如下。

（1）2013 年 1 月 1 日，租赁期开始日

借：固定资产——融资租入固定资产　　500000

贷：长期应付款——应付融资租赁款 500000

(2) 每年 12 月 31 日，支付租赁款

借：长期应付款——应付融资租赁款 50000

贷：银行存款 50000

5. 盘盈的固定资产

盘盈固定资产的成本，需按同类或者类似固定资产的市场价格或评估价值，扣除按照该项固定资产新旧程度估计的折旧后的余额确定。盘盈的固定资产的账务处理见表 3-10。

表 3-10 盘盈的固定资产的账务处理

业务情景	账务处理
报经批准处理前	借：固定资产 贷：以前年度损益调整
经批准处理后	借：以前年度损益调整 贷：盈余公积 利润分配——未分配利润

二、固定资产折旧

(一) 固定资产的折旧范围

小企业应当对所有固定资产计提折旧，并按照用途或受益对象计入相关资产成本或当期损益。但下列固定资产不计提折旧。

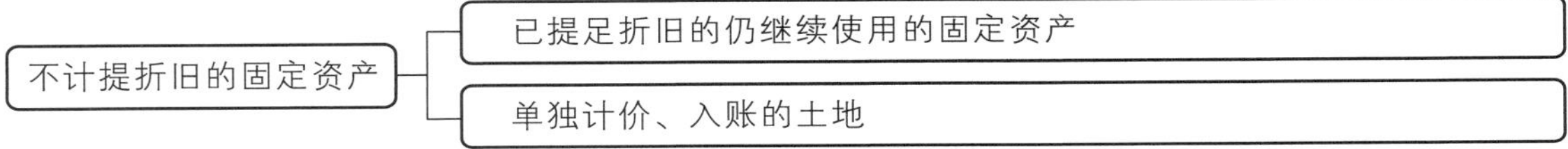

(二) 固定资产的使用寿命和预计净残值

小企业需根据固定资产的性质和使用情况，并考虑税法的规定，合理确定固定资产的使用寿命和预计净残值。税法对下列固定资产规定的最低折旧年限如下。

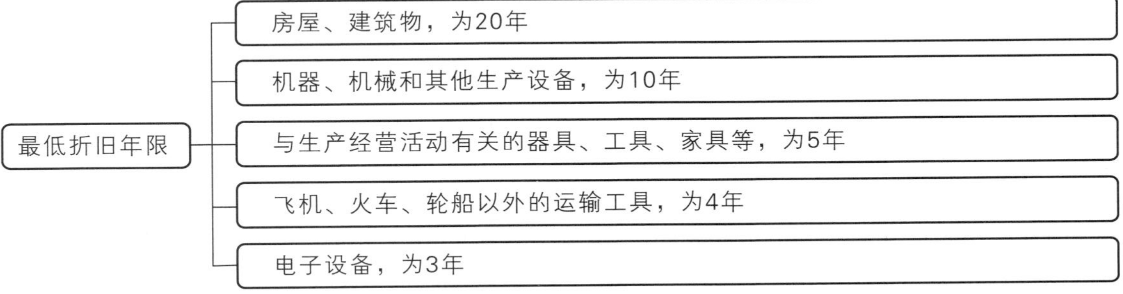

预计净残值，是指固定资产预计使用寿命已满，从该项固定资产处置中得到的扣除预计处理费用后的金额。

(三) 固定资产的折旧方法

小企业应当按照年限平均法（即直线法）计提折旧。固定资产由于技术进步等因素，确

需加速折旧的，可以采用双倍余额递减法和年数总和法。

1. 年限平均法

年限平均法

- 年限平均法又称直线法，是将固定资产的应提折旧额平均分摊到各期的一种折旧方法
- 应提折旧额=固定资产原值−预计净残值
  年折旧额=应提折旧额÷预计使用寿命（年）
  =（固定资产原值−预计净残值）÷预计使用寿命
  年折旧率=（年折旧额÷固定资产原值）×100%
  月折旧率=年折旧率÷12
  月折旧额=固定资产原值×月折旧率

链接实例 3-15 某小企业的一项固定资产，原值 15000 元，预计净残值 80 元，使用寿命 6 年。计算年折旧额和年折旧率。

解 年折旧额 =(15000 − 80)÷6 = 2487 （元）

年折旧率 =(2487÷15000)×100% = 16.6%

2. 工作量法

工作量法

- 工作量法，是指根据固定资产实际工作量计提折旧的一种方法。采用这种方法计算的单位工作量的折旧额是相等的。采用工作量法预计使用寿命为预计总工作量
- $$单位工作量折旧额=\frac{应提折旧额}{预计总工作量}=\frac{固定资产原值-预计净残值}{预计总工作量}$$
  月折旧额=该项固定资产当月工作量×单位工作量折旧额
- 《小企业会计准则》并未提及工作量法，而《企业会计准则》则将工作量法列入可选用的折旧方法范围。小企业在实际工作中也可以选用这种方法

链接实例 3-16 某小企业的一辆卡车的原值为 250000 元，预计其使用寿命为 80 万公里，预计报废时的净残值为 10000 元，本月行驶 6000 公里。计算单位里程折旧额及本月折旧额。

解 单位里程折旧额 =(250000 − 10000)÷800000 = 0.3 （元/公里）

本月折旧额 = 6000×0.3 = 1800 （元）

3. 双倍余额递减法

双倍余额递减法

- 双倍余额递减法，是在不考虑预计净残值的情况下，用双倍的直线法折旧率乘以固定资产每一会计期间期初账面净值，计算确定当期折旧额的一种方法
- 年折旧率=2×（固定资产原值÷预计使用寿命）÷固定资产原值×100%
  =（2÷预计使用寿命）×100%
  年折旧额=年初固定资产净值×年折旧率
  =（固定资产原值−上年末累计折旧）×年折旧率
  月折旧额=年折旧额÷12
- 采用双倍余额递减法时，应当在折旧年限的最后两年内，将固定资产净值扣减预计净残值后的余额平均摊销，即最后两年采用直线法计提折旧

链接实例 3-17 沿用【链接实例 3-15】的条件，如果该小企业对该项固定资产采用双倍余额递减法计提折旧。

解 前 4 年采用双倍余额递减法：

年折旧额 = 2/6 × 100% = 33%

后 2 年采用直线法：

年折旧额 = (第 5 年年初固定资产净值 − 预计净残值) ÷ 2

列表计算如表 3-11 所示。

表 3-11 折旧计算表（双倍余额递减法） 单元：元

折旧方法	年份	(1)年初净值	(2)年折旧额	(3)累计折旧额	(4)年末净值
		(1) = 上年(4)	(2) = (1) × 33%	(3) = 上年(3) + (2)	(4) = 原值 − (3)
双倍余额递减法	0	0	0	0	15000
	1	15000	4950	4950	10050
	2	10050	3317	8267	6733
	3	6733	2222	10489	4511
	4	4511	1489	11978	3022
直线法	5	3022	1471	13449	1551
	6	1551	1471	14920	80
合计		—	14920	—	—

第 5、第 6 年每年折旧费 = (3022 − 80) ÷ 2 = 1471（元）

应提折旧额 = 固定资产 − 预计净残值 = 15000 − 80 = 14920（元）

累计折旧 = 应提折旧额 = 14920 元

4. 年数总和法

年数总和法

年数总和法，是指固定资产原值减去预计净残值后的净额乘以一个逐年递减的分数计算确定每年折旧额的一种方法。这个分数的分子为固定资产的剩余使用寿命年数，分母为使用寿命年数总和

年折旧率 = (剩余使用寿命年数/预计使用寿命年数总和) × 100%

= [(预计使用寿命年数 − 已使用年数) ÷ 预计使用寿命年数总和] × 100%

预计使用寿命年数总和 = (1 + 预计使用寿命) × 预计使用寿命 ÷ 2

年折旧额 = (固定资产原值 − 预计净残值) × 年折旧率

链接实例 3-18 沿用【链接实例 3-15】的条件，如果对该固定资产采用年数总和法计提折旧。

解 预计使用寿命年数总和 = (1 + 6) × 6 ÷ 2 = 21（年）

应提折旧的总额 = 15000 − 80 = 14920（元）

列表计算如表 3-12 所示。

表 3-12 折旧计算表（年数总和法） 单位：元

年份	剩余使用寿命	年折旧率	年折旧额	累计折旧	年末净值
1	6	0.29	4327	4327	10673
2	5	0.24	3581	7908	7092

续表

年份	剩余使用寿命	年折旧率	年折旧额	累计折旧	年末净值
3	4	0.19	2835	10743	4257
4	3	0.14	2089	12832	2168
5	2	0.10	1492	14324	676
6	1	0.04	596	14920	80
合计	21	1.00	14920	—	—

注：第 6 年的年折旧率= [1-（0.29+ 0.240+ 0.190+ 0.140+ 0.10）] ×100%= 4%。

（四）固定资产折旧额的计算和会计处理

1. 固定资产折旧额的计算

固定资产折旧额的计算

- 小企业需根据所确定的固定资产预计使用寿命、预计净残值和折旧方法，按月计提折旧，当月增加的固定资产，从下月起计提折旧，当月减少的固定资产，当月计提折旧，从下月起停止计提折旧
- 在实务中，应当从固定资产投入使用的次月起按月计提折旧；停止使用的固定资产，应当从停止使用月份的次月起停止计提折旧
- 企业每月应计提的固定资产折旧额可按以下公式计算：
  本月应计提的折旧额=上月固定资产计提的折旧额+上月增加固定资产应计提的折旧额–上月减少固定资产应计提的折旧额
- 固定资产提足折旧后，不论是否继续使用，均不再计提折旧；提前报废的固定资产，也不补提折旧

2. 固定资产折旧费用的会计处理

企业计提的固定资产折旧，需通过“累计折旧”科目进行核算，并按固定资产的用途或受益对象计入相关资产成本或当期损益。

固定资产折旧费用的会计处理

- 基本生产车间使用的固定资产，计提的折旧计入制造费用
- 辅助生产车间使用的固定资产，计提的折旧计入生产成本（辅助生产成本）
- 管理部门和福利部门使用的固定资产，计提的折旧计入管理费用
- 销售部门使用的固定资产，计提的折旧计入销售费用
- 在建工程使用的固定资产，计提的折旧计入在建工程成本
- 经营租出的固定资产，计提的折旧计入其他业务成本
- 未使用的固定资产，计提的折旧计入管理费用

链接实例 3-19 某小企业 2016 年 3 月份，计提固定资产折旧总额为 120000 元，其中：基本生产车间（直接生产产品的车间）计提折旧 80000 元，辅助生产车间计提折旧 36000 元，公司行政管理部门计提折旧 4000 元。

解 会计处理如下。

借：制造费用　　80000
　　生产成本——辅助生产成本　　36000
　　管理费用　　4000
　　贷：累计折旧　　120000

三、固定资产的后续支出

固定资产的后续支出是指如固定资产的改建支出和大修理支出、使用过程中的日常维修费支出。

（一）固定资产的改建支出

固定资产的改建支出
- 固定资产的改建支出，是指改变房屋或建筑物的结构，延长使用年限等发生的支出
- 已提足折旧的固定资产和经营租入固定资产的改建支出，计入长期待摊费用
- 对于除已提足折旧的固定资产和经营租入固定资产以外的其他固定资产的改建支出，应当计入固定资产成本（即资本化），其账务处理见表3-13

表 3-13　其他固定资产改建支出的账务处理

业务情景	账务处理
固定资产转入在建工程	借：在建工程 　　累计折旧 　　贷：固定资产
改建过程中的改建支出	借：在建工程 　　贷：银行存款
改建工程完工并达到预定使用状态时	借：固定资产 　　贷：在建工程

链接实例 3-20 某小企业于 2018 年 5 月开始改扩建一生产厂房，原值为 500000 元，已计提折旧 425000 元，改扩建中，耗用本企业生产的库存产品 50000 元，库存原材料 100000 元，外购工程物资 174000 元（其中价款 150000 元，增值税 24000 元），支付工资等人工费 50000 元。旧厂房拆除下来的大部分用于改建，不考虑预计净残值。改建工程于 2018 年 7 月完工交付使用，预计使用寿命比原预计年限延长 10 年。耗用的库存产品对外售价为 75000 元（不含税），增值税税率为 16%，购进库存原材料的进项税税率为 16%。假定不考虑其他相关税费的影响。

解 会计处理如下。

（1）2018 年 5 月，将固定资产转入在建工程

借：在建工程　　75000
　　累计折旧　　425000
　　贷：固定资产　　500000

（2）购买工程物资时

借：在建工程　　150000

应缴税费——应交增值税（进项税） 24000
贷：银行存款 174000

（3）领用库存产品和库存原材料时，属于视同销售行为，应确认增值税销项税额

销项税额 =（75000 + 100000）× 16% = 28000（元）

借：在建工程 178000
贷：库存商品 50000
原材料 100000
应缴税费——应交增值税（销项税） 28000

（4）支付相关人员的工资等费用

借：在建工程 50000
贷：应付职工薪酬 50000

借：应付职工薪酬 50000
贷：库存现金 50000

（5）2018 年 7 月，工程完工，验收交付使用时

借：固定资产 454000
贷：在建工程 454000

（二）固定资产的大修理支出

固定资产的大修理支出

- 固定资产的大修理支出，是指同时符合下列两个条件的支出：一是修理支出达到取得固定资产时的计税基础50%以上；二是修理后固定资产的使用寿命延长2年以上
- 固定资产的大修理支出，需计入长期待摊费用，通过“长期待摊费用”科目核算，按照实际发生的大修理支出，借记“长期待摊费用”科目，贷记“银行存款”科目

（三）固定资产的日常维修费支出

固定资产的日常维修费，可作为费用化的后续支出，应当根据固定资产的受益对象计入相关资产成本或当期损益，依照实际发生额，借记“制造费用”“管理费用”等科目，贷记“银行存款”等科目。

链接实例 3-21 某公司将一辆小轿车委托汽车修理厂进行日常维修，支付修理费 800 元，已用银行存款支付。

解 会计处理如下。

借：管理费用 800
贷：银行存款 800

四、固定资产的处置

（一）固定资产处置概念

固定资产处置概念

- 固定资产处置，是指固定资产的出售、转让、报废或损毁、对外投资、非货币资产交换、债务重组等
- 对于处于处置状态的固定资产，因为其不再用于生产商品、提供劳务、出租或经营管理，不再符合资产的定义，应予终止确认

（二）固定资产处置的会计处理

固定资产的处置，应通过“固定资产清理”科目核算，其会计处理的环节和步骤见表 3-14。

表 3-14 固定资产处置的账务处理

业务情景	账务处理
固定资产转入清理	借：固定资产清理 　　累计折旧 　　贷：固定资产
支付清理费用	借：固定资产清理 　　贷：银行存款
固定资产处置收入处理	（1）变卖报废或损毁固定资产的残料时 借：银行存款等 　　贷：固定资产清理 　　　　应交税费——应交增值税（销项税） （2）出售设备时 借：银行存款等 　　贷：固定资产清理 　　　　应交税费——应交增值税（销项税） （3）出售房屋、建筑物等不动产时 借：银行存款等 　　贷：固定资产清理 借：固定资产清理 　　贷：应交税费——应交增值税（销项税）
固定资产清理损益结算	清理完后，应结出“固定资产清理”账户余额，并结转当期损益 借：营业外支出 　　贷：固定资产清理 或 借：固定资产清理 　　贷：营业外收入

表 3-14 是固定资产处置会计处理的一般情况。对于固定资产毁损的损失，根据相关规定应由保险公司或责任人赔偿的，需按照应收取的赔偿金额，借记“其他应收款”科目，贷记“固定资产清理”科目。

链接实例 3-22 某小企业有一台设备因使用期满，经批准报废，该设备原价为 93200 元，已计提累计折旧 88540 元。在清理过程中，支付清理费 2000 元，收到残料变卖收入 2700 元，应交增值税 432 元。

解 （1）固定资产转入清理

借：固定资产清理　　4660
　　累计折旧　　88540
　　贷：固定资产　　93200

（2）支付清理费

借：固定资产清理 2000

　贷：银行存款 2000

（3）变卖废旧材料

借：银行存款 3132

　贷：固定资产清理 2700

　　应交税费——应交增值税（销项税） 432

（4）结算清理损益

借：营业外支出 3960

　贷：固定资产清理 3960

（三）固定资产的盘亏处理

固定资产的盘亏处理

- 企业应当至少每年年末进行一次财产清查，对固定资产进行盘点。固定资产盘亏，是指固定资产账面数少于实存数
- 固定资产盘亏的处理方法不同于固定资产的处置，固定资产盘亏应通过“待处理财产损益”科目核算。固定资产盘亏损失，需计入当期损益，账务处理见表3-15

表 3-15 固定资产的盘亏处理

业务情景		账务处理
报经批准处理前		借：待处理财产损益——待处理固定资产损益 累计折旧 贷：固定资产
经批准处理后	确认应由责任人赔偿的金额	借：其他应收款 贷：待处理财产损益——待处理固定资产损益
	结出盘亏损失余额，转入当期损益	借：营业外支出——固定资产盘亏损失 贷：待处理财产损益——待处理固定资产损益

链接实例 3-23 某公司 2015 年年末，在财产清查中，发现少一台 2013 年购买的机器，该机器原价 104000 元，已计提累计折旧 70000 元。经查，其原因属于保管员失职造成的。经批准，由保管员赔偿 10000 元。

解 会计处理如下。

（1）批准处理前

借：待处理资产损益——待处理固定资产损益 34000

　累计折旧 70000

　贷：固定资产 104000

（2）批准处理后

借：其他应收款 10000

　贷：待处理资产损益——待处理固定资产损益 10000

借：营业外支出——固定资产盘亏损失 24000

　贷：待处理资产损益——待处理固定资产损益 24000

第四章　小企业负债和所有者权益的核算

04 Chapter

第一节　流动负债的核算

小企业流动负债，是指预计在 1 年内或者超过 1 年的一个正常营业周期内清偿的债务。小企业流动负债包括短期借款、应付及预收款项、应付职工薪酬、应交税费、应付利息等。

一、短期借款的核算

短期借款的核算

- 短期借款是指企业借入的期限在1年以下的各种人民币借款和外汇借款
- 进行短期借款核算，除了设置“短期借款”总账外，还需按债权人设置明细账，并根据借款种类进行明细核算

短期借款的账务处理见表 4-1。

表 4-1　短期借款的账务处理

业务情景		账务处理
短期借款取得	按取得金额入账	借：银行存款 　贷：短期借款
短期借款的利息	按照新准则的规定，不再进行预提，可直接根据利息通知单的数额计入当期损益	借：财务费用 　贷：银行存款
归还短期借款时	不论是按期支付利息，还是利息在到期时连同本金一起归还	借：短期借款（按偿付的本金数额） 　财务费用（按支付的利息） 　贷：银行存款（按偿还的本息和）

链接实例 4-1　2016 年 1 月 1 日，甲公司向银行借款 300000 元，年利率 5%，借期 6 个月，到期本息一次归还。

解　甲公司账务处理如下。

（1）取得银行借款时

借：银行存款　　300000

贷：短期借款——银行借款 300000

（2）7 月 1 日归还借款并支付利息时

借：短期借款——银行借款 300000

财务费用 7500

贷：银行存款 307500

二、应付票据的核算

应付票据一般是指企业因购货所开出、承兑的商业汇票。因为我国商业汇票的付款期限最长不能超过 6 个月，所以，把应付票据归于流动负债。为了核算应付票据的开出、结存情况，小企业应设置“应付票据”账户。

（一）不带息应付票据的账务处理

不带息应付票据，其面值就是票据的到期值，开出或偿付都按面值核算。不带息应付票据的账务处理见表 4-2。

表 4-2 不带息应付票据账务处理

<table>
<tr><th colspan="2">业务情景</th><th>账务处理</th></tr>
<tr><td colspan="2">企业因购买物资而开出商业汇票时</td><td>借：材料采购或相关科目
应交税费——应交增值税（进项税额）
贷：应付票据</td></tr>
<tr><td colspan="2">企业开出商业汇票抵付应付账款时</td><td>借：应付账款
贷：应付票据</td></tr>
<tr><td colspan="2">如果开出的是银行承兑汇票，还应支付银行承兑汇票的手续费</td><td>借：财务费用
贷：银行存款</td></tr>
<tr><td colspan="2">票据到期，收到银行付款通知时</td><td>借：应付票据
贷：银行存款</td></tr>
<tr><td rowspan="2">到期时，如果企业不能如期支付</td><td>商业承兑汇票</td><td>应将“应付票据”科目的账面余额，也就是票据面值转入“应付账款”科目
借：应付票据
贷：应付账款</td></tr>
<tr><td>银行承兑汇票</td><td>承兑银行仍然必须无条件向持票人付款，同时对出票人尚未支付的汇票金额转作逾期贷款处理，并收取利息。因此，在接到银行转来的“××号汇票无款支付转入逾期贷款户”等有关凭证时
借：应付票据（按应付票据的本息和）
贷：短期借款（按应付票据的本息和）
然后，企业对于银行计收的利息按短期借款利息的处理</td></tr>
</table>

链接实例 4-2 某企业开出为期 3 个月、面值为 351000 元的商业承兑汇票用来购买钢材，其中钢材买价为 300000 元，增值税金额为 48000 元。

解 （1）企业开出商业承兑汇票时

借：材料采购——钢材 300000

应交税费——应交增值税（进项税额） 48000

贷：应付票据 348000

（2）票据到期，企业支付票据面值时

借：应付票据 348000

贷：银行存款 348000

（二）带息应付票据

票据到期清偿时，其到期值为票据面值与利息之和。带息应付票据的账务处理见表4-3。

表4-3 带息应付票据账务处理

<table>
<tr><th colspan="2">业务情景</th><th>账务处理</th></tr>
<tr><td colspan="2">企业因购买物资开出承兑商业汇票时</td><td>借：材料采购
应交税费——应交增值税（进项税额）
贷：应付票据</td></tr>
<tr><td colspan="2">开出商业汇票抵付应付账款时</td><td>借：应付账款
贷：应付票据</td></tr>
<tr><td colspan="2">如果开出的是银行承兑汇票，还应支付手续费</td><td>借：财务费用
贷：银行存款</td></tr>
<tr><td colspan="2">期末，对尚未支付的应付票据计提利息时</td><td>借：财务费用
贷：应付票据</td></tr>
<tr><td colspan="2">带息票据到期清偿时</td><td>借：应付票据（按票据的账面余额）
财务费用（按尚未计提的利息）
贷：银行存款（按实际支付的金额）</td></tr>
<tr><td rowspan="2">到期时，如果企业不能如期支付</td><td>商业承兑汇票</td><td>将“应付票据”科目的账面余额（应是票据本息和，包括尚未计提的利息）转入“应付账款”科目
借：应付票据
贷：应付账款
应付票据转入应付账款科目后，期末不再计提利息</td></tr>
<tr><td>银行承兑汇票</td><td>与不带息应付票据的账务处理一样</td></tr>
</table>

链接实例4-3 某企业2018年5月1日购入原材料一批，已验收入库，该批材料的价款为500000元，增值税额为80000元。企业开出一张3个月的带息票据，年利率为8%。

解 （1）企业开出带息票据时

借：材料采购 500000

应交税费——应交增值税（进项税额） 80000

贷：应付票据 580000

（2）5月、6月、7月计提票据利息时

每月计提票据利息：580000×8%÷12≈3867（元）

借：财务费用 3867

贷：应付票据 3867

（3）8月1日，票据到期付款时

借：应付票据 591601（580000＋3867×3）

贷：银行存款 591601

三、应付账款的核算

应付账款是指企业因购买材料、商品或接受劳务供应等业务应支付给供应者的账款。应付账款是因为在购销活动中买卖双方取得物资与支付货款在时间上的不一致而产生的负债。企业的其他应付账款，包括应付赔偿款、应付租金、存入保证金等，不属于应付账款的核算内容。

（一）应付账款入账时间的确定

应付账款的入账时间，应和所购买物资所有权有关的风险和报酬已经转移或劳务已接受为标志。在现行企业会计制度对应付账款的入账时间有如下规定。

应付账款入账时间的确定

- 在货物与发票账单同时到达的情况下，应付账款通常待货物验收入库后，才按发票账单所记载的实际价款入账。这样，确认了所购货物的质量、品种以及数量是否与合同条款相符，可以避免因先入账而后发生再行调账的情况
- 在货物与发票账单非同时到达，并且两者间隔较长时间的情况下，应付账款的入账时间以收到发票账单为准。对于货到未付款的情况，因为该笔负债已经成立，月末编制资产负债表时，企业可将所购货物及应付债务暂估价入账，以便在月末编报的资产负债表中客观地反映企业所拥有的资产以及应承担的债务

（二）应付账款入账金额的确定

应付账款入账金额的确定

- 应付账款的入账金额通常按发票账单等凭证上记载的实际发生额登记入账；当购货附有现金折扣条件时，我国企业应付账款的入账金额通常采用总价法核算
- 在总价法下，应付账款发生时，直接按发票上的应付金额的总额记账
- 如果在折扣期内付款，所取得的现金折扣收入作为理财收益处理

（三）应付账款的核算

应付账款的核算

- 为了核算企业因购买材料、接受劳务等而应向供应方支付的款项，企业应当设置“应付账款”账户
- “应付账款”属于负债类账户，一般按供应单位设置明细账进行明细核算
- 企业应付账款的发生有两种情况，应分别根据不同情形给予不同的会计处理。具体见表4-4

表 4-4 应付账款的账务处理

<table>
<tr><th colspan="2">业务情景</th><th>账务处理</th></tr>
<tr><td colspan="2">采购的材料已入库，但货款尚未支付，则根据发票入账</td><td>借：原材料、库存商品（按实际应付金额）
应交税费——应交增值税（进项税额）
贷：应付账款</td></tr>
<tr><td rowspan="2">所购材料已到，但月终发票单据未到，货款尚未支付</td><td>月终暂估所购材料的成本和增值税</td><td>借：材料采购（按暂估价）
应交税费——应交增值税（进项税额）
贷：应付账款</td></tr>
<tr><td>下月初用红字予以冲销，待发票单据到达后再付款</td><td>借：材料采购（按实际支付额）
应交税费——应交增值税（进项税额）
贷：银行存款</td></tr>
</table>

链接实例 4-4 某小企业发生的应付账款业务如下。

解 （1）5 月 1 日，从甲公司购入一批材料，货款为 200000 元，增值税为 32000 元。材料已运达企业并已验收入库（公司材料采用实际成本计价核算），款项尚未支付。

① 应付账款发生时

借：原材料　200000

　　应交税费——应交增值税　32000

　　贷：应付账款——甲公司　232000

② 支付应付账款时

借：应付账款　232000

　　贷：银行存款　232000

（2）5 月 30 日，根据用电部门通知，该企业本月应支付的电费为 86000 元。其中生产车间电费 72000 元，管理部门电费 14000 元，款项尚未支付。

① 应付账款发生时

借：制造费用　72000

　　管理费用　14000

　　贷：应付账款——供电公司　86000

② 6 月 1 日，通过银行存款支付应付账款时

借：应付账款　86000

　　贷：银行存款　86000

（3）12 月 31 日，经企业调查取证，原欠乙公司的应付账款 50000 元，因乙公司的注销无法支付，予以转销。

借：应付账款　50000

　　贷：营业外收入　50000

四、应付职工薪酬的核算

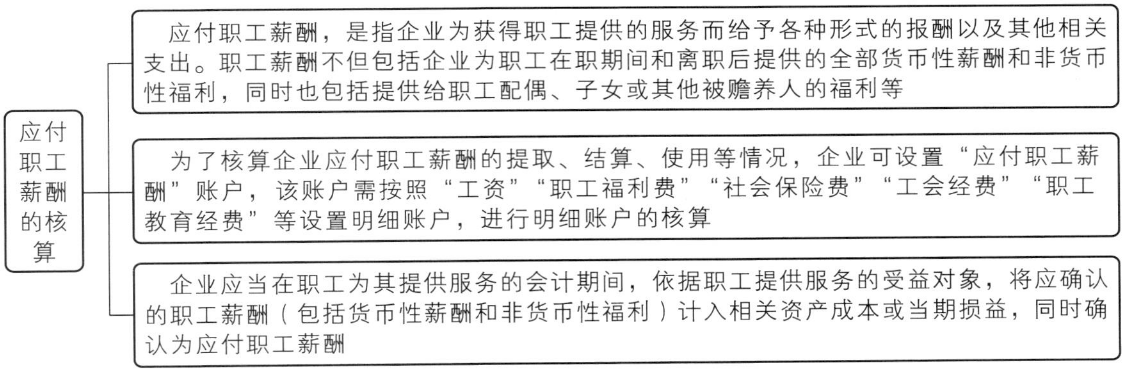

应付职工薪酬的核算

- 应付职工薪酬，是指企业为获得职工提供的服务而给予各种形式的报酬以及其他相关支出。职工薪酬不但包括企业为职工在职期间和离职后提供的全部货币性薪酬和非货币性福利，同时也包括提供给职工配偶、子女或其他被赡养人的福利等
- 为了核算企业应付职工薪酬的提取、结算、使用等情况，企业可设置“应付职工薪酬”账户，该账户需按照“工资”“职工福利费”“社会保险费”“工会经费”“职工教育经费”等设置明细账户，进行明细账户的核算
- 企业应当在职工为其提供服务的会计期间，依据职工提供服务的受益对象，将应确认的职工薪酬（包括货币性薪酬和非货币性福利）计入相关资产成本或当期损益，同时确认为应付职工薪酬

（一）货币性薪酬的核算

企业发生应付职工货币薪酬的主要账务处理见表 4-5。

表 4-5 应付职工货币薪酬的账务处理

业务情景	账务处理
生产部门人员的职工薪酬	借：生产成本、制造费用、劳务成本等 贷：应付职工薪酬
管理部门人员的职工薪酬	借：管理费用 贷：应付职工薪酬
销售人员的职工薪酬	借：销售费用 贷：应付职工薪酬
应由在建工程、研发支出负担的职工薪酬	借：在建工程、研发支出 贷：应付职工薪酬
当企业因解除与职工的劳工关系给予的补偿时	借：管理费用 贷：应付职工薪酬
外商投资企业按规定从净利润中提取的职工奖励及福利基金	借：利润分配——提取的职工奖励及福利基金 贷：应付职工薪酬
企业按照有关规定向职工支付工资、奖金、津贴等	借：应付职工薪酬——工资 贷：银行存款、库存现金
企业从应付职工薪酬中扣还的各种款项（代垫的家属药费、个人所得税等）	借：应付职工薪酬 贷：银行存款、库存现金、其他应收款、应交税费——应交个人所得税等
当企业支付工会经费和职工教育经费用于工会活动和职工培训时	借：应付职工薪酬 贷：银行存款

链接实例 4-5 2016 年 3 月 30 日，某小企业到银行提取现金 150000 元，准备发放这个月工资。月底时分配本月应付职工薪酬并计提福利费，其中生产工人工资 80000 元，车间管理人员工资 40000 元，在建工程人员工资 20000 元，支付退休人员退休费 10000 元。

解 编制会计分录如下。

（1）从银行提现发放工资时

借：库存现金 150000

  贷：银行存款 150000

（2）发放职工工资时

借：生产成本 80000

  制造费用 40000

  在建工程 20000

  贷：应付职工薪酬——工资 140000

借：应付职工薪酬——工资 140000

  贷：库存现金 140000

（3）支付退休人员工资时

借：管理费用——工资　　10000
　　贷：库存现金　　10000

（二）非货币性职工薪酬的核算

企业非货币性职工薪酬的账务处理见表 4-6。

表 4-6 非货币性职工薪酬的账务处理

业务情景	账务处理
以其自产产品发放给职工作为职工薪酬时	借：管理费用、生产成本、制造费用等 贷：应付职工薪酬
当企业无偿向职工提供住房等固定资产使用时，按应计提的折旧额时	借：管理费用、生产成本、制造费用等科目 贷：应付职工薪酬
	借：应付职工薪酬 贷：累计折旧
当企业租赁住房等资产供职工无偿使用时，按每期应支付的租金	借：管理费用、生产成本、制造费用 贷：应付职工薪酬

无法认定受益对象的非货币性福利，直接计入当期损益。

链接实例 4-6 2016 年 3 月，某公司经过公司领导层的开会议定，决定给生产部门副经理以上的职工每人提供一辆汽车免费使用，生产部副经理以上职工共有 8 人。按汽车购买价格的估计，决定以每辆汽车每月计提的折旧为 800 元。同时，该企业给高新聘请的手机研发技术人员租赁住房一套，每月租金为 4800 元。

解 针对这两项非货币性职工薪酬发放，编制会计分录如下。

（1）给员工提供汽车时的会计处理

借：管理费用　　6400
　　贷：应付职工薪酬——非货币性福利　　6400

（2）给技术人员租赁房屋时的会计处理

借：管理费用　　4800
　　贷：应付职工薪酬——非货币性福利　　4800

五、预收账款的核算

预收账款的核算

- 预收账款是指企业按照合同规定向购货单位或劳务接受单位预先收取的款项，如收到销货订单时存入的保证金或定金、预收的租金或利息等。尽管企业已收到这些款项，但由于企业并未实际提供有关商品或劳务，所以不能确认为收入，而是作为一项负债在资产负债表中列支
- 如果企业的预收货款业务不多时，可以不通过“预收账款”科目核算，而直接通过“应收账款”科目核算

预收账款的账务处理见表 4-7。

表 4-7 预收账款的账务处理

业务情景	账务处理
收到购货单位预付的购货款时	借：银行存款 　贷：预收账款
交付商品并能确认收入时	借：预收账款 　贷：主营业务收入 　　应交税费——应交增值税（销项税额）
购货方预付货款不足、收到其补付的货款时	借：银行存款 　贷：预收账款
退回购货方剩余预付款时	借：预收账款 　贷：银行存款

链接实例 4-7 某企业按购货合同的规定预收购货单位货款 80000 元，产品完工后对方再补付货款 20000 元，增值税率 16%。

解 （1）收到预付货款时

借：银行存款　80000

　贷：预收账款　80000

（2）产品完工，实现销售收入时

借：预收账款　80000

　银行存款　36000

　贷：主营业务收入　100000

　　应交税费——应交增值税（销项税额）　16000

六、应交税费的核算

（一）应交增值税的核算

应交增值税的核算

- 增值税的纳税人是在我国境内销售货物、进口货物，或提供加工、修理修配劳务以及应税行为（销售服务、无形资产或者不动产）的单位和个人
- 企业购入货物或接受应税劳务支付的增值税（进项税额），可以从销售货物或提供劳务按规定收取的增值税（销项税额）中抵扣。准予从销项税额中抵扣的进项税额一般包括：从销售方取得的增值税专用发票上注明的增值税额；从海关取得的完税凭证上注明的增值税额

1. 一般纳税企业的核算

（1）采购物资和接受应税劳务

采购物资和接受应税劳务

- 企业购入免征增值税货物，通常不能够抵扣增值税销项税额。但是对于购入的免税农产品，可以按照买价及规定的扣除率计算进项税额，并准予从企业的销项税额中抵扣
- 企业购进固定资产所支付的不可抵扣的增值税额，需计入固定资产的成本；企业购进的货物用于非应税项目，其所支付的增值税额应计入购入货物的成本

采购物资和接受应税劳务的账务处理见表 4-8。

表 4-8 采购物资和接受应税劳务的账务处理

业务情景		账务处理
采购物资或接受应税劳务	采购成本或加工、修理修配等	借：材料采购、在途物资、原材料、库存商品 或 生产成本、制造费用、委托加工物资、管理费用 贷：应付账款、应付票据、银行存款
	可抵扣的增值税税额	借：应交税费——应交增值税（进项税额） 贷：应付账款、应付票据、银行存款
免税农产品	计算进项税额	借：应交税费——应交增值税（进项税额） 贷：应付账款、银行存款
	计算进项税额后差额	借：材料采购、原材料、库存商品 贷：应付账款、银行存款

链接实例 4-8 某小企业购入原材料一批，增值税专用发票上注明货款 40000 元，增值税额 6400 元，货物尚未到达，货款和进项税款已用银行存款支付。该企业采用计划成本对原材料进行核算。

解 该公司的有关会计分录如下。

借：材料采购 40000
　　应交税费——应交增值税（进项税额） 6400
　　贷：银行存款 46400

链接实例 4-9 某小企业购入一批免税农产品，价款 200000 元，规定的扣除率为 8%，货物尚未到达，货款已用银行存款支付。

解 该公司的有关会计分录如下。

借：材料采购 184000
　　应交税费——应交增值税（进项税额） 16000
　　贷：银行存款 200000

进项税额 = 购买价款 × 扣除率 = 200000 × 8% = 16000（元）

链接实例 4-10 某小企业购入一台不需要安装的设备，价款及运输保险等费用合计 200000 元，增值税专用发票上注明的增值税额 32000 元，款项尚未支付。

解 该企业的有关会计分录如下。

借：固定资产 232000
　　贷：应付账款 232000

本例中，企业购进固定资产所支付的增值税额 32000 元，应计入固定资产的成本。

链接实例 4-11 某小企业购入基建工程所用物资一批，价款及运输保险等费用合计 30000 元，增值税专用发票上注明的增值税额 4800 元，物资已验收入库，款项尚未支付。

解 该企业的有关会计分录如下。

借：工程物资 34800
　　贷：应付账款 34800

本例中，企业购进的货物用于非应税项目所支付的增值税额4800元，应计入购入货物的成本。

链接实例4-12 甲企业生产车间委托乙企业修理机器设备，对方开来的专用发票上注明修理费用40000元，增值税额6400元，款项已用银行存款支付。

解 甲企业的有关会计分录如下。

借：制造费用　40000

应交税费——应交增值税（进项税额）　6400

贷：银行存款　46400

（2）进项税额转出

进项税额转出：

- 企业购进的货物发生非常损失，以及将购进货物改变用途（如用于非应税项目、集体福利或个人消费等），其进项税额可通过“应交税费——应交增值税（进项税额转出）”科目转入有关科目；属于转作待处理财产损溢的进项税额，应和遭受非常损失的购进货物、在产品或库存商品的成本一并处理
- 购进货物改变用途一般是指购进的货物在没有经过任何加工的情况下，对内改变用途的行为，如在建工程领用原材料、企业下属医务室等福利部门领用原材料等

进项税额转出的账务处理见表4-9。

表4-9 进项税额转出的账务处理

业务情景	账务处理
进项税额直接计入材料等的成本	借：材料采购 在途物资 贷：银行存款
不得从增值税销项税额中抵扣的进项税额	借：待处理财产损溢 贷：应交税费［应交增值税（进项税额转出）］
由于工程而使用本企业的产品或商品	借：在建工程（按照成本） 贷：库存商品 同时 借：在建工程（按照税法规定应交纳的增值税销项税额） 贷：应交税费［应交增值税（销项税额）］

链接实例4-13 某小企业库存材料因意外火灾毁损一批，有关增值税专用发票确认的成本为50000元，增值税额8000元。

解 该小企业的有关会计分录如下。

借：待处理财产损溢——待处理流动资产损溢　58000

贷：原材料　50000

应交税费——应交增值税（进项税额转出）　8000

链接实例4-14 某小企业因火灾毁损库存商品一批，其实际成本10000元，经确认损失外购材料的增值税1600元。

解 该企业的有关会计分录如下。

借：待处理财产损溢——待处理流动资产损溢　11600

贷：库存商品 10000

应交税费——应交增值税（进项税额转出） 1600

链接实例 4-15 某小企业建造厂房领用生产用原材料 30000 元，原材料购入时支付的增值税为 4800 元。

解 该小企业的有关会计分录如下。

借：在建工程 34800

贷：原材料 30000

应交税费——应交增值税（进项税额转出） 4800

链接实例 4-16 某公司所属的职工医院维修领用原材料 80000 元，其购入时支付的增值税为 12800 元。

解 该公司的有关会计分录如下。

借：应付职工薪酬——职工福利 92800

贷：原材料 80000

应交税费——应交增值税（进项税额转出） 12800

（3）销售物资或者提供应税劳务

销售物资或者提供应税劳务

- 企业销售货物或提供应税劳务，按照营业收入和应收取的增值税税额，借记“应收账款”“应收票据”“银行存款”等科目，按照专用发票上注明的增值税税额。发生销售退回的，做相反的会计分录
- 企业将自产、委托加工或购买的货物分配给股东，应当参照企业销售物资或者提供应税劳务进行会计处理

销售物资或者提供应税劳务的账务处理见表 4-10。

表 4-10 销售物资或者提供应税劳务的账务处理

业务情景	账务处理
销售商品	借：应收账款、银行存款（按照收入金额和应收取的增值税销项税额） 贷：应交税费［应交增值税（销项税额）］（按照税法规定应交纳的增值税销项税额） 主营业务收入、其他业务收入（按照确认的营业收入金额） 发生销售退回的，做相反的会计分录
随同商品出售但单独计价的包装物	借：银行存款、应收账款（按照实际收到或应收的金额） 贷：应交税费［应交增值税（销项税额）］（按照税法规定应交纳的增值税销项税额） 其他业务收入（按照确认的其他业务收入金额）

链接实例 4-17 某小企业销售一批产品，价款 200000 元，按规定应收取增值税额 32000 元，提货单和增值税专用发票已交给买方，款项尚未收到。

解 该小企业的有关会计分录如下。

借：应收账款 232000

贷：主营业务收入 200000

应交税费——应交增值税（销项税额） 32000

链接实例 4-18 A 厂为 B 公司代加工电脑桌 500 个，每个收取加工费 120 元，适用的增值税税率为 16%。加工完成，款项已收到并存入银行。

解 A 厂的有关会计分录如下。

借：银行存款 69600

贷：主营业务收入 60000

应交税费——应交增值税（销项税额） 9600

（4）视同销售行为

视同销售行为
- 企业的有些交易和事项从会计角度看不属于销售行为，不能确认销售收入，但是按照税法规定，应视同对外销售处理，计算应交增值税
- 视同销售需要交纳增值税的事项，例如企业将自产或委托加工的货物用于非应税项目、集体福利或个人消费，将自产、委托加工或购买的货物作为投资、分配给股东或投资者、无偿赠送他人等

视同销售行为的账务处理见表 4-11。

表 4-11 视同销售行为的账务处理

业务情景	账务处理
自产的产品等用作福利发放给职工	借：应付职工薪酬 贷：主营业务收入、应交税费［应交增值税（销项税额）］

链接实例 4-19 某小企业将自己生产的产品用于自行建造职工俱乐部。该批产品的成本为 500000 元，计税价格为 600000 元。增值税税率为 16%。

解 该企业的有关会计分录如下。

借：在建工程 596000

贷：库存商品 500000

应交税费——应交增值税（销项税额） 96000

企业在建工程领用自己生产的产品的销项税额 = 600000 × 16% = 96000（元）

（5）出口退税和交纳增值税

出口退税和交纳增值税
- 出口退税。企业出口产品按规定退税的，按应收的出口退税额
- 交纳增值税。“应交税费——应交增值税”科目的贷方余额，表示企业应交纳的增值税

出口退税的账务处理见表 4-12。

表 4-12 出口退税的账务处理

业务情景	账务处理
实行“免、抵、退”管理办法	借：主营业务成本（按照税法规定计算的当期出口产品不予免征、抵扣和退税的增值税额） 应交税费［应交增值税（出口抵减内销产品应纳税额）］（按照税法规定计算的当期应予抵扣的增值税额） 其他应收款（按照税法规定应予退回的增值税款） 贷：应交税费［应交增值税（进项税额转出）］ 应交税费［应交增值税（出口退税）］

续表

业务情景	账务处理
未实行“免、抵、退”管理办法	借：应收账款（按照应收的金额） 其他应收款（按照税法规定应收的出口退税） 借：主营业务成本（按照税法规定不予退回的增值税额） 贷：主营业务收入（按照确认的销售商品收入） 应交税费[应交增值税（销项税额）]（按照税法规定应交纳的增值税额）

链接实例 4-20 某企业以银行存款交纳本月增值税 8000 元。

解 该企业的有关会计分录如下。

借：应交税费——应交增值税（已交税金） 8000

贷：银行存款 8000

链接实例 4-21 某企业本月发生销项税额合计 76990 元，进项税额转出 43162 元，进项税额 37521 元，已交增值税 50000 元。

解 该企业本月“应交税费——应交增值税”科目的余额为 = 76990 + 43162 − 37521 − 50000 = 32631（元）

该金额在贷方，表示企业尚应交纳增值税 32631 元。

2. 小规模纳税企业的核算

小规模纳税企业的核算

- 小规模纳税企业应当按照不含税销售额和规定的增值税征收率计算交纳增值税，销售货物或提供应税劳务时只能开具普通发票，不能开具增值税专用发票
- 小规模纳税企业不享有进项税额的抵扣权，其购进货物或接受应税劳务支付的增值税直接计入有关货物或劳务的成本。故而小规模纳税企业只需在“应交税费”科目下设置“应交增值税”明细科目，无需在“应交增值税”明细科目中设置专栏，“应交税费——应交增值税”科目贷方登记应交纳的增值税，借方登记已经交纳的增值税；期末贷方余额为尚应交纳的增值税，借方余额为多交纳的增值税
- 小规模纳税企业购进货物和接受应税劳务时支付的增值税，直接计入有关货物及劳务的成本，借记“材料采购”“在途物资”等科目，贷记“应交税费——应交增值税”科目

链接实例 4-22 某小企业购入一批材料，取得的专用发票中注明货款 100000 元，增值税 16000 元，款项以银行存款支付，材料已验收入库（该企业按实际成本计价核算）。

解 该企业的有关会计分录如下。

借：原材料 116000

贷：银行存款 116000

本例中，小规模纳税企业购进货物时支付的增值税 16000 元，直接计入有关货物和劳务的成本。

链接实例 4-23 某小企业销售一批产品，所开出的普通发票中注明的货款（含税）为 42400 元，增值税征收率为 6%，款项已存入银行。

解 该企业的有关会计分录如下。

借：银行存款 42400

贷：主营业务收入 40000

应交税费——应交增值税 2400

不含税销售额 = 含税销售额 ÷（1 + 征收率）= 42400 ÷（1 + 6%）= 40000（元）

应纳增值税 = 不含税销售额 × 征收率 = 40000 × 6% = 2400（元）

链接实例 4-24 沿用【链接实例 4-23】的条件。该小规模纳税企业月末以银行存款上交增值税 2400 元。

解 有关会计处理如下。

借：应交税费——应交增值税 2400

贷：银行存款 2400

（二）应交消费税的核算

应交消费税的核算
- 消费税是指在我国境内生产、委托加工和进口应税消费品的单位和个人，按其流转额交纳的一种税
- 消费税有从价定率和从量定额两种征收方法
- 采取从价定率方法征收的消费税，以不含增值税的销售额为税基，按照税法规定的税率计算。企业的销售收入包含增值税的，应将其换算为不含增值税的销售额
- 采取从量定额计征的消费税，根据按税法确定的企业应税消费品的数量和单位应税消费品应缴纳的消费税计算确定

应交消费税的账务处理见表 4-13。

表 4-13 应交消费税的账务处理

业务情景		账务处理
销售需要交纳消费税的物资		借：营业税金及附加 贷：应交税费（应交消费税）
以生产的产品用于在建工程、非生产机构等		借：在建工程、管理费用（按照税法规定应交纳的消费税） 贷：应交税费（应交消费税）
随同商品出售但单独计价的包装物		借：营业税金及附加（按照税法规定应交纳的消费税） 贷：应交税费（应交消费税）
出租、出借包装物逾期未收回没收的押金		借：营业税金及附加 贷：应交税费（应交消费税）
需要交纳消费税的委托加工物资	小企业（受托方）	借：应收账款、银行存款（按照应交税款金额） 贷：应交税费（应交消费税）
	委托加工物资收回后直接用于销售的	借：库存商品 贷：应付账款、银行存款
	委托加工物资收回后用于连续生产	借：应交税费（应交消费税）（按照代收代缴的消费税） 贷：应付账款、银行存款

续表

业务情景		账务处理
金银首饰业务	零售业务及以旧换新	借：营业税金及附加（按照应交的消费税） 　　贷：应交税费（应交消费税）
	受托代销金银首饰	借：营业税金及附加（按照税法规定应交纳的消费税） 　　贷：应交税费（应交消费税）
	其他方式代销金银首饰的	借：营业税金及附加 　　贷：应交税费（应交消费税）
	用于馈赠、赞助、广告、职工福利等	借：营业外支出、销售费用、应付职工薪酬（按照应交的消费税） 　　贷：应交税费（应交消费税）
	随同金银首饰出售但单独计价的包装物	借：营业税金及附加（按照税法规定应交纳的消费税） 　　贷：应交税费（应交消费税）
	加工或翻新	借：营业税金及附加 　　贷：应交税费（应交消费税）
需要交纳消费税的进口物资		借：材料采购或在途物资、库存商品、固定资产 　　贷：银行存款
交纳的消费税		借：应交税费（应交消费税） 　　贷：银行存款

链接实例 4-25 某企业销售所生产的化妆品，价款 300000 元（不含增值税），适用的消费税税率为 30%。

解 该公司的有关会计分录如下。

借：营业税金及附加　　90000

　　贷：应交税费——应交消费税　　90000

应交消费税额 = 300000 × 30% = 90000（元）

链接实例 4-26 某企业在建工程领用自产柴油 10000 元，应纳增值税 1600 元，应纳消费税 1200 元。

解 该企业的有关会计分录如下。

借：在建工程　　12800

　　贷：库存商品　　10000

　　　　应交税费——应交增值税（销项税额）　　1600

　　　　　　　　——应交消费税　　1200

本例中，企业将生产的应税消费品用于在建工程等非生产机构时，按规定应交纳的消费税 1200 元应记入“在建工程”科目。

链接实例 4-27 某企业下设的职工食堂享受企业提供的补贴，本月领用自产产品一批，该产品的账面价值 80000 元，市场价格 120000 元（不含增值税），适用的消费税税率为

10%，增值税税率为16%。

解 该企业的有关会计分录如下。

借：应付职工薪酬——职工福利　　111200

　　贷：库存商品　　80000

　　　　应交税费——应交增值税（销项税额）　　19200

　　　　　　　　——应交消费税　　12000

应计入“应付职工薪酬——职工福利”科目的金额＝80000＋120000×16%＋120000×10%＝111200（元）。

链接实例4-28 甲公司委托乙公司代为加工一批应交消费税的材料（非金银首饰）。甲公司的材料成本为200000元，加工费为40000元，由乙公司代收代交的消费税为16000元（不考虑增值税）。材料已经加工完成，并由甲公司收回验收入库，加工费尚未支付。

解 甲公司采用实际成本法进行原材料的核算。

（1）如果甲公司收回的委托加工物资用于继续生产应税消费品，甲公司的有关会计分录如下。

借：委托加工物资　　200000

　　贷：原材料　　200000

借：委托加工物资　　40000

　　应交税费——应交消费税　　16000

　　贷：应付账款　　56000

借：原材料　　240000

　　贷：委托加工物资　　240000

（2）如果甲公司收回的委托加工物资直接用于对外销售，甲公司的有关会计处理如下。

借：委托加工物资　　200000

　　贷：原材料　　200000

借：委托加工物资　　56000

　　贷：应付账款　　56000

借：原材料　　256000

　　贷：委托加工物资　　256000

（3）乙公司对应收取的受托加工代收代交消费税的会计处理如下。

借：应收账款　　16000

　　贷：应交税费——应交消费税　　16000

（4）进口应税消费品。企业进口应税物资在进口环节应交的消费税，计入该项物资的成本，借记“材料采购”“固定资产”等科目，贷记“银行存款”科目。

链接实例4-29 某公司从国外进口一批需要交纳消费税的商品，商品价值500000元，进口环节需要交纳的消费税为100000元（不考虑增值税），采购的商品已经验收入库，货款尚未支付，税款已经用银行存款支付。

解 该公司的有关会计分录如下。

借：库存商品　　600000

　　贷：应付账款　　500000

　　　　银行存款　　100000

本例中，企业进口应税物资在进口环节应交的消费税 100000 元，应计入该项物资的成本。

（三）应交城市维护建设税和教育费附加的核算

应交城市维护建设税和教育费附加的核算

城市维护建设税是以增值税、消费税为计税依据征收的一种税。其纳税人为交纳增值税、消费税的单位及个人，税率因纳税人所在地不同从 1%～7% 不等。公式为

应纳税额=（应交增值税+应交消费税）×适用税率

教育费附加是为了发展教育事业而向企业征收的附加费用，企业按应交流转税的一定比例计算交纳

应交城市维护建设税和教育费附加的账务处理见表 4-14。

表 4-14 应交城市维护建设税和教育费附加的账务处理

业务情景	账务处理
应交的城市维护建设税、教育费附加	借：营业税金及附加 贷：应交税费（应交城市维护建设税、应交教育费附加）
交纳的城市维护建设税和教育费附加	借：应交税费（应交城市维护建设税、应交教育费附加） 贷：银行存款

链接实例 4-30 某企业本期实际应上交增值税 100000 元，消费税 60250 元。该企业适用的城市维护建设税税率为 7%。

解 该企业的有关会计处理如下。

（1）计算应交的城市维护建设税

借：营业税金及附加 11218

贷：应交税费——应交城市维护建设税 11218

应交的城市维护建设税 =（100000 + 60250）× 7% = 11218（元）

（2）用银行存款上交城市维护建设税

借：应交税费——应交城市维护建设税 11218

贷：银行存款 11218

链接实例 4-31 某企业按税法规定计算，2015 年度第 4 季度应交纳教育费附加 180000 元。款项已经用银行存款支付。

解 该企业的有关会计处理如下。

借：营业税金及附加 180000

贷：应交税费——应交教育费附加 180000

借：应交税费——应交教育费附加 180000

贷：银行存款 180000

（四）应交企业所得税的核算

应交企业所得税的账务处理见表 4-15。

表 4-15 应交企业所得税的账务处理

业务情景	账务处理
应交的企业所得税	借：所得税费用 　　贷：应交税费（应交企业所得税）
交纳的企业所得税	借：应交税费（应交企业所得税） 　　贷：银行存款

（五）应交资源税的核算

应交资源税的核算
- 资源税是对在我国境内开采矿产品或者生产盐的单位和个人征收的税
- 资源税按照应税产品的课税数量和规定的单位税额计算
- 开采或生产应税产品对外销售的，以销售数量为课税数量；开采或生产应税产品自用的，以自用数量为课税数量

应交资源税的账务处理见表 4-16。

表 4-16 应交资源税的账务处理

业务情景		账务处理
小企业销售商品		借：营业税金及附加（按照税法规定应交纳的资源税） 　　贷：应交税费（应交资源税）
自产自用的物资应交纳的资源税		借：生产成本 　　贷：应交税费（应交资源税）
收购未税矿产品		借：材料采购或在途物资（按照实际支付的价款） 　　贷：银行存款 借：材料采购或在途物资（按照代扣代缴的资源税） 　　贷：应交税费（应交资源税）
生产盐的账务处理	外购液体盐加工固体盐	借：应交税费（应交资源税）（按照税法规定所允许抵扣的资源税） 　　材料采购或在途物资、原材料（按照购买价款减去允许抵押资源税后的金额） 　　贷：银行存款、应付账款（按照应支付的购买价款）
	加工成固体盐后销售	借：营业税金及附加（按照销售固体盐应交纳的资源税） 　　贷：应交税费（应交资源税）
	销售固体盐应交资源税抵扣液体盐已交资源税后的差额上交时	借：应交税费（应交资源税） 　　贷：银行存款
交纳的资源税		借：应交税费（应交资源税） 　　贷：银行存款

链接实例 4-32 某企业对外销售某种资源税应税矿产 3000 吨，每吨应交资源税 5 元。

解 该企业的有关会计分录如下。

借：营业税金及附加　　15000

　　贷：应交税费——应交资源税　　15000

企业对外销售应税产品而应交的资源税 = 3000 × 5 = 15000（元）

链接实例 4-33 某企业将自产的资源税应税矿产品 1000 吨用于企业的产品生产，每吨应交资源税 5 元。

解 该企业的有关会计分录如下。

借：生产成本　　5000

　　贷：应交税费——应交资源税　　5000

企业自产自用应税矿产品而应交纳的资源税 = 1000 × 5 = 5000（元）

（六）应交土地增值税的核算

应交土地增值税的核算：

- 土地增值税是指在我国境内有偿转让土地使用权及地上建筑物和其他附着物产权的单位和个人，就其土地增值额征收的一种税
- 土地增值额是指转让收入减去规定扣除项目金额后的余额
- 转让收入包括货币收入、实物收入和其他收入
- 扣除项目主要包括取得土地使用权所支付的金额、开发土地的费用、新建及配套设施的成本、旧房及建筑物的评估价格等

应交土地增值税的账务处理见表 4-17。

表 4-17 应交土地增值税的账务处理

业务情景		账务处理
转让土地使用权应交纳的土地增值税	土地使用权与地上建筑物及其附着物一并在“固定资产”科目核算	借：固定资产清理 贷：应交税费（应交土地增值税）
	土地使用权在“无形资产”科目核算	借：银行存款（按照实际收到的金额） 累计摊销（按照已计提的累计摊销） 借：营业外支出——非流动资产处置净损失（按照其差额） 贷：应交税费（应交土地增值税）（按照应交纳的土地增值税） 无形资产（按照其成本） 营业外收入——非流动资产处置净收益（按照其差额）
销售房地产应交纳的土地增值税		借：营业税金及附加 贷：应交税费（应交土地增值税）
交纳的土地增值税		借：应交税费（应交土地增值税） 贷：银行存款

链接实例 4-34 某企业对外转让一栋厂房，根据税法规定计算的应交土地增值税为34000元。

解 有关会计处理如下。

（1）计算应交纳的土地增值税

借：固定资产清理　　34000

　　贷：应交税费——应交土地增值税　　34000

（2）企业用银行存款交纳应交土地增值税税款

借：应交税费——应交土地增值税　　34000

　　贷：银行存款　　34000

（七）应交城镇土地使用税、房产税、车船税、矿产资源补偿费、排污费的核算

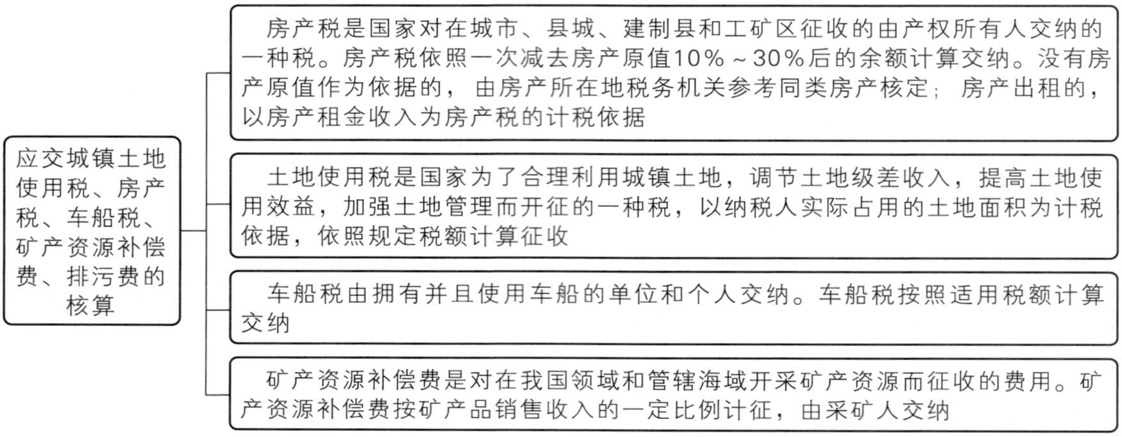

应交城镇土地使用税、房产税、车船税、矿产资源补偿费、排污费的核算

- 房产税是国家对在城市、县城、建制县和工矿区征收的由产权所有人交纳的一种税。房产税依照一次减去房产原值10%～30%后的余额计算交纳。没有房产原值作为依据的，由房产所在地税务机关参考同类房产核定；房产出租的，以房产租金收入为房产税的计税依据
- 土地使用税是国家为了合理利用城镇土地，调节土地级差收入，提高土地使用效益，加强土地管理而开征的一种税，以纳税人实际占用的土地面积为计税依据，依照规定税额计算征收
- 车船税由拥有并且使用车船的单位和个人交纳。车船税按照适用税额计算交纳
- 矿产资源补偿费是对在我国领域和管辖海域开采矿产资源而征收的费用。矿产资源补偿费按矿产品销售收入的一定比例计征，由采矿人交纳

应交城镇土地使用税、房产税、车船税、矿产资源补偿费、排污费的账务处理见表4-18。

表 4-18 应交城镇土地使用税、房产税、车船税、矿产资源补偿费、排污费的账务处理

业务情景	账务处理
应交纳的城镇土地使用税、房产税、车船税、矿产资源补偿费、排污费	借：营业税金及附加 　　贷：应交税费（应交城镇土地使用税、应交房产税、应交车船税、应交矿产资源补偿费、应交排污费）
交纳的城镇土地使用税、房产税、车船税、矿产资源补偿费、排污费	借：应交税费（应交城镇土地使用税、应交房产税、应交车船税、应交矿产资源补偿费、应交排污费） 　　贷：银行存款

（八）应交个人所得税的核算

应交个人所得税的账务处理见表4-19。

表 4-19 应交个人所得税的账务处理

业务情景	账务处理
应代扣代缴的职工个人所得税	借：应付职工薪酬 　　贷：应交税费（应交个人所得税）

续表

业务情景	账务处理
交纳的个人所得税	借：应交税费（应交个人所得税） 贷：银行存款
企业所得税、增值税、消费税等先征后返的	借：银行存款 贷：营业外收入

链接实例 4-35 某企业结算本月应付职工工资总额 50000 元，代扣职工个人所得税共计 500 元，实发工资 49500 元。

解 该企业与应交个人所得税有关的会计分录如下。

借：应付职工薪酬——工资 500

贷：应交税费——应交个人所得税 500

本例中，企业按规定计算的代扣代交的职工个人所得税 500 元，应计入“应付职工薪酬”科目。

七、应付利息的核算

小企业从银行等金融机构取得贷款等应支付的利息，一般通过设置“应付利息”科目进行核算。小企业通过企业间拆借或向投资者等个人借款的利息，不通过该科目核算。

应付利息的核算

- 小企业应设置“应付利息”科目核算小企业按合同约定应支付给银行机构的利息费用。“应付利息”科目期末贷方余额反映小企业应付未付的利息费用
- “应付利息”科目应按照贷款人等进行明细核算

应付利息的账务处理见表 4-20。

表 4-20 应付利息的账务处理

业务情景		账务处理
应付利息日、计提借款利息时	取得的流动资金借款利息	借：财务费用（按照合同利率计算确定的利息费用） 贷：应付利息
	企业取得的用于长期资产建设的贷款利息	借：在建工程、研发支出、制造费用等 贷：应付利息
实际支付利息时		借：应付利息 贷：银行存款

链接实例 4-36 某公司由于生产经营的需要，2016 年 3 月 1 日向银行借入 6 个月期限、年利率为 6.3%、按月付息到期还本付息的借款 800000 元。

解 该公司的有关会计处理如下。

（1）3 月末计算确定利息费用时的账务处理

借：财务费用 4200（800000×6.3%/12）

贷：应付利息 4200

（2）4 月初实际支付利息时的账务处理

借：应付利息 4200

贷：银行存款 4200

以后月份利息计算与支付同上。

链接实例 4-37 某公司准备扩大企业规模，利用厂区空地构筑 300m^2 的厂房，2016 年 9 月 1 日向银行借入 2 年期、年利率为 6.6%的银行借款 2000000 元，合同规定，该公司要按季付息，到期还本结息。2017 年 11 月末，厂房建设完工，交付使用。

解 该公司会计处理如下。

（1）2016 年 9 月末计算并支付利息费用时

借：在建工程——厂房 11000

贷：银行存款 11000

（2）2016 年 10 月、11 月末计算利息费用时

借：在建工程——厂房 11000

贷：应付利息 11000

（3）2016 年 12 月末计算并支付利息费用时

借：在建工程——厂房 11000

应付利息 22000

贷：银行存款 33000

（4）2017 年 1～11 月份利息的处理与上同

（5）2017 年 12 月计算并支付利息时

借：财务费用 11000

应付利息 22000

贷：银行存款 33000

（6）2018 年 1～8 月的利息费用，均计入“财务费用”

八、应付利润的核算

应付利润的核算

- 小企业应设置“应付利润”科目核算小企业向投资者分配的利润。“应付利润”科目期末贷方余额反映小企业应付未付的利润
- “应付利润”科目应按照投资者进行明细核算

应付利润的账务处理见表 4-21。

表 4-21 应付利润的账务处理

业务情景	账务处理
应分配给投资者的利润	借：利润分配 贷：应付利润
向投资者实际支付利润	借：应付利润 贷：库存现金、银行存款

链接实例 4-38 2016 年度某公司实现净利润 300000 元，2017 年 2 月经过董事会批准，决定分配 2016 年度股利 150000 元，2017 年 3 月该公司用银行存款支付股利。

解 该公司有关会计处理如下。

借：利润分配——应付现金股利或利润 150000

贷：应付股利 150000

借：应付股利 150000

贷：银行存款 150000

九、其他应付款的核算

其他应付款的核算：

- 小企业应设置“其他应付款”科目核算。小企业除应付账款、预收账款、应付职工薪酬、应交税费、应付利息、应付利润等以外的其他各项应付、暂收的款项，如应付租入固定资产及包装物的租金、存入保证金等。“其他应付款”科目期末贷方余额反映小企业应付未付的其他应付款项
- “其他应付款”科目应按照其他应付款的项目和对方单位（或个人）进行明细核算

其他应付款的账务处理见表 4-22。

表 4-22 其他应付款的账务处理

业务情景	账务处理
其他各种应付、暂收款项	借：管理费用 贷：其他应付款
支付的其他各种应付、暂收款项	借：其他应付款 贷：银行存款
无法支付的其他应付款	借：其他应付款 贷：营业外收入

链接实例 4-39 某公司从 2016 年 1 月 1 日起，以经营租赁方式租入一批生产用机械设备，每月租金 10000 元，按季支付。3 月 31 日，该公司以银行存款支付应付租金。

解 该公司的有关会计处理如下。

（1）1 月 31 日计提应付经营租入固定资产租金

借：制造费用 10000

贷：其他应付款 10000

2 月底计提应付经营租入固定资产租金的会计处理同上。

（2）3 月 31 日支付租金

借：其他应付款 20000

制造费用 10000

贷：银行存款 30000

第二节　非流动负债的核算

一、长期借款的核算

长期借款的核算

- 长期借款是指企业向银行或其他经营机构借入的期限在一年以上（不含一年）的各种借款。长期借款通常用于固定资产的购建、改扩建工程、大修理工程、对外投资以及为了保持长期经营能力等方面
- 为了核算借入的长期借款，企业应设置“长期借款”账户，该账户应按照借款单位和借款种类设明细账，分别以“本金”“利息调整”等进行明细核算
- 长期借款利息的计算有两种方式，即单利计算法与复利计算法两种。
  单利计算法是指只按本金计算利息，其所生成利息不再加入本金重复计算利息。其计算公式为：
  借款本利和=本金+本金×利率×期数
  复利计算法是指不仅按本金计算利息，对尚未支付的利息也要计算应付利息
- 国内企业的长期借款利息一贯采用单利；外商投资企业、中外合营企业的长期借款利息则一般按复利计算
- 对应计入购建固定资产成本的借款利息，一般在年末和资产交付使用并办理竣工决算时计提入账；如果年内分期支付利息，也可按付息期进行账务处理

长期借款的账务处理见表4-23。

表4-23　长期借款的账务处理

业务情景	账务处理
企业借入长期借款	借：银行存款 　　贷：长期借款——本金
	如存在差额，还应借记“长期借款——利息调整”
资产负债表日	借：在建工程、制造费用、财务费用、研发支出等科目 　　贷：应付利息 　　　　长期借款——利息调整
归还长期借款	借：长期借款——本金 　　贷：银行存款 　　　　长期借款——利息调整

链接实例4-40　2014年1月1日，某企业因扩建厂房的需要而向银行借入1000000元的借款，借款期限为三年，年利率为8.5%，每年年末归还当年的借款利息，到期后一次还清本金。该厂房于2014年12月底完工并交付使用。

解　（1）2014年1月1日，借入款项时

借：银行存款　　　　1000000

贷：长期借款——扩建厂房借款　　1000000

(2) 2014 年，每月计提借款利息时

每月应付利息 = 1000000 × 8.5% ÷ 12 = 7083（元）

借：在建工程　　7083

　　贷：应付利息　　7083

(3) 2014 年 12 月，转付银行借款利息时

借：应付利息　　85000

　　贷：银行存款　　85000

(4) 2015 年、2016 年，每月计提借款利息时

每月应计利息 = 1000000 × 8.5% ÷ 12 = 7083（元）

借：财务费用　　7083

　　贷：应付利息　　7083

(5) 2015 年 12 月，转付银行借款利息时

借：应付利息　　85000

　　贷：银行存款　　85000

(6) 2016 年 12 月，转付银行借款利息及本金时

借：长期借款　　1000000

　　应付利息　　85000

　　贷：银行存款　　1085000

二、长期应付款的核算

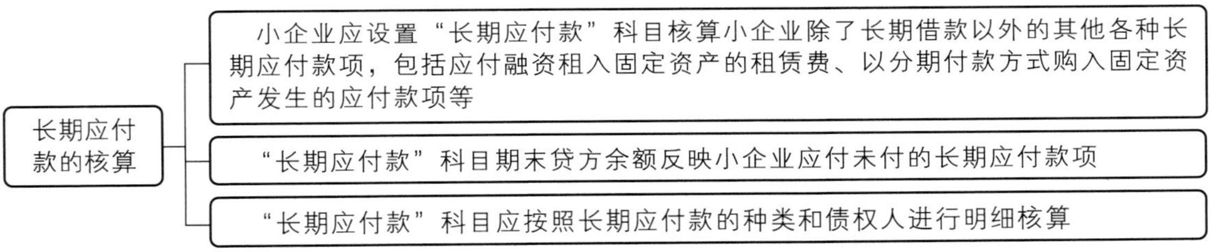

长期应付款的核算

- 小企业应设置“长期应付款”科目核算小企业除了长期借款以外的其他各种长期应付款项，包括应付融资租入固定资产的租赁费、以分期付款方式购入固定资产发生的应付款项等
- “长期应付款”科目期末贷方余额反映小企业应付未付的长期应付款项
- “长期应付款”科目应按照长期应付款的种类和债权人进行明细核算

长期应付款的账务处理见表 4-24。

表 4-24 长期应付款的账务处理

业务情景	账务处理
融资租入固定资产，在租赁期开始日	借：固定资产或在建工程（按照租赁合同约定的付款总额和在签订租赁合同过程中发生的相关税费等） 贷：长期应付款
以分期付款方式购入固定资产	借：固定资产或在建工程［按照实际支付的购买价款和相关税费（不包括按照税法规定可抵扣的增值税进项税额）］ 应交税费——应交增值税（进项税额）（按照税法规定可抵扣的增值税进项税额） 贷：长期应付款

第三节　所有者权益的核算

一、实收资本的核算

实收资本，是指投资者按照合同协议约定或相关规定投入到小企业、构成小企业注册资本的部分。实收资本是投资者实际投入到企业的各种财产，是企业所有者权益构成的主体，是企业进行生产经营的前提及重要的经济支柱。

（一）实收资本概述

所有者向企业投入的资本，在通常情况下无需偿还，并可以长期周转使用。实收资本按照其投资主体的不同，可以分为四个部分。

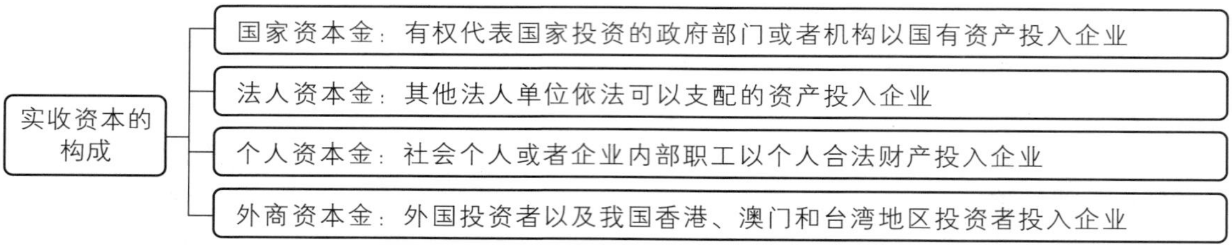

实收资本的构成
- 国家资本金：有权代表国家投资的政府部门或者机构以国有资产投入企业
- 法人资本金：其他法人单位依法可以支配的资产投入企业
- 个人资本金：社会个人或者企业内部职工以个人合法财产投入企业
- 外商资本金：外国投资者以及我国香港、澳门和台湾地区投资者投入企业

（二）接受投资的账务处理

根据投资者投入企业资本的形式，实收资本可分为现金投入资本（包括外币资本）与非现金资产投入资本等形式。不同形式的投入资产，其价值确认不同。企业在收到投资者投入企业的资本后，应根据相关原始凭证（如投资清单、银行通知单等），分别按不同的出资方式进行会计处理。

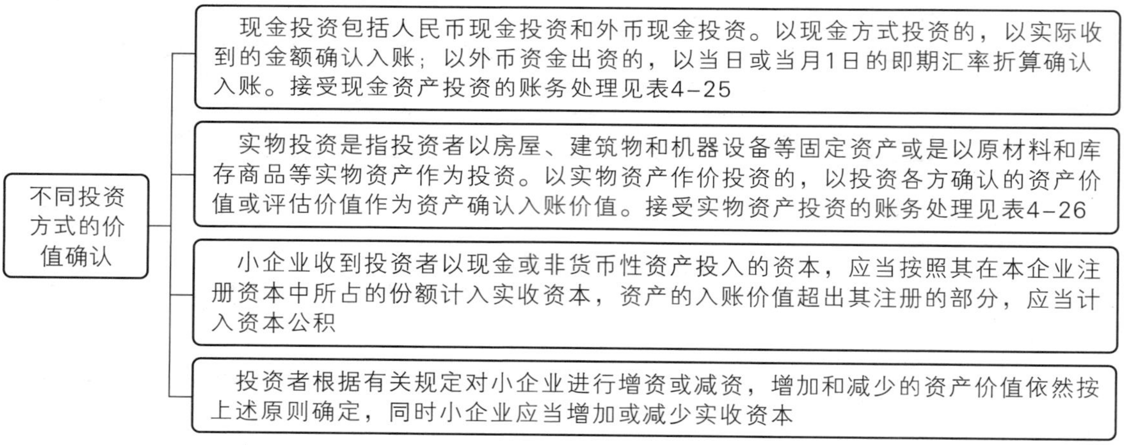

不同投资方式的价值确认
- 现金投资包括人民币现金投资和外币现金投资。以现金方式投资的，以实际收到的金额确认入账；以外币资金出资的，以当日或当月1日的即期汇率折算确认入账。接受现金资产投资的账务处理见表4-25
- 实物投资是指投资者以房屋、建筑物和机器设备等固定资产或是以原材料和库存商品等实物资产作为投资。以实物资产作价投资的，以投资各方确认的资产价值或评估价值作为资产确认入账价值。接受实物资产投资的账务处理见表4-26
- 小企业收到投资者以现金或非货币性资产投入的资本，应当按照其在本企业注册资本中所占的份额计入实收资本，资产的入账价值超出其注册的部分，应当计入资本公积
- 投资者根据有关规定对小企业进行增资或减资，增加和减少的资产价值依然按上述原则确定，同时小企业应当增加或减少实收资本

表 4-25　接受现金资产投资的账务处理

业务情景	账务处理
接受人民币投资	借：库存现金或银行存款（实际收到或存入企业开户银行的金额） 　贷：实收资本——国家投资 　　资本公积——资本溢价（实际收到或者存入企业开户银行的金额超过投资者在企业注册资本中所占份额的部分）

续表

业务情景	账务处理
接受外币投资	借：银行存款——外币户（按企业收到或存入银行时的当天外汇牌价或本月初的外汇牌价折合成人民币记账） 贷：实收资本——外商投资 资本公积——资本溢价（按收到外币当日的汇率折合的人民币金额与所确认实收资本之间的差额，确认资本公积）

表 4-26 接受实物资产投资的账务处理

业务情景	账务处理
接受固定资产投资	借：固定资产（双方确认的价格或评估价格） 应交税费——应交增值税（进项税额）（取得增值税专用发票上标明的税额） 贷：实收资本（占有的份额） 资本公积——资本溢价（差额）
接受无形资产等投资	借：无形资产（双方确认的价格或评估价格） 应交税费——应交增值税（进项税额）（取得增值税专用发票上标明的税额） 贷：实收资本（占有的份额） 资本公积——资本溢价（差额）
接受存货投资	借：物资采购、原材料、库存商品 应交税费——应交增值税（进项税额）（取得增值税专用发票上标明的税额） 贷：实收资本（占有的份额） 资本公积——资本溢价（差额）

链接实例 4-41 某小企业注册资本为 2000000 元，为了扩大经营，先后接受了国家有关部门和外商的货币投资。

解 该企业账务处理如下。

（1）收到主管部门拨款人民币现金 500000 元，存入银行

借：银行存款 500000

贷：实收资本——国家投资 500000

（2）收到某外商作为联营投资资金 80000 美元，存入银行，联营双方合同约定的折合比例为 1∶7.0

借：银行存款——美元户 560000

贷：实收资本——外商 560000

链接实例 4-42 A 公司收到 B 公司投入的不需要安装的设备一台。该设备双方确认的价值为 100000 元。

解 A 公司做会计分录如下。

借：固定资产 100000

贷：实收资本——B 公司 100000

链接实例 4-43 W 公司于 2016 年 5 月 2 日收到 S 公司投入库存商品钢材 100 吨，S 公司开来的清单上钢材每吨 2000 元。

解 W公司会计根据有关附件，编制会计分录如下。

借：库存商品——钢材 200000

　　贷：实收资本——S公司 200000

链接实例4-44 W公司收到S公司投入的商标权一项，经评估确认的价值为3000000元。

解 W公司做会计分录如下。

借：无形资产——商标权 3000000

　　贷：实收资本——S公司 3000000

（三）实收资本（或股本）变动的核算

通常情况下，企业的实收资本（或股本）应相对固定不变，但在某些情况下，实收资本（或股本）也可能发生增减变动。

1.实收资本（或股本）增减变动应具备的条件

应具备的条件：
- 符合增资条件，并经有关部门批准增资的
- 企业按法定程序报经批准减少注册资本的

2.实收资本（或股本）增加的核算

企业增加实收资本的途径主要有四种，其具体内容及账务处理见表4-27。

表4-27 实收资本（或股本）增加的账务处理

业务情景	账务处理
资本公积转增资本	借：资本公积 　贷：实收资本
盈余公积转增资本	借：盈余公积 　贷：实收资本
企业接受投资者额外投入实现增资的	借：银行存款（库存商品、固定资产等） 　应交税费——应交增值税（进项税额） 　贷：实收资本 　　资本公积——资本溢价

3.实收资本减少的核算

实收资本减少的核算：
- 企业实收资本减少的原因有两种：一是资本过剩；二是企业发生重大亏损
- 企业因资本过剩而减资，往往要发还股款，有限责任公司和一般企业发还投资比较简单。中外合作经营的小企业根据合同规定，合作期间用利润归还投资，也会相应减少企业的实收资本

企业实收资本减少的具体账务处理见表4-28。

表4-28 实收资本减少的账务处理

业务情景	账务处理
因资本过剩而减资	借：实收资本（按发还投资的数额） 　贷：银行存款

续表

业务情景	账务处理
因发生重大亏损而减资	借：实收资本 　　贷：利润分配——未分配利润
中外合作经营小企业合作期间用利润归还外商投资者投资的	借：实收资本——已归还投资 　　贷：银行存款 同时按归还投资的数额： 借：利润分配——利润归还投资 　　贷：盈余公积——利润归还投资

链接实例 4-45 某公司实收资本 200 万，实有股东共有甲、乙、丙、丁 4 人，各占 25% 的股份。由于产品方向及经营问题，截至 2015 年年底，经营亏损已达 110 万元，经公司股东协商，董事会批准，该企业决定减资 100 万元，并经充分协商，甲同意以 30 万元的价格接受股东丁转让持有的 25% 股权。2016 年 2 月末完成减资及股权变更手续。

解 该公司编制相关会计分录如下。

完成股权变更及减资相关手续时：

借：实收资本　　1000000

　　贷：利润分配——未分配利润　　1000000

其股权份额变更只需要在公司章程中予以变更即可。其转让的股份直接由甲与丁进行资金交割。

二、资本公积的核算

（一）资本公积概述

所谓资本公积，是小企业与资本相关的公共积累，主要是小企业收到的投资者出资超出其在注册资本中所占份额的部分。虽然资本公积的形成有其特定的来源，又非利润形成，但计入资本公积的份额仍由全体股东共享。

小企业资本公积主要是由投资者初始投资或追加投资过程中形成的。投资者投资时，其出资额超出其注册资本份额的部分叫资本溢价，会计上作为资本公积处理。

由于资本公积的形成主要跟资本相关，因此，小企业的资本公积一般只能用于转增资本。

（二）资本公积的核算

资本公积的核算

- 为了准确核算资本溢价及其使用情况，会计上设置“资本公积”科目，用来核算资本公积的增减变动。“资本公积”为所有者权益类科目。增加的“资本公积”计入该科目的贷方。资本公积一般依其资金的形成性质进行分类核算
- 在符合有关规定的情况下，小企业的资本公积可以用来转增资本。资本公积转增资本时，所有者权益的总额保持不变，只是其内部结构发生变化。此时应按照投资人的姓名和投资额度，按照比例分配计入各投资人的明细账户

资本公积的账务处理见表4-29。

表4-29 资本公积的账务处理

业务情景	账务处理
资本溢价	借：银行存款（按实际收到的出资额） 固定资产（按确定的价值） 贷：实收资本（按注册资本的金额） 资本公积——资本溢价（差额）
资本公积转增资本	借：资本公积——转增资本 贷：实收资本

链接实例4-46 A公司接受B公司以现金50万和发票注明价款50万、增值税款8万的新设备一台作价投资，占企业总资本的50%。A公司原有注册资本100万，增资后企业注册资本200万元。

解 A公司接受投资并进行变更登记的相关会计处理如下。

借：银行存款 500000
　固定资产——设备 500000
　应交税费——应交增值税（进项税额） 80000
　贷：实收资本 1000000
　　资本公积——资本溢价 80000

链接实例4-47 A公司接受投资后，为进一步扩大规模，经董事会决议，将25万资本公积中的20万转增资本。

接【链接实例4-46】，甲、乙、丙及B公司各占的比例分别为：25%、12.5%、12.5%、50%。

解 转增的会计分录如下。

借：资本公积 200000
　贷：实收资本——甲 50000
　　　　——乙 25000
　　　　——丙 25000
　　　　——B公司 100000

链接实例4-48 2014年6月8日，某小企业成立，由甲、乙、丙三人共同出资，公司注册资本为660000元，其中，甲、乙、丙的持股比例分别为50%、30%和20%。2015年7月1日，由于企业发展形势良好，为了扩大生产经营规模，当日，所有的投资者甲、乙、丙三人决定新增注册资本210000元，且全部由丁投资者用现金资产投入，丁投资者实际出资240000元。

解 根据上述经济业务，该企业做账务处理如下。

2015年7月1日，该企业收到实收资本：

借：银行存款 240000
　贷：实收资本——丁 210000
　　资本公积——资本溢价 30000

链接实例4-49 2015年6月1日，某小企业成立，由甲、乙、丙三人共同出资，公司注册资本为200000元，其中，甲、乙、丙的持股比例分别为40%、40%和20%。2016年6月

1 日，由于企业发展形势良好，为了扩大生产经营规模，当日，所有的投资者甲、乙，丙三人决定按照原出资比例将资本公积 100000 元转增资本。

解 根据上述经济业务，该企业做账务处理如下。

2016 年 6 月 1 日，该企业实现增加资本：

借：资本公积 100000

贷：实收资本——甲 40000

——乙 40000

——丙 20000

三、小企业留存收益的核算

留存收益，是小企业税后所形成的净利润，按照一定的分配程序分配后，从税后利润中留取的部分，以及扣除分配给投资人的利润后剩余的利润（或亏损）。留存收益是与企业的经营所得息息相关的，是企业经营净利润累计留置企业的部分。小企业的留存收益包含两部分，一部分为盈余公积，另一部分是未分配利润。

（一）小企业盈余公积的核算

小企业盈余公积的核算

- 小企业用盈余公积弥补亏损或者转增资本，应当冲减盈余公积。小企业的盈余公积还可以用于扩大生产经营
- 小企业应设置“盈余公积”科目核算小企业（公司制）按照公司法规定在税后利润中提取的法定公积金和任意公积金。小企业（外商投资）按照法律规定在税后利润中提取储备基金与企业发展基金也在“盈余公积”科目核算
- “盈余公积”科目期末贷方余额，反映小企业（公司制）的法定公积金和任意公积金总额，小企业（外商投资）的储备基金和企业发展基金总额
- “盈余公积”科目应当分别按“法定盈余公积”“任意盈余公积”进行明细核算。小企业（外商投资）还需分别对“储备基金”“企业发展基金”进行明细核算。小企业（中外合作经营）按照合同规定在合作期间归还投资者的投资，应在“盈余公积”科目设置“利润归还投资”明细科目进行核算

小企业盈余公积的账务处理见表 4-30。

表 4-30 盈余公积的账务处理

业务情景		账务处理
小企业（公司制）按照公司法规定提取公积金	按照公司法规定提取法定盈余公积	借：利润分配——提取法定盈余公积 贷：盈余公积——法定盈余公积
	按董事会的规定提取任意盈余公积	借：利润分配——提取任意盈余公积 贷：盈余公积——任意盈余公积
小企业（外商投资）按照规定提取储备基金、企业发展基金、职工奖励及福利基金	提取企业储备基金	借：利润分配——提取储备基金 贷：盈余公积——储备基金
	提取企业发展基金	借：利润分配——提取企业发展基金 贷：盈余公积——企业发展基金
	提取职工奖励及福利基金	借：利润分配——提取职工奖励及福利基金 贷：应付职工薪酬

续表

业务情景		账务处理
用盈余公积弥补亏损或者转增资本	用盈余公积弥补亏损	借：盈余公积 　贷：利润分配——盈余公积补亏
	用盈余公积转增资本	借：盈余公积 　贷：实收资本
小企业（中外合作经营）根据合同规定在合作期间以利润归还投资者的投资		借：实收资本——已归还投资（按照实际归还投资的金额） 　贷：银行存款 同时： 借：利润分配——利润归还投资 　贷：盈余公积——利润归还投资

链接实例 4-50 2015 年，某公司实现了净利润 400000 元，经过股东大会决议批准，按照 10% 的比例提取法定盈余公积金，按照 6% 的比例提取任意盈余公积金。

解 根据上述经济业务，该公司做账务处理如下。

借：利润分配——提取法定盈余公积　　40000
　　　　　——提取任意盈余公积　　24000
　贷：盈余公积——法定盈余公积　　40000
　　　　　——任意盈余公积　　24000

链接实例 4-51 2015 年，某公司经过股东大会决议批准，决定将法定盈余公积 500000 元转增资本，该公司有三位股东甲、乙、丙，其中各自的股份分别为 40%、30% 和 30%，而且该公司已经办理好了相关的手续。

解 根据上述经济业务，该公司做账务处理如下。

借：盈余公积——法定盈余公积　　500000
　贷：实收资本——甲　　200000
　　　　　——乙　　150000
　　　　　——丙　　150000

注： 按照公司法的规定，企业盈余公积转增资本时，转增后留存的盈余公积的数额不得少于注册资本的 25%。

链接实例 4-52 2015 年，某小企业经过股东大会决议批准，决定将法定盈余公积 800000 元弥补经营亏损，该企业已经办理好了相关的手续。

解 根据上述经济业务，该企业做账务处理如下。

借：盈余公积——法定盈余公积　　800000
　贷：利润分配——盈余公积补亏　　800000

（二）小企业未分配利润的核算

小企业未分配利润的核算

- 小企业未分配利润，是指小企业实现的净利润，经过弥补亏损、提取法定公积金和任意公积金、向投资者分配利润后，留存在本企业的、历年结存的利润（或亏损）
- 小企业应设置“利润分配”科目核算小企业利润的分配（或亏损的弥补）和历年分配（或弥补）后的余额
- 年度终了，小企业应当将本年实现的净利润，自“本年利润”科目转入“利润分配”科目，借记“本年利润”科目，贷记“利润分配”科目（未分配利润）；为净亏损的，做相反的会计分录。同时，将“利润分配”科目所属明细科目（“应付利润”“盈余公积补亏”）的余额转入“利润分配”科目明细科目（未分配利润）
- 结转后，“利润分配”科目除“未分配利润”明细科目外，其他明细科目应无余额。“利润分配”科目年末余额，反映小企业的未分配利润（或未弥补亏损）
- “利润分配”科目应按照“应付利润”“未分配利润”等进行明细核算

除在以上相关科目中涉及的“利润分配”会计处理之外，小企业未分配利润的其他账务处理见表4-31。

表4-31 未分配利润的其他账务处理

业务情景		账务处理
期末，结转年终净利或亏损	结转年终净利	借：本年利润 　贷：利润分配——未分配利润
	结转年终亏损	借：利润分配——未分配利润 　贷：本年利润
小企业根据董事会决议向投资者分配利润		借：利润分配——应付利润 　贷：应付利润
结转“利润分配”其他明细账户至“未分配利润”账户，计算当年“未分配利润”		借：利润分配——未分配利润 　贷：利润分配——提起法定盈余公积 　　　利润分配——提起任意盈余公积 　　　利润分配——应付利润

链接实例4-53 2015年，某公司实收资本为3000000元，股东3人，分别享有公司40%、30%、30%的资本份额。2015年年初，未分配利润为贷方500000元，2015年实现净利润800000元。经过股东大会批准，按照10%的比例提取法定盈余公积金，按照6%的比例提取任意盈余公积金。同时，向股东分配利润300000元。

2016年2月20日，该公司用银行存款向股东支付了全部的现金利润。

解 根据上述经济业务，该公司账务处理如下。

2015年，该公司结转本年实现的净利润：

借：本年利润　　800000

　贷：利润分配——未分配利润　　800000

2015年年末，该公司提取法定盈余公积和任意盈余公积：

借：利润分配——提取法定盈余公积　　80000

——提取任意盈余公积　　48000

贷：盈余公积——法定盈余公积　　80000

——任意盈余公积　　48000

2015 年年末，按照董事会的决定，向投资人分配利润：

借：利润分配——应付利润　　300000

贷：应付利润　　300000

该公司结转“利润分配”的相关明细科目：

借：利润分配——未分配利润　　428000

贷：利润分配——提取法定盈余公积　　80000

——提取任意盈余公积　　48000

利润分配——应付利润　　300000

2015 年年底，该公司计算企业的未分配利润。

未分配利润 = 500000 + 800000 − 428000 = 872000（元）

表示“利润分配——未分配利润”科目余额为 872000 元，该部分累计的利润可以留待以后年度继续分配。

2016 年 2 月 20 日，该公司实际支付现金利润：

借：应付利润　　300000

贷：银行存款　　300000

第五章　小企业收入、费用和利润的核算

05 Chapter

第一节　小企业收入的核算

收入、费用和利润是构成企业利润表的三大会计要素，这三大要素满足：收入－费用＝利润。利润是指小企业在一定会计期间的经营成果，包括营业利润、利润总额和净利润。

收入、费用的核算直接影响企业的利润，进而影响企业的应纳税所得额，影响企业所得税。

小企业收入是指小企业在日常生产经营活动中形成的、会导致所有者权益增加、与所有者投入资本无关的经济利益的总流入，包括销售商品收入和提供劳务收入。小企业实现收入的确认，必须满足定义条件。

小企业收入确认的定义条件

- 收入形成于小企业日常生产经营活动中。日常生产经营活动是指小企业为实现其经营目标而从事的经常性活动以及与之相关的其他活动。有些交易或事项也能为小企业带来经济利益，如处置固定资产取得的利益流入，但却不是企业经营活动的主要获利方式，也不经常性发生
- 收入形成的表现为企业资产的增加或负债的减少，或者二者兼而有之。收入的发生一定表现为小企业资产的增加，如增加银行存款、应收账款等；或表现为小企业负债的减少，如以商品或劳务抵偿债务；再或二者兼而有之
- 收入能导致小企业所有者权益的增加，但所有者投入资本导致所有者权益增加的行为不是收入。根据“收入-费用=利润”，利润属于所有者权益，从等式可以看出，收入的增加一定能增加所有者权益。但“收入-费用”的净额不一定大于零。小企业的投资者投入的资本，是直接外部权益资金的投入，不能作为小企业的收入
- 收入只包括本企业经济利益的流入，不包括为第三方或客户代收的款项。小企业代收的款项，如小企业代税务机关向客户收取的增值税，旅行社代客户购买门票收取票款等，一方面增加企业的资产，另一方面增加企业的负债，并不增加企业的所有者权益，不属于小企业的经济利益，因而不能作为小企业的收入

小企业满足定义条件的销售商品或提供劳务，才能确认收入。

一、小企业销售商品收入

销售商品收入是指小企业销售商品（或产成品、材料，下同）取得的收入。

为了清晰地核算小企业的收入情况，会计上设置“主营业务收入”和“其他业务收入”科目。

销售商品收入的确认

- 销售商品收入时间的确认。通常，小企业应当在发出商品且收到货款或取得收款权利时，确认销售商品收入。具体不同的销售方式下，确认时点略有不同，见下图
- 销售商品收入金额的确定。小企业应当按照从购买方已收或应收的合同或协议价款，确定销售商品收入金额
- 商业折扣，是指小企业为促进商品销售而在商品标价上给予的价格扣除。销售商品涉及商业折扣的，应当按照扣除商业折扣后的金额确定销售商品收入金额
- 销售折让，是指小企业因售出商品的质量不合格等原因而在售价上给予的减让。小企业已经确认销售商品收入的售出商品发生的销售折让，需在发生时冲减当期销售商品收入
- 现金折扣，是指债权人为鼓励债务人在规定的期限内付款而向债务人提供的债务扣除。销售商品涉及现金折扣的，需按照扣除现金折扣前的金额确定销售商品收入金额。现金折扣需在实际发生时计入当期损益
- 销售退回，是指小企业售出的商品由于质量、品种不符合要求等原因发生的退货。小企业已经确认销售商品收入的售出商品发生的销售退回（无论属于本年度还是属于以前年度的销售），均应在发生时冲减当期销售商品收入

销售商品收入具体时间的确认

- 销售商品采用托收承付方式的，在办妥托收手续时确认收入
- 销售商品采取预收款方式的，预收货款时确认一项负债，发出商品时确认商品销售收入
- 销售商品采用分期收款方式的，在合同约定的收款日期确认收入；若在发出商品时即开具了发票，则开票时即确认收入
- 销售商品需要安装和检验的，发出商品时做发出商品管理，在购买方接受商品及安装和检验完毕时确认收入。安装程序比较简单的，可在发出商品时确认收入
- 销售商品采用支付手续费方式委托代销的，在收到代销清单时确认收入
- 销售商品以旧换新的，销售的商品作为商品销售处理，回收的商品作为购进商品处理
- 采取产品分成方式取得的收入，在分得产品之日按照产品的市场价格或评估价值确定销售商品收入金额

主营业务收入主要核算企业日常销售商品、提供劳务等主要经济活动产生的收入；其他业务收入则主要核算企业日常经营过程中，伴随着主营业务活动而发生的材料销售、固定资产出租、无形资产出租等产生的收入。

（一）主营业务收入举例

链接实例 5-1 甲公司（为执行小企业会计准则的一般纳税人）向乙公司销售一批商品，开出的增值税专用发票上注明的销售价格为 50000 元，增值税税额为 8000 元。销售合同规定，采用托收承付结算方式。2018 年 5 月 12 日，商品已经发出且已办妥托收手续；该批商品成本为 40000 元。甲公司 2018 年 8 月 20 日收到该笔款项。

解 甲公司账务处理如下。

（1）2018 年 5 月 12 日，发出商品并办妥托收手续时

借：应收账款——乙公司　　58000

　贷：主营业务收入　　50000

　　应交税费——应交增值税（销项税额）　　8000

借：主营业务成本　　40000
　　贷：库存商品　　40000

（2）2018 年 8 月 20 日，收到款项时

借：银行存款　　58000
　　贷：应收账款——乙公司　　58000

链接实例 5-2 2018 年 5 月 1 日，甲公司与乙公司签订协议，采用预收款方式向乙公司销售一批商品。该批商品实际成本为 150000 元。协议约定，该批商品销售价格为 200000 元，增值税税额为 32000 元，乙公司应在协议签订时预付 60% 的货款（按不含增值税销售价格计算），剩余货款于交货时支付。甲公司于 5 月 1 日收到货款，5 月 30 日交货。

解 甲公司的账务处理如下。

（1）5 月 1 日甲公司收到乙公司的预付款

借：银行存款　　120000
　　贷：预收账款——乙公司　　120000

（2）5 月 30 日甲公司交货、开票、收到剩余货款

借：预收账款　　120000
　　银行存款　　112000
　　贷：主营业务收入　　200000
　　　　应交税费——应交增值税（销项税额）　　32000

借：主营业务成本　　150000
　　贷：库存商品　　150000

链接实例 5-3 2018 年 5 月 10 日，甲公司采用分期收款销售方式销售给乙公司产品一批，其售价为 600000 元（不含增值税），该批产品成本为 480000 元。合同约定分 3 个月于每月月末等额收取货款。假设每月都收到了货款和增值税款，并开具了增值税专用发票。该批产品适用的增值税税率为 16%。

解 甲公司会计处理如下。

（1）5 月 30 日收到货款并开具增值税专用发票时

借：银行存款　　232000
　　贷：主营业务收入　　200000
　　　　应交税费——应交增值税（销项税额）　　32000

借：主营业务成本　　160000
　　贷：库存商品　　160000

（2）6 月 30 日收到货款并开具增值税专用发票时

借：银行存款　　232000
　　贷：主营业务收入　　200000
　　　　应交税费——应交增值税（销项税额）　　32000

借：主营业务成本　　160000
　　贷：库存商品　　160000

（3）7 月 30 日收到货款并开具增值税专用发票时

借：银行存款　　232000
　　贷：主营业务收入　　200000

应交税费——应交增值税（销项税额）　32000
借：主营业务成本　160000
贷：库存商品　160000

链接实例 5-4 甲公司 5 月 20 日委托乙公司销售商品 200 件，商品已经发出，每件成本为 30 元。合同约定应按每件 50 元对外销售，甲公司于实际收到价款日按不含增值税的售价的 10% 向乙公司支付手续费。5 月 29 日乙公司对外实际销售 100 件，开出的增值税专用发票上注明的销售价款为 5000 元，增值税税额为 800 元，款项已经收到。5 月 30 日甲公司收到乙公司开具的代销清单，并向乙公司开具一张相同金额的增值税专用发票。6 月 2 日，收到乙公司支付的货款。

解 按照委托代销合同委托代销销售方式，应该有两种形式，一种是买断形式，另一种就是收取手续费的形式。买断形式的委托代销，跟企业间正常销售的会计处理没有区别。

（1）委托代销以收取手续费的方式进行，甲公司的账务处理如下。

① 5 月 20 日，将商品交付乙公司时

借：委托代销商品　6000
贷：库存商品　6000

② 5 月 30 日，收到代销清单时

借：应收账款——乙公司　5800
贷：主营业务收入　5000
应交税费——应交增值税（销项税额）　800

确认销售商品的成本：

借：主营业务成本　3000
贷：委托代销商品　3000

③ 6 月 2 日，收到乙公司汇来的货款净额时

借：银行存款　5300
销售费用　500
贷：应收账款——乙公司　5800

（2）乙公司的账务处理如下。

① 5 月 20 日，收到代销商品时

借：受托代销商品　10000
贷：代销商品款　10000

② 5 月 29 日实际销售商品时

借：银行存款　5800
贷：应付账款——甲公司　5000
应交税费——应交增值税（销项税额）　800

③ 5 月 30 日收到甲公司开来的发票时

借：应交税费——应交增值税（进项税额）　800
贷：应付账款——甲公司　800

借：代销商品款　5000
贷：受托代销商品　5000

④ 6 月 2 日，归还甲公司货款并计算代销手续费时

借：应付账款——甲公司　5800

贷：银行存款 5300

其他业务收入 431

应交税费——应交增值税（销项税额） 69

链接实例 5-5 2018 年 5 月 10 日，甲公司共销售电视机 100 台，每台不含增值税销售价格 4000 元，每台销售成本为 1800 元，同时回收 100 台旧型号电视机，每台回收价格为 464 元（含增值税），款项均已收付。

解 甲公司的账务处理如下。

（1）2018 年 5 月份，甲公司销售 100 台电视机时

借：银行存款 464000

贷：主营业务收入 400000

应交税费——应交增值税（销项税额） 64000

借：主营业务成本 180000

贷：库存商品 180000

（2）甲公司回收 100 台旧型号电视机

借：原材料 40000

应交税费——应交增值税（进项税额） 6400

贷：银行存款 46400

链接实例 5-6 2018 年 5 月 11 日，甲公司销售一批商品 100 件，增值税发票上注明售价为 200000 元，增值税额为 32000 元。该公司为了早日收回货款，在合同中承诺给予购货方的现金折扣条件是 2/10、1/20、*n*/30。假定计算现金折扣时按应收账款总额计算，该销售商品收入符合确认条件。

解 甲公司的会计处理如下。

（1）5 月 11 日按总价确认收入。

借：应收账款 232000

贷：主营业务收入 200000

应交税费——应交增值税（销项税额） 32000

（2）如 5 月 19 日买方付清货款，则按售价 232000 元的 2% 享受 4640 元（232000×2%）的现金折扣，实际付款 227360 元（232000－4640）。

借：银行存款 227360

财务费用 4640

贷：应收账款 232000

（3）如 5 月 28 日买方付清货款，则应享受的现金折扣为 2320 元（232000×1%），实际付款 229680 元。

借：银行存款 229680

财务费用 2320

贷：应收账款 232000

（4）如买方在 5 月 31 日以后才付款，则应按全额付款。

借：银行存款 232000

贷：应收账款 232000

链接实例 5-7 2018 年 5 月 15 日，甲公司向乙公司销售一批商品，开出的增值税专用发

票上注明的销售价格为100000元，增值税税额为16000元，款项尚未收到；该批商品成本为60000元。乙公司在验收过程中发现商品外观上存在瑕疵，要求甲公司在价格上给予折让，甲公司经与乙公司协商，同意给予5%的减让，乙公司同意。甲公司根据折让协议和乙公司出具的商品折让证明单，于6月3日开具5%部分红字发票。

解 甲公司的账务处理如下。

（1）2018年5月15日销售实现时

借：应收账款——乙公司　　116000
　　贷：主营业务收入　　100000
　　　　应交税费——应交增值税（销项税额）　　16000

借：主营业务成本　　60000
　　贷：库存商品　　60000

（2）发生销售折让开具红字发票冲销时

借：主营业务收入　　5000
　　应交税费——应交增值税（销项税额）　　800
　　贷：应收账款——乙公司　　5800

（3）实际收到款项时

借：银行存款　　110200
　　贷：应收账款——乙公司　　110200

（二）其他业务收入举例

链接实例5-8 甲公司2018年5月，将已生产完工合同产品所剩余的材料对外销售，开出普通发票一张，售价为9280元，收到现金并存入银行。该批材料的成本为5000元。则该公司应做如下会计处理。

解 （1）确认销售材料收入时

借：银行存款　　9280
　　贷：其他业务收入　　8000
　　　　应交税费——应交增值税（销项税额）　　1280

（2）结转销售材料的实际成本时

借：其他业务成本　　5000
　　贷：原材料　　5000

二、小企业提供劳务收入

小企业提供劳务的收入，是指小企业从事建筑安装、修理修配、交通运输、仓储租赁、邮电通信、咨询经纪、文化体育、科学研究、技术服务、教育培训、餐饮住宿、中介代理、卫生保健、社区服务、旅游、娱乐、加工以及其他劳务服务活动取得的收入。

由于提供劳务类型的多样性，很多的劳务活动提供服务活动的区间较短，即在较短的时间内就能完成，如餐饮住宿、旅游、娱乐等；而有的劳务活动提供服务可能需要的时间较长，如建筑安装、仓储租赁等。因此，不同的劳务形式其收入的确认和计量也会有所不同。

（一）提供劳务收入的确认和计量

小企业提供劳务的收入，按以下规定予以确认和计量。

1. 同一会计年度内开始并完成的劳务

同一会计年度内开始并完成的劳务
- 确认的时间：同一会计年度内开始并完成的劳务，应当在提供劳务交易完成且收到款项或取得收款权利时，确认提供劳务收入
- 确认的金额：提供劳务收入的金额为从接受劳务方已收或应收的合同或协议价款

2. 开始和完成分属不同会计年度的劳务

开始和完成分属不同会计年度的劳务
- 确认的时间：年度资产负债表日或提供劳务交易完成日
- 确认的金额：根据提供劳务收入总额乘以完工进度扣除以前会计年度累计已确认提供劳务收入后的金额，确认本年度的提供劳务收入；同时，根据估计的提供劳务成本总额乘以完工进度扣除以前会计年度累计已确认营业成本后的金额，结转本年度营业成本
- 完工进度（完工百分比）的确定，可选用下列方法：①已完工作的测量；②已提供劳务占劳务总量的比例；③发生成本占总成本的比例
- 本期确认的劳务收入=提供劳务收入总额×完工进度-以前会计年度累计已确认提供劳务收入
本期确认的劳务成本=提供劳务成本总额×完工进度-以前会计年度累计已确认营业成本

（二）提供劳务收入的核算

小企业提供劳务收入的主要会计核算如下。

借：银行存款（按已收金额）
　　（或）应收账款（应收金额）等
　　贷：主营业务收入（确认的金额）
　　　　应交税费——应交增值税（销项税额）（一般纳税人）
　　　　（或）应交税费——应交增值税（小规模纳税人）

链接实例 5-9 甲公司是一家专门从事工程项目安装作业的一家小企业，执行小企业会计准则，一般纳税人。2018 年 5 月 10 日，该公司接受一项设备安装任务，该安装任务预计可在 5 月底完成，合同总价款为 20 万元，实际发生安装成本 12 万元，均为职工劳务成本。

解 甲公司在 5 月末安装完成时做会计分录如下。

借：应收账款　　200000
　　贷：主营业务收入　　181818.18[200000/(1+10%)]
　　　　应交税费——应交增值税（销项税额）　　18181.82

5 月份发生成本时：

借：劳务成本　　120000
　　贷：应付职工薪酬　　120000

安装完成确认所提供劳务收入并结转该项劳务总成本时：

借：主营业务成本　　120000
　　贷：劳务成本　　120000

链接实例 5-10 2018 年 5 月 1 日，甲公司接受一项设备安装任务，安装期为 3 个月，合同总收入 300000 元，至年底已预收安装费 220000 元，实际发生安装费用为 140000 元（假

定均为安装人员薪酬），估计还会发生安装费用 60000 元。假定该公司按实际发生的成本占估计总成本的比例确定劳务的完工进度。

解 该公司的会计处理如下。

实际发生的成本占估计总成本的比例 = 140000 ÷ (140000 + 60000) = 70%

2018 年 5 月 31 日确认的劳务收入 = 300000 × 70% − 0 = 210000(元)

2018 年 5 月 31 日结转的劳务成本 = (140000 + 60000) × 70% − 0 = 140000(元)

（1）实际发生劳务成本时

借：劳务成本　　140000

　　贷：应付职工薪酬　　140000

（2）预收劳务款时

借：银行存款　　220000

　　贷：预收账款　　220000

（3）2018 年 5 月 31 日，确认劳务收入并结转劳务成本时

借：预收账款　　210000

　　贷：主营业务收入　　190909.09[210000/(1 + 10%)]

　　　　应交税费——应交增值税（销项税额）　　19090.91

借：主营业务成本　　140000

　　贷：劳务成本　　140000

（4）2018 年 7 月末项目完工结算时

期间实际发生的劳务支出 61000 元：

借：劳务成本　　61000

　　贷：应付职工薪酬　　61000

收到项目结算款进行结算时：

借：预收账款　　10000

　　银行存款　　80000

　　贷：主营业务收入　　81818.18[90000/(1 + 10%)]

　　　　应交税费——应交增值税（销项税额）　　8181.82

结转项目成本：

借：主营业务成本　　61000

　　贷：劳务成本　　61000

链接实例 5-11 2018 年 5 月 1 日，甲公司将自己公司的外墙出租给乙公司用于制作广告，租期 2 年，年租金 80000 元（含税价），合同生效日支付第一年租金，2019 年 4 月 1 日支付第二年租金。5 月 2 日，公司收到租金并出具增值税发票。

解 甲公司账务处理如下。

借：银行存款　　80000

　　贷：其他业务收入　　72727.27[80000/(1 + 10%)]

　　　　应交税费——应交增值税（销项税额）　　7272.73

（三）混业经营收入的核算

《小企业会计准则》第六十四条规定，小企业与其他企业签订的合同或协议包含销售商品和提供劳务时，销售商品部分和提供劳务部分能够区分且能够单独计量的，应当将销售商

品的部分作为销售商品处理，将提供劳务的部分作为提供劳务处理。

销售商品部分和提供劳务部分不能够区分，或虽能区分但不能够单独计量的，应当作为销售商品处理。

按照财税［2016］36号《财政部　国家税务总局关于全面推开营业税改征增值税试点的通知》要求，自2016年5月1日起，原来开征营业税的行业，均改征增值税。即企业经营的所有业务均按照通知的要求缴纳增值税，对不同的应税服务制定了不同的税率。在这种情况下，企业“兼有”不同税率或者征收率的销售货物、提供加工修理修配劳务或者应税服务的行为，称为混业经营。对于混业经营的税务处理，文件做出了明文规定：纳税人从事混业经营的，应分别核算适用不同税率或征收率的销售额，未分别核算销售额的，按以下方法从高适用税率或征收率。

从高适用税率或征收率
- 兼有不同税率的销售货物、提供加工修理修配劳务或者应税服务的，从高适用税率
- 兼有不同征收率的销售货物、提供加工修理修配劳务或者应税服务的，从高适用征收率
- 兼有不同税率和征收率的销售货物、提供加工修理修配劳务或者应税服务的，从高适用税率

因此，企业在兼有不同税率（或征收率）的销售货物、提供加工修理修配劳务或者应税服务的情况下，会计上必须分别核算。

链接实例5-12 2018年5月22日，甲公司与乙公司签订合同，向乙公司销售一部机器并负责安装。甲公司开出的增值税专用发票上注明的价款合计为30000元，其中机器销售价格为29400元，运输费为600元，增值税税额为4800元。机器的成本为16800元，机器安装过程中发生安装费支出为360元，均为安装人员薪酬。假定机器已经安装完成并经验收合格，款项尚未收到；安装工作是销售合同的重要组成部分。

解 甲公司账务处理如下。

（1）实际发生安装费用360元。

	借方	贷方
借：销售费用	360	
贷：应付职工薪酬		360

（2）确认销售机器和提供劳务收入30000元。

	借方	贷方
借：应收账款	34800	
贷：主营业务收入——销售商品		30000
应交税费——应交增值税（销项税额）		4800

（3）结转销售商品成本16800元。

	借方	贷方
借：主营业务成本	16800	
贷：库存商品		16800

链接实例5-13 甲公司销售设备同时提供运输服务，2018年5月22日，甲公司销售M型设备给乙公司，不含税价为120000元，运费不含税为7600元。设备运达乙公司并安装完毕。甲公司开具增值税发票予以结算，款项尚未收到。

解 甲公司会计处理如下。

M型设备的增值税额 = 120000 × 16% = 19200（元）

运费增值税额 = 7600 × 10% = 760（元）

借：应收账款 147560

贷：主营业务收入——销售商品 120000

其他业务收入——提供劳务 7600

应交税费——应交增值税（销项税额） 19960

链接实例 5-14 甲公司是一家从事货运代理、快递业务的小企业，拥有货物运输车辆 10 台（每台月折旧额为 2600 元），小型快递送件车辆 20 台（每台月折旧额为 1500 元），员工 50 人。2016 年 10 月，公司共发生如下几笔业务（均为含税价）：

（1）为其他企业运输货物取得运费收入 300000 元；

（2）将 2 台货车租给乙公司使用，租期 3 个月，月租金 5000 元/台；

（3）货运代理收取客户代理服务费 8000 元；

（4）快递业务取得收入 76000 元。

解 甲公司会计处理如下。

借：银行存款 394000(300000 + 10000 + 76000 + 8000)

贷：主营业务收入——运费收入 272727. 27[300000/(1 + 10%)]

主营业务收入——租赁收入 8620. 69[10000/(1 + 16%)]

主营业务收入——代理、快递 79245. 28[(8000 + 76000)/(1 + 6%)]

应交税费——应交增值税（销项税额） 33406. 76(27272. 73 + 1379. 31 + 4754. 72)

三、视同销售业务

视同销售是一种习惯性称谓，可以有两个方面的解释。一方面从会计的角度，按照《小企业会计准则》对收入（或销售）的定义，满足收入定义条件的销售（或货物转移或交易）行为就要确认为收入，不满足收入定义条件的货物转移或货物交易行为，就不能确认为收入。因此，从会计的角度说，所谓视同销售，只是从表面现象来看，不具有以交易商品以实现商品增值这样直接的销售表象的行为，如以自产的产品分发给职工、用自产的产品向投资者分利等。但在会计处理上，这些行为本身是满足收入定义的条件，是做销售处理的。另一方面，从税收管理的角度，视同销售是指企业或纳税人在会计上不作为销售核算，而在税法上要作为销售确认收入计缴税金的商品或劳务的转移行为，如企业将自己生产的产品用于在建工程、捐赠、赞助、集资、广告样品、职工福利奖励等方面。本质上，这种情形才是真正的视同销售业务，这种业务会造成会计与税法的差异。

在人们通常的概念中，视同销售业务包含了以上两种情况。

（一）会计角度的视同销售业务

按《小企业会计准则》规定，小企业以自产产品用于利润分配、以自产产品发给职工，以及通过非货币性资产交换取得的长期股权投资等应做销售处理。

1. 以自产产品发放职工

以其自产产品发放给职工的，按照其销售价格，借记“应付职工薪酬”科目，贷记“主营业务收入”科目；同时，还应结转产成品的成本。涉及增值税销项税额的，还应进行相应的账务处理。

链接实例 5-15 某公司是一家生产彩电的企业，为增值税一般纳税人，共有职工 50 人，其中生产工人 35 人，管理人员 15 人。2018 年 5 月，公司以其生产的液晶彩电作为劳动节福利发放给每个职工。该型号液晶彩电的销售价格为每台 9000 元，单位成本为 6000 元。

解 该公司会计处理如下。

(1) 提取非货币性福利时

本月应提取的非货币性福利＝9000×50×(1＋16%)＝522000(元)

其中，生产工人非货币性福利＝9000×35×(1＋16%)＝365400(元)

管理人员非货币性福利＝9000×15×(1＋16%)＝156600(元)

借：生产成本 365400

管理费用 156600

贷：应付职工薪酬——非货币性福利 522000

(2) 发放非货币性福利时

借：应付职工薪酬——非货币性福利 522000

贷：主营业务收入 450000

应交税费——应交增值税（销项税额） 72000

借：主营业务成本 300000

贷：库存商品 300000

2. 以自产产品用于利润分配

小企业以自产产品用于利润分配，按照其销售价格，借记“应付利润”科目，贷记“主营业务收入”科目；同时，还应结转产成品的成本。涉及增值税销项税额的，还应进行相应的账务处理。

链接实例 5-16 某公司将自产的售价（不含增值税）为 50000 元、成本为 30000 元的一批产品分配给投资者。该产品适用的增值税税率为 16%，不考虑其他税费。

解 该公司会计处理如下。

借：利润分配——应付利润 58000

贷：应付利润 58000

借：应付利润 58000

贷：主营业务收入 50000

应交税费——应交增值税（销项税额） 8000

借：主营业务成本 30000

贷：库存商品 30000

3. 小企业通过非货币性资产交换取得的长期股权投资

小企业通过非货币性资产交换取得的长期股权投资，按照换出资产（产品）的市场价格或评估价格，借记“长期股权投资”科目，贷记“主营业务收入”科目；同时，还应结转换出产品的成本。涉及增值税销项税额的，还应进行相应的账务处理。

链接实例 5-17 甲公司用成本为 300000 元、市场售价为 500000 元的一批 W 产品向乙公司投资。

解 甲公司会计处理如下。

借：长期股权投资 580000

贷：主营业务收入 500000

应交税费——应交增值税（销项税额） 80000

借：主营业务成本 300000

贷：库存商品 300000

以上三种情况，虽非企业直接的产品销售行为，但由于其商品所有权属转移的同时，实现了产品的对价收入，所以会计上是作为收入加以确认的。

对于其他如企业将自己生产的产品用于捐赠、赞助、集资、广告样品等方面，由于没有相应的对价流入，所以会计上是不做销售处理的。

（二）税收角度的视同销售

对于会计视角上不具有销售性质的企业产品（或资产）所有权转移行为，会计上不作为销售收入确认，而是只按成本结转。但同时必须考虑税法的要求，分析增值税和企业所得税对类似业务的税收要求，即是否视同销售。

1. 增值税视同销售的业务

增值税视同销售货物行为，是指那些转让货物的行为其本身不符合《中华人民共和国增值税暂行条例实施细则》中销售货物的定义，但在征税时要视同销售货物缴纳增值税的行为。《中华人民共和国增值税暂行条例实施细则》（财政部　国家税务总局第50号令）第四条规定，单位或者个体工商户的下列行为视同销售货物。

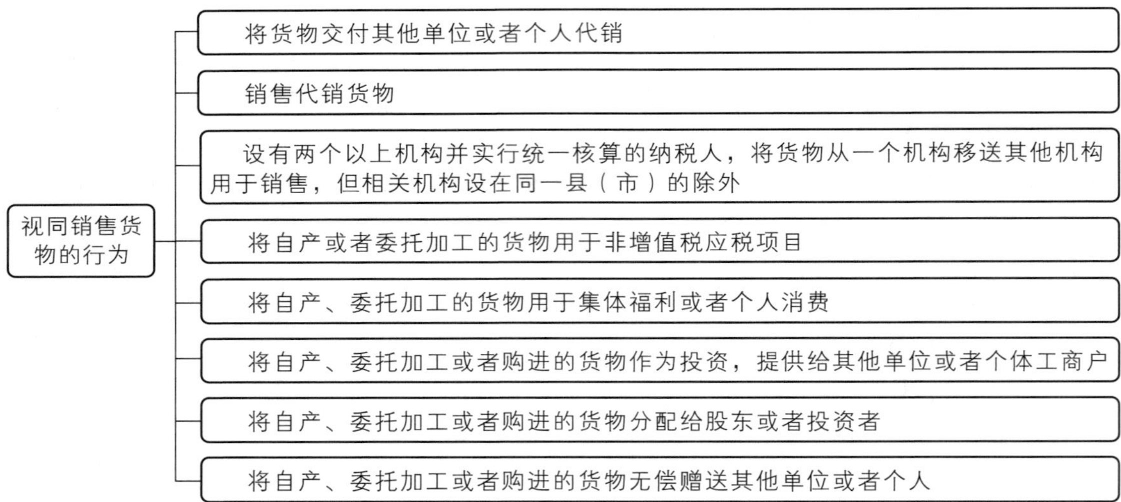

其中，“将自产或者委托加工的货物用于非增值税应税”项目，由于营改增后，已不存在非增值税应税项目，所以，原则上这条已经不再适用。但是由于自产产品用于不动产在建工程时，存在其自产产品所消耗的购进材料的购进环节增值税问题，而用于不动产购进环节增值税需要按比例分两年抵减，所以依然会存在其购进环节增值税的转出问题。

链接实例 5-18 甲公司将自产的售价（不含增值税）为 50000 元、成本为 30000 元的一批产品无偿赠送给某小学。

解 甲公司会计处理如下。

（1）结转成本时

借：营业外支出　　30000

　　贷：库存商品　　30000

（2）计算应交纳的增值税时

借：营业外支出　　8000

　　贷：应交税费——应交增值税（销项税额）　　8000

2. 企业所得税视同销售的业务

企业所得税视同销售行为，是指那些不属于《中华人民共和国企业所得税法实施条例》中规定的销售货物、转让财产、提供劳务行为，但要计算所得，缴纳所得税的行为。

《中华人民共和国企业所得税法实施条例》（中华人民共和国国务院令第512号）第二十五条规定：企业发生非货币性资产交换，以及将货物、财产、劳务用于捐赠、赞助、集资、广告、样品、职工福利和利润分配等用途的，应当视同销售货物、转让财产和提供劳务，国务院财政、税务主管部门另有规定的除外。

《国家税务总局关于企业处置资产所得税处理问题的通知》（国税函［2008］828号）规定：

二、企业将资产移送他人的下列情形，因资产所有权属已发生改变而不属于内部处置资产，应按规定视同销售确定收入。

（一）用于市场推广或销售；

（二）用于交际应酬；

（三）用于职工奖励或福利；

（四）用于股息分配；

（五）用于对外捐赠；

（六）其他改变资产所有权属的用途。

三、企业发生本通知第二条规定情形时，属于企业自制的资产，应按企业同类资产同期对外销售价格确定销售收入；属于外购的资产，可按购入时的价格确定销售收入。

以【链接实例5-18】为例。

按照企业所得税条例的规定，上述资产捐赠业务，同时也属于企业所得税视同销售的业务，对于这类会计上不做销售处理，企业所得税上又要视同销售计算应税所得，计算应纳税额的业务，就会形成税会差异，这种差异需要在年终所得税汇算时，通过所得税报表项目进行调整。

第二节 小企业费用的核算

小企业的成本费用仅指列示于利润表中，影响当期损益的成本费用。列示于利润表中的成本费用，会计上有广义与狭义之分。广义的费用包括了所有导致所有者权益减少的支出，共包括了四部分的内容：一是与企业销售收入相配比的已销售产品的成本，包括主营业务成本和其他业务成本；二是与企业经营相关，影响当期损益的税收成本，包括营业税金及附加和所得税费用；三是与报告期间相配比的期间费用，包括管理费用、销售费用、财务费用；四是影响当期损益的其他损失，包括营业外支出等。这里的费用概念仅指狭义的成本费用。

一、小企业费用概述

1. 小企业费用的特征

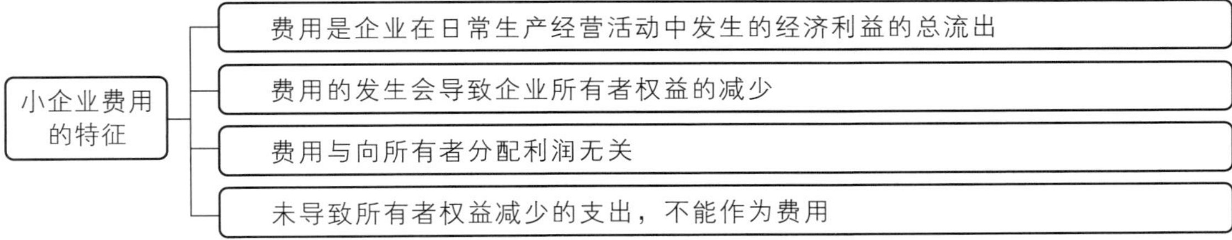

2. 小企业费用的构成

小企业费用的构成

- 营业成本，是指小企业所销售商品的成本和所提供劳务的成本
- 营业税金及附加，是指小企业开展日常生产经营活动应负担的消费税、城市维护建设税、资源税、土地增值税、城镇土地使用税、房产税、车船税、印花税和教育费附加、矿产资源补偿费、排污费等
- 销售费用，是指小企业在销售商品或提供劳务过程中发生的各种费用，包括销售人员的职工薪酬、商品维修费、运输费、装卸费、包装费、保险费、广告费、业务宣传费、展览费等费用。商业小企业在购买商品过程中发生的费用也构成销售费用
- 管理费用，是指小企业为组织和管理生产经营活动而发生的各种费用，包括小企业在筹建期间发生的开办费、行政管理部门发生的费用（包括固定资产折旧费、修理费、办公费、水电费、差旅费、管理人员的职工薪酬等）、业务招待费、研究开发费用、技术转让费、相关长期待摊费用摊销、财产保险费、聘请中介机构费、咨询费（含顾问费）、诉讼费等费用
- 财务费用，是指小企业为筹集生产经营所需资金发生的筹资费用，包括利息费用（减利息收入）、汇兑损失、银行相关手续费、小企业给予的现金折扣（减享受的现金折扣）等费用

3. 小企业费用的确认

小企业费用的确认

- 通常，小企业的费用应当在发生时按照其发生额计入当期损益
- 小企业销售商品收入和提供劳务收入已予确认的，应当将已销售商品和已提供劳务的成本作为营业成本结转至当期损益

二、小企业营业成本的核算

1. 小企业主营业务成本

小企业主营业务成本

- 小企业应设置“主营业务成本”科目核算小企业确认销售商品或提供劳务等主营业务收入应结转的成本
- 月末，可将“主营业务成本”科目的余额转入“本年利润”科目，结转后“主营业务成本”科目应无余额
- “主营业务成本”科目应按照主营业务的种类进行明细核算

小企业主营业务成本的账务处理见表 5-1。

表 5-1 小企业主营业务成本的账务处理

业务情景	账务处理
月末计算应结转的主营业务成本	借：主营业务成本 　　贷：库存商品
本月发生销售退回	借：库存商品 　　贷：主营业务成本

链接实例 5-19 2018 年 7 月 5 日，甲公司收到乙公司退回的商品一批，该批商品系今年 5 月 10 日甲公司销售给乙公司的商品，总成本 480000 元，销售的全部价款 600000 元，税款 96000 元。经对全部产品进行检验验收，乙公司共确认三分之一的产品存在质量问题，经与甲公司沟通交涉，甲公司同意不合格部分全部退回。2018 年 7 月 10 日，乙公司将三分之一的不合格品退回甲公司，并开出销售退货申请单。7 月 12 日，甲公司收到退货，清点入库后开具了红字增值税专用发票，并支付了退货款。

解 甲公司的账务处理如下。

甲公司 5 月发生销售时：

借：应收账款——乙公司 696000

　　贷：主营业务收入 600000

　　　　应交税费——应交增值税（销项税额） 96000

当时结转成本：

借：主营业务成本 480000

　　贷：库存商品 480000

2018 年 7 月 12 日，收到退货，开具红字发票时：

借：主营业务收入 200000

　　应交税费——应交增值税（销项税额） 32000

　　贷：银行存款 232000

同时冲减退货成本：

借：库存商品 160000

　　贷：主营业务成本 160000

2.小企业其他业务成本

小企业其他业务成本

- 小企业应设置“其他业务成本”科目核算小企业确认的、除主营业务活动以外的其他日常生产经营活动所发生的支出，包括销售材料的成本、出租固定资产的折旧费、出租无形资产的摊销额等
- 月末，可将“主营业务成本”科目的余额转入“本年利润”科目，结转后“主营业务成本”科目应无余额
- “其他业务成本”科目应按照其他业务成本的种类进行明细核算

小企业其他业务成本的账务处理见表 5-2。

表 5-2 小企业其他业务成本的账务处理

业务情景	账务处理
其他业务成本	借：其他业务成本（小企业发生的其他业务成本） 　贷：原材料、周转材料、累计折旧、累计摊销、银行存款

三、小企业营业税金及附加

小企业营业税金及附加

- 小企业应设置“营业税金及附加”科目核算小企业开展日常生产经营活动应负担的消费税、城市维护建设税、资源税、土地增值税、城镇土地使用税、房产税、车船税、印花税和教育费附加、矿产资源补偿费、排污费等相关税费
- 与最终确认营业外收入或营业外支出相关的税费，在“固定资产清理”“无形资产”等科目核算，不在“营业税金及附加”科目核算
- 月末，可将“营业税金及附加”科目余额转入“本年利润”科目，结转后“营业税金及附加”科目应无余额
- “营业税金及附加”科目应按照税费种类进行明细核算

小企业营业税金及附加的账务处理见表5-3。

表5-3 小企业营业税金及附加的账务处理

业务情景	账务处理
小企业销售应税消费品计算的消费税	借：营业税金及附加 　贷：应交税费——应交消费税
按照本期应交流转税的金额计算城建税、教育费附加等	借：营业税金及附加 　贷：应交税费——应交城建税 　　应交税费——应交教育费附加 　　应交税费——应交地方教育费附加
计提应交的房产税、土地使用税	借：营业税金及附加 　贷：应交税费——房产税（土地使用税）
按核定的比例计提的印花税	借：营业税金及附加 　贷：应交税费——印花税
结转“营业税金及附加”	借：本年利润 　贷：营业税金及附加

链接实例5-20 某公司是增值税一般纳税人，2018年6月末，企业根据本期进项税与销项税情况，计算出了本期应交的增值税。

解 其会计处理如下。

借：应交税费——应交增值税（转出未交增值税）　　12350

　贷：应交税费——未交增值税　　12350

该公司根据本期应交的流转税，计提城建税（7%）、教育费附加（3%）以及地方教育费附加（2%）。

借：营业税金及附加　　1482

　贷：应交税费——应交城建税　　864.5

　　应交税费——应交教育费附加　　370.5

　　应交税费——应交地方教育费附加　　247

链接实例 5-21 某公司以转让国有土地使用权的形式购得 1840m^2 厂区用于企业经营，总价值 1300 万元，其中该公司财务把办公楼及厂房总价值为 760 万元作为固定资产管理，土地使用权价值 540 万元作为无形资产管理。期末企业计提房产税与土地使用税（企业所在地为三类地，税务部门核定土地使用税税额为 1.5 元/m^2）。

解 应交的房产税＝13000000×（1－30%）×1.2%/12＝9100(元)

应交的土地使用税＝1840×1.5＝2760(元)

会计处理如下。

借：营业税金及附加　　11860

　　贷：应交税费——应交房产税　　9100

　　　　应交税费——应交土地使用税　　2760

四、期间费用

期间费用是小企业经营过程中，发生的与一定会计期间相配比的营业费用，包括销售费用、管理费用和财务费用。

1. 小企业销售费用

小企业销售费用

- 小企业应设置“销售费用”科目核算小企业在销售商品或提供劳务过程中发生的各种费用。如销售人员的职工薪酬、商品维修费、运输费、装卸费、包装费、保险费、广告费和业务宣传费、展览费等费用
- 小企业（批发业、零售业）在购买商品过程中发生的费用（包括运输费、装卸费、包装费、保险费、运输途中的合理损耗和入库前的挑选整理费等），也在“销售费用”科目核算
- 月末，可将“销售费用”科目余额转入“本年利润”科目，结转后“销售费用”科目应无余额
- “销售费用”科目应按照费用项目进行明细核算

小企业销售费用的账务处理见表 5-4。

表 5-4 小企业销售费用的账务处理

业务情景	账务处理
在销售商品或提供劳务过程中发生的装卸费、包装费、保险费、售后服务费等	借：销售费用 　贷：库存现金、银行存款
商业小企业在购买商品过程中发生的装卸费、包装费、保险费等	借：销售费用 　贷：银行存款、应付账款、库存现金等
小企业发生的销售人员的工资、福利等	借：销售费用 　贷：应付职工薪酬
专设销售机构的房屋、设备等的折旧费	借：销售费用 　贷：累计折旧

续表

业务情景	账务处理
销售机构的办公费、广告费、参展费等	借：销售费用 　贷：银行存款、库存现金、应付账款等
随同产品销售不单独计价的包装物	借：销售费用 　贷：原材料、周转材料等
期末结账“销售费用”	借：本年利润 　贷：销售费用

链接实例 5-22 2016 年 7 月，某公司为宣传新产品支付给广告公司广告费 50000 元，均用银行存款支付。

解 企业会计处理如下。

借：销售费用　　50000
　贷：银行存款　　50000

链接实例 5-23 某公司销售部 7 月份发生如下费用：销售人员薪酬 98000 元，销售部专用运输设备折旧费 32000 元，业务推送费 28000 元（已用银行存款支付）。

解 企业会计处理如下。

借：销售费用　　158000
　贷：应付职工薪酬　　98000
　　　累计折旧　　32000
　　　银行存款　　28000

链接实例 5-24 某公司销售一批产品，销售过程中发生运输费 3000 元、装卸费 1000 元，均用银行存款支付。

解 企业会计处理如下。

借：销售费用　　4000
　贷：银行存款　　4000

链接实例 5-25 8 月份，某公司销售了一批生产余料，价值 5000 元，售价 7000 元，开具普通发票，收取现金。为了运输过程中不发生意外，销售时企业免费提供了两只包装桶进行了包装，该包装桶账面价值 85 元/只。

解 企业编制会计分录如下。

借：库存现金　　7000
　贷：其他业务收入　　6034.48
　　　应交税费——应交增值税　　965.52

结转成本及费用：

借：其他业务成本　　5000
　贷：原材料　　5000

借：销售费用　　170
　贷：周转材料　　170

2. 小企业管理费用

小企业管理费用

- 小企业应设置“管理费用”科目核算小企业为组织和管理生产经营活动发生的与管理活动和管理部门相关的费用。如小企业在筹建期间内发生的开办费、行政管理部门发生的费用（包括固定资产折旧费、修理费、办公费、水电费、差旅费、管理人员的职工薪酬等）、业务招待费、研究费用、技术转让费、相关长期待摊费用摊销、财产保险费、聘请中介机构费、咨询费（含顾问费）、诉讼费等
- 小企业（批发业、零售业）管理费用不多的，可不设置“管理费用”科目，“管理费用”科目的核算内容可并入“销售费用”科目核算
- 月末，可将“管理费用”科目的余额转入“本年利润”科目，结转后“管理费用”科目应无余额
- “管理费用”科目应按照费用项目进行明细核算

小企业管理费用的账务处理见表 5-5。

表 5-5 小企业管理费用的账务处理

业务情景	账务处理
小企业在筹建期间内发生的开办费	借：管理费用 　贷：银行存款
行政管理部门人员的职工薪酬	借：管理费用 　贷：应付职工薪酬
行政管理部门计提的固定资产折旧费和发生的修理费	借：管理费用 　贷：累计折旧、银行存款
行政管理部门发生的办公费、水电费、差旅费	借：管理费用 　贷：银行存款
小企业发生的业务招待费、相关长期待摊费用摊销、技术转让费等	借：管理费用 　贷：银行存款、长期待摊费用
小企业自行研究无形资产发生的研究费用	借：管理费用 　贷：研发支出

链接实例 5-26 某公司是新筹资设立的一家软件开发公司，筹建期间发生办公费、注册费、审计费、差旅费等开办费 30000 元，均用银行存款支付。

解 企业会计处理如下。

借：管理费用——开办费　　30000

　贷：银行存款　　30000

链接实例 5-27 某公司为打开企业产品的销售市场，组织了一次大型的客户联谊会，发生餐饮、场地等费用计 72000 元，均用银行存款支付。

解 企业会计处理如下。

借：管理费用——业务招待费　　72000

　贷：银行存款　　72000

链接实例 5-28 某公司办公室统一购买办公用品，共支付现金 3200 元，用银行存款支付水费 4400 元，电费 12000 元，均取得增值税专用发票，水电均为办公使用。

解 企业会计处理如下。

借：管理费用——办公费用 2758.62
　　应交税费——应交增值税（进项税额） 441.38
　　贷：库存现金 3200

借：管理费用——水电费用 14137.93
　　应交税费——应交增值税（进项税额） 2262.07
　　贷：银行存款 16400

链接实例 5-29 某公司 9 月共发生工资薪酬 143000 元，其中，行政管理人员薪酬 60000，软件开发人员工资 83000 元。

解 会计处理如下。

借：管理费用——工资薪酬 60000
　　开发成本 83000
　　贷：应付职工薪酬——职工薪酬 143000

链接实例 5-30 某公司期末计算计提行政部门专用办公设备折旧费 32000 元。

解 企业会计处理如下。

借：管理费用 32000
　　贷：累计折旧 32000

链接实例 5-31 某公司当月发生电脑设备修理费用 5000 元（以银行存款支付），行政管理部门发生复印机等设备日常修理费用 800 元（以现金支付）。

解 企业会计处理如下。

借：管理费用 5800
　　贷：银行存款 5000
　　　　库存现金 800

3. 小企业财务费用

小企业财务费用

- 小企业应设置“财务费用”科目，核算小企业为筹集生产经营所需资金发生的筹资费用。如利息费用（减利息收入）、汇兑损失、银行相关手续费、小企业给予的现金折扣（减享受的现金折扣）等费用
- 小企业为购建固定资产、无形资产以及经过一年期以上的制造才能达到预定可销售状态的存货发生的借款费用，在“在建工程”“研发支出”“制造费用”等科目核算，不在“财务费用”科目核算
- 小企业发生的汇兑收益，在“营业外收入”科目核算，不在“财务费用”科目核算
- 月末，可将“财务费用”科目余额转入“本年利润”科目，结转后“财务费用”科目应无余额
- “财务费用”科目应按照费用项目进行明细核算

小企业财务费用的账务处理见表 5-6。

表 5-6 小企业财务费用的账务处理

业务情景	账务处理
小企业发生的利息费用、汇兑损失、银行相关手续费等	借：财务费用 贷：应付利息、银行存款
为及早收回货款而给予对方的现金折扣	借：财务费用 贷：应收账款
持未到期的商业汇票向银行贴现的贴现息	借：银行存款（按照实际收到的金额，即减去贴现息后的净额） 财务费用（按照贴现息） 贷：应收票据（银行无追索权情况下）或短期借款（银行有追索权情况下）（按照商业汇票的票面金额）
在信用期间支付货款而享受的现金折扣	借：银行存款 贷：财务费用
银行存款账户的利息收入	借：银行存款 贷：财务费用

链接实例 5-32 某公司于 2016 年 10 月 1 日向银行借入开发经营用借款 180000 元，期限 6 个月，年利率 5%，该借款本金到期后一次归还，利息分月预提，按季支付。假定所有利息均不符合利息资本化条件。

解 企业相关利息的会计处理如下。

10 月末，预提当月份应计利息 = 180000 × 5% ÷ 12 = 750(元)。

借：财务费用 750

贷：应付利息 750

链接实例 5-33 甲公司于 2016 年 10 月 3 日到开户银行购买支票，发生工本费、手续费 45 元，同时给乙公司汇款发生汇款手续费 15 元。

解 甲公司企业会计处理如下。

借：财务费用 60

贷：银行存款 60

链接实例 5-34 甲公司 2016 年 11 月 10 日，为日本某公司开发的软件产品交货，收到对方支付的货款 3000000 日元，该公司以人民币为记账本位币，当日市场汇率为 100 : 6.88，11 月 30 日市场汇率为 100 : 6.67。

解 甲公司企业外币发生日会计处理如下。

借：银行存款 206400

贷：主营业务收入 206400

11 月 30 日按期末汇率调整账面形成的汇兑损失：

借：财务费用 6300

贷：银行存款 6300(206400 − 3000000/100 × 6.67)

链接实例 5-35 2016 年 12 月 20 日某公司收到开户银行结算的存款利息单，收入利息 2681.33 元。

解 该公司企业会计处理如下。

借：银行存款　　2681.33
　　贷：财务费用　　2681.33

4.小企业借款费用

小企业借款费用，是指小企业因为借款而发生的利息及其他相关成本。

（1）小企业借款费用的构成　小企业借款费用包括借款利息、辅助费用和因外币借款而发生的汇兑差额等。

（2）小企业借款费用的去向（资本化或费用化）

借款费用的去向
- 计入相关资产成本。企业发生的借款费用，可直接归属于符合资本化条件的资产的购建或者生产的，应当进行资本化，计入相关资产成本
- 计入当期损益。其他借款费用，应当在发生时根据其发生额确认为费用，计入当期损益

（3）小企业符合借款费用资本化条件的资产

符合借款费用资本化条件的资产
- 在《小企业会计准则》中符合借款费用资本化条件的资产主要有购建的固定资产、购建的无形资产、经过一年期以上的制造才能达到预定可销售状态的存货
- 符合借款费用资本化条件的存货，主要有企业（房地产开发）开发的用于对外出售的房地产开发产品、企业制造的用于对外出售的大型机械设备等。该类存货通常需要经过一年期以上的制造过程才能达到预定可销售状态
- 企业借款制造的存货中，符合借款费用资本化条件的，应当将符合资本化条件的借款费用予以资本化

小企业借款费用资本化的账务处理见表5-7。

表5-7　小企业借款费用资本化的账务处理

业务情景		账务处理
借款用于购建固定资产	竣工决算前发生的借款利息	借：在建工程 　　贷：应付利息
	办理竣工决算后发生的利息费用	借：财务费用 　　贷：应付利息
借款用于无形资产研发	小企业自行研究开发无形资产发生的研发支出	①不满足资本化条件的 借：研发支出（费用化支出） 　　贷：原材料、银行存款、应付职工薪酬、应付利息 ②满足资本化条件的 借：研发支出（资本化支出） 　　贷：原材料、银行存款、应付职工薪酬、应付利息
	研究开发项目达到预定用途形成无形资产的	借：无形资产 　　贷：研发支出（资本化支出）
	月末结转费用化支出部分	借：管理费用 　　贷：研发支出（费用化支出）

续表

业务情景		账务处理
借款用于制造产品（经过一年期以上的制造才能达到预定可销售状态）	制造完成之前发生的借款利息	借：制造费用 贷：应付利息
	制造完成之后发生的利息费用	借：财务费用 贷：应付利息

第三节 小企业利润的核算

一、小企业利润

小企业利润，是指小企业在一定会计期间的经营成果。

（一）小企业利润的构成

小企业利润包括营业利润、利润总额以及净利润。

1. 营业利润

营业利润是指营业收入减去营业成本、营业税金及附加、销售费用、管理费用、财务费用，加上投资收益（或减去投资损失）后的金额。

营业利润的计算公式为

营业利润＝营业收入－营业成本－营业税金及附加－销售费用－管理费用－财务费用＋投资收益（或－投资损失）

2. 利润总额

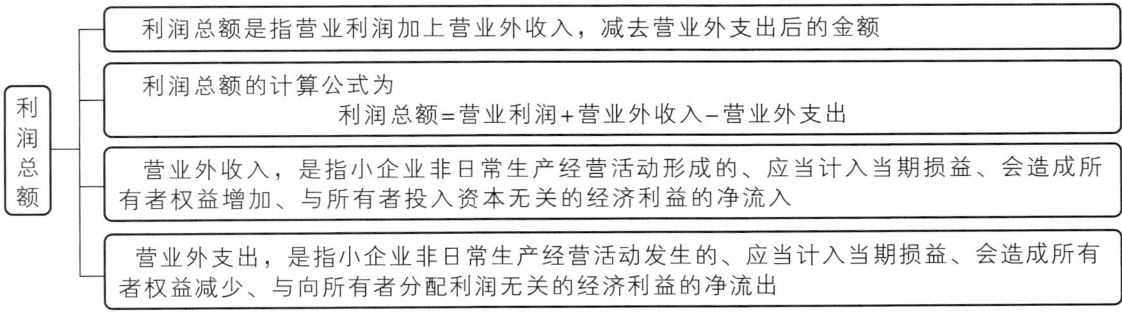

3. 净利润

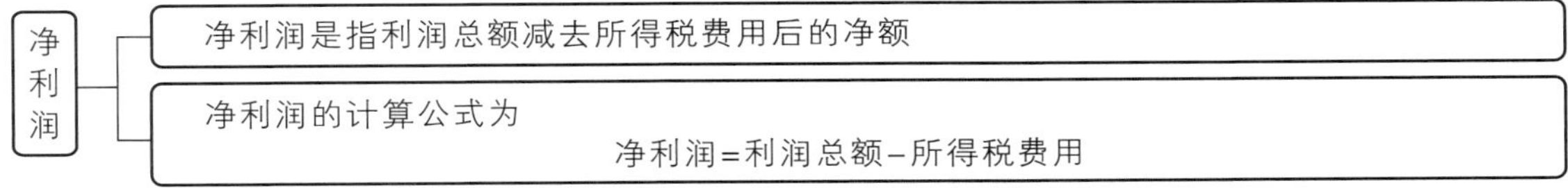

（二）小企业营业外收支

营业外收支是指小企业非日常生产经营活动形成的、应当计入当期损益、会造成所有者权益增减变化、与所有者投入资本或向投资者分配利润无关的经济利益的流入或流出业务。能形成经济利益流入的为营业外收入，反之为营业外支出。

小企业资产发生的非正常增减变化，一般均列入营业外收入，如固定资产、无形资产的处置、毁损收益或损失；存货发生毁损，处置收入、可收回的责任人赔偿及保险赔款，扣除其成本、关税费后的净额，应当计入营业外支出或营业外收入等。

1. 营业外收入

（1）营业外收入的构成

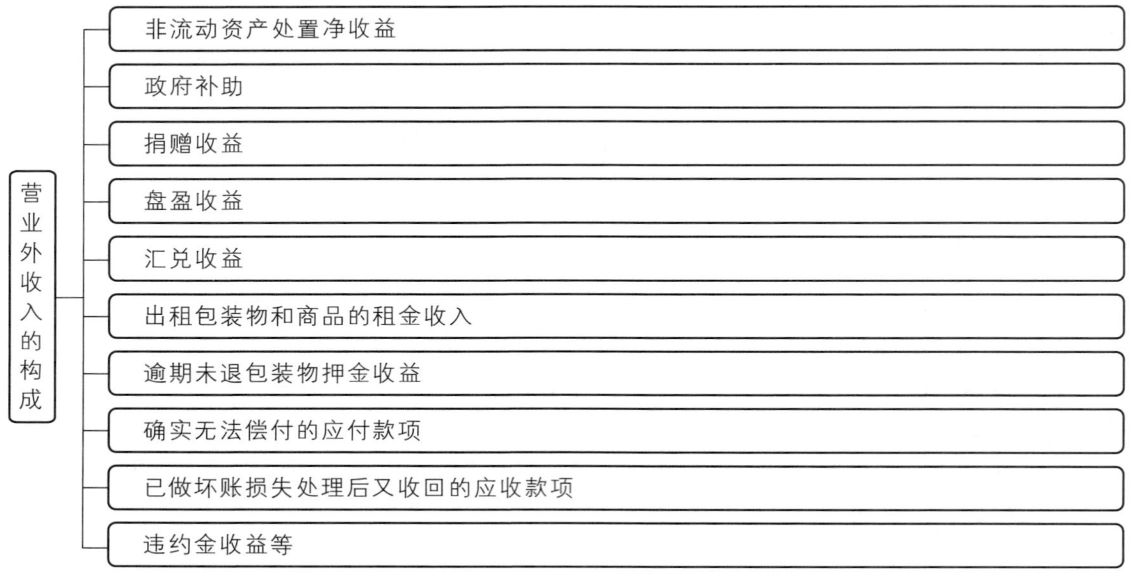

（2）营业外收入计入当期损益　通常，小企业的营业外收入应当在实现时按照其实现金额计入当期损益。

（3）“营业外收入”会计科目

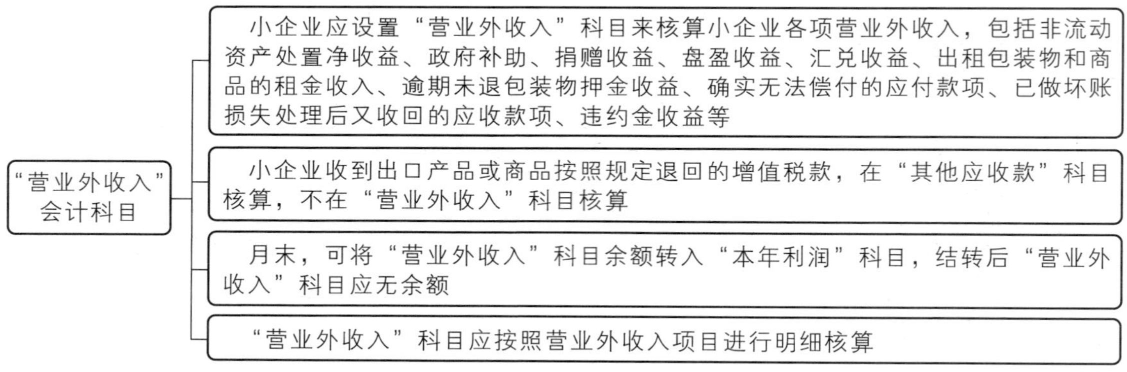

营业外收入的账务处理见表5-8。

表5-8　营业外收入的账务处理

业务情景	账务处理
非流动资产处置收益	借：固定资产清理等 　　贷：营业外收入
确认的政府补助收入	借：银行存款或递延收益 　　贷：营业外收入

续表

业务情景	账务处理
先征后返的企业所得税、增值税（不含出口退税）、消费税等	借：银行存款 贷：营业外收入
确认的捐赠收益	借：银行存款、固定资产等 贷：营业外收入
确认的盘盈收益	借：待处理财产损溢 贷：营业外收入
确认的汇兑收益	借：有关科目 贷：营业外收入
确认的逾期未退包装物押金收益、确实无法偿付的应付款项等	借：其他应付款、应付账款 贷：营业外收入
确认的出租包装物和商品的租金收入、违约金收益等	借：银行存款、其他应收款等 贷：营业外收入
确认的已做坏账损失处理后又收回的应收款项	借：银行存款 贷：营业外收入

链接实例 5-36 某小公司现有一台设备由于性能等原因决定提前报废，原价为 250000 元，已计提折旧 225000 元，报废时的残值变价收入为 36750 元，报废清理过程中发生的清理费用 1750 元。有关收入、支出均通过银行存款办理结算，不考虑相关的税费。

解 该公司应编制会计分录如下。

将报废固定资产转入清理：

借：固定资产清理 25000

累计折旧 225000

贷：固定资产 250000

收回残值收入：

借：银行存款 36750

贷：固定资产清理 36750

支付清理费用：

借：固定资产清理 1750

贷：银行存款 1750

确认报废净收益：

借：固定资产清理 10000

贷：营业外收入 10000

链接实例 5-37 某公司在财产清查中盘盈了材料 2000 千克，实际单位成本为 80 元，经查属于材料收发计量方面的错误。

解 该公司编制的会计分录如下。

批准处理前：

借：原材料 160000

贷：待处理财产损溢——待处理流动资产 160000

批准处理后：

借：待处理财产损溢——待处理流动资产　　160000

　　贷：营业外收入　　160000

链接实例 5-38 接【链接实例 5-34】，如果 2016 年 12 月 31 日，日元兑人民币汇率为 100∶7.02，期末对外币账户进行调整。

解 该公司会计处理如下。

借：银行存款　　10500[3000000/100×(7.02－6.67)]

　　贷：营业外收入　　10500

链接实例 5-39 某公司 2018 年 5 月 3 日因销售产品，出租了一批包装箱，该批包装箱租金 700 元，租期 1 个月。企业为了尽早收回包装箱，同时按每只包装箱 50 元押金，收取押金 3500 元，款项存入银行。至 2018 年 6 月底，仍有 20 只箱子未收回，该公司按规定没收未收回箱子的押金。

解 该公司企业会计处理如下。

收到租金及押金时：

借：银行存款　　4200

　　贷：其他应付款　　3500

　　　　营业外收入　　603.45

　　　　应交税费——应交增值税（销项税额）　　96.55

没收押金时：

借：其他应付款　　1000

　　贷：营业外收入　　862.07

　　　　应交税费——应交增值税（销项税额）　　137.93

2. 营业外支出

（1）营业外支出的构成

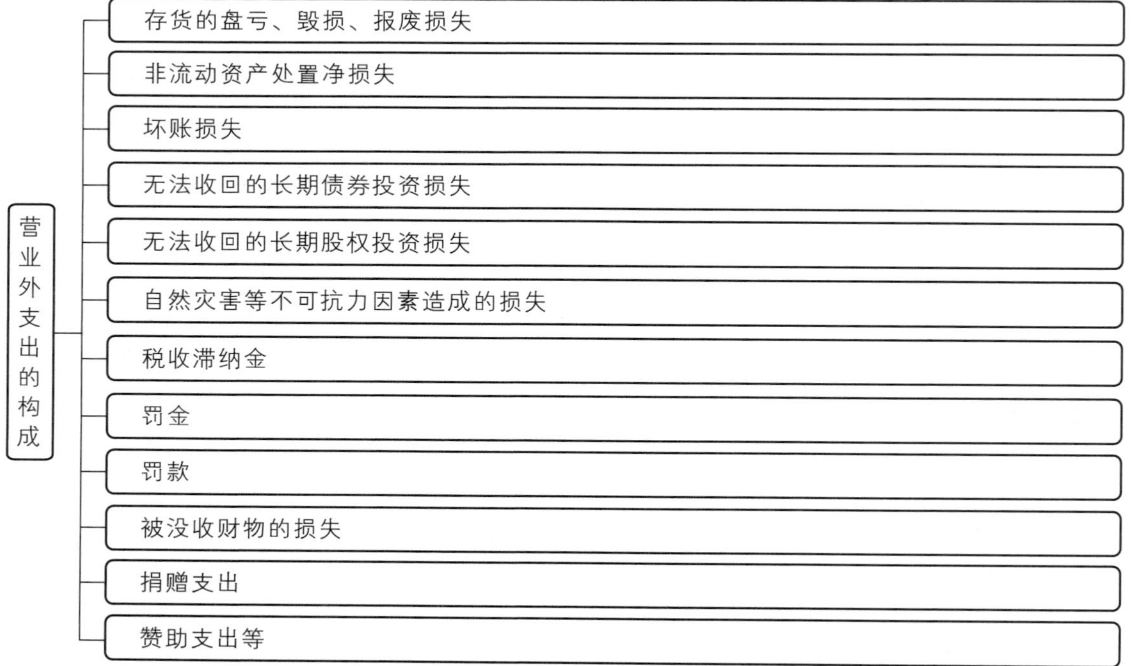

（2）营业外支出科目的设置

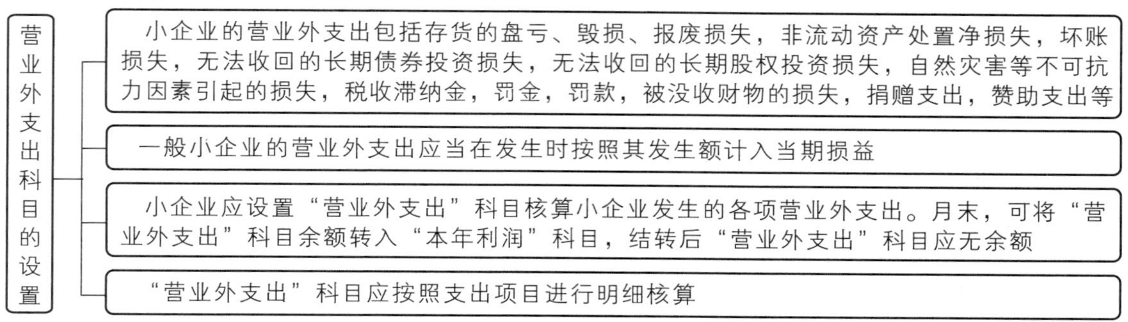

（3）营业外支出会计核算　营业外支出的账务处理见表 5-9。

表 5-9　营业外支出的账务处理

业务情景	账务处理
确认现金、存货、固定资产的盘亏、毁损、报废损失，不可抗力因素造成的损失	借：营业外支出 　贷：待处理财产损溢——待处理流动资产损溢 　　待处理财产损溢——待处理固定资产损溢
确认固定资产处置净损失	借：营业外支出 　贷：固定资产清理
确认处置的无形资产、生产性生物资产净损失	借：银行存款（实际收到的款项） 　营业外支出（差额） 　生产性生物资产累计折旧（或累计摊销）（已计提或已摊销） 　贷：生产性生物资产、无形资产（账面余额） 　　应交税费——应交增值税（销项税额）
确认实际发生的坏账损失	借：营业外支出 　贷：应收账款、预收账款、其他应收款
确认实际发生的长期债券投资损失	借：银行存款（按照可收回的金额） 　营业外支出（按照其差额） 　贷：长期债券投资（按照长期债券投资的账面余额）
确认实际发生的长期股权投资损失	借：银行存款（按照可收回的金额） 　营业外支出（按照其差额） 　贷：长期股权投资（按照长期股权投资的账面余额）
支付的税收滞纳金、罚金、罚款	借：营业外支出 　贷：银行存款
确认被没收财物的损失、捐赠支出、赞助支出	借：营业外支出 　贷：银行存款、原材料、库存商品等 　　应交税费——应交增值税（进项税额转出）

链接实例 5-40　2018 年 5 月份，某小企业根据发生的营业外收支业务，编制会计分录如下。

处置机器设备一台，原始价值为 20000 元，累计折旧为 8000 元，取得处置收入 15000

元，增值税税额2400元。

解 其账务处理如下。

借：固定资产清理 12000
　　累计折旧 8000
　　贷：固定资产 20000
借：银行存款 17400
　　贷：固定资产清理 15000
　　　　应交税费——应交增值税（销项税额） 2400
借：固定资产清理 3000
　　贷：营业外收入 3000

用银行存款对外进行非公益性捐赠2000元。

借：营业外支出 2000
　　贷：银行存款 2000

链接实例5-41 2016年12月末，某公司对企业资产进行清查，清查过程中发现库存材料短缺300千克，每千克账面均价70元。经查是由于收发领料及材料回潮造成的，报经领导批准处理。

解 企业会计处理如下。

借：待处理财产损溢——待处理流动资产损溢 21000
　　贷：原材料 21000
借：营业外支出 21000
　　贷：待处理财产损溢——待处理流动资产损溢 21000

链接实例5-42 2016年12月25日，某公司车检时交纳交通违章处罚400元。同时由于会计疏忽，税款迟交形成滞纳金80元，企业一并处理。

解 企业会计处理如下。

借：营业外支出 480
　　贷：库存现金 400
　　　　银行存款 80

二、小企业政府补助

政府补助，是指企业从政府无偿取得货币性资产或非货币性资产，但不包含政府作为企业所有者投入的资本。政府包括各级政府及其所属机构，国际类似组织也在这个范围内。

（一）政府补助的特征

1. 政府补助是无偿的、有条件的

- 政府补助是无偿的、有条件的
  - 政府向企业提供补助具有无偿性的特点，政府并不因此而享有企业的所有权，企业未来也无需以提供服务、转让资产等方式偿还。政府补助通常附有一定的条件
  - 政策条件。企业只有符合政府补助政策的规定，才有资格申请政府补助。符合政策规定不是都能够取得政府补助；不符合政策规定、不具备申请政府补助资格的，不能取得政府补助
  - 使用条件。企业已获批准取得政府补助的，应当按照政府规定的用途使用

2. 政府资本性投入不属于政府补助

政府资本性投入不属于政府补助

- 政府以投资者身份向企业投入资本，享有企业相应的所有权，企业有义务向投资者分配利润，政府和企业之间是投资者与被投资者的关系
- 政府拨入的投资补助等专项拨款中，国家有关文件规定作为“资本公积”处理的，也属于资本性投入的性质
- 政府的资本性投入无论采用何种形式，均不属于政府补助

（二）政府补助的主要形式

政府补助表现为政府向企业转移资产，通常为货币性资产，也可能为非货币性资产。政府补助主要有如下几种形式。

政府补助的主要形式

- 财政拨款是政府无偿拨付给企业的资金，通常在拨款时明确规定了资金用途
- 财政贴息是政府为支持特定领域或区域发展，按照国家宏观经济形势和政策目标，对承贷企业的银行贷款利息给予的补贴。财政贴息主要包括两种方式：财政将贴息资金直接拨付给受益企业；财政将贴息资金拨付给贷款银行，由贷款银行以政策性优惠利率向企业提供贷款，受益企业根据实际发生的利率计算和确认利息费用
- 税收返还是政府按照国家相关规定采取先征后返（退）、即征即退等办法向企业返还的税款，属于以税收优惠形式给予的一种政府补助。增值税出口退税不属于政府补助
- 无偿划拨非货币性资产。比如，行政划拨土地使用权、天然起源的天然林等

特别提醒：①政府补助必须有小企业直接取得资产行为，包括货币性资产和非货币性资产，形成小企业的收益。

②体现政策导向的税收政策及优惠，即不涉及资产直接转移的经济支持不属于《小企业会计准则》规范的政府补助，比如，政府与小企业间的债务豁免，除税收返还外的税收优惠，直接减征、免征、抵免税额、加计扣除等。

③直接取得资产的增值税出口退税不属于政府补助。

（三）政府补助的分类

政府补助的分类

- 与资产相关的政府补助，是指企业取得的、用于购建或以其他方式形成长期资产的政府补助，即政府补助最终形成企业资产
- 与收益相关的政府补助，是指除与资产相关的政府补助之外的政府补助，即政府补助最终补偿企业已发生或将发生的费用损失

（四）政府补助的确认

按照取得的政府补助的用途不同，政府补助的确认也有所不同。

政府补助的确认

- 小企业收到与资产相关的政府补助，应当确认为递延收益，并在相关资产的使用寿命内平均分配，计入营业外收入。相关资产在使用寿命结束前被出售、转让、报废或发生毁损的，应将尚未分配的递延收益余额一次性转入资产处置当期的损益
- 小企业收到的其他政府补助，用于补偿本企业以后期间的相关费用或亏损的，确认为递延收益，并在确认相关费用或发生亏损的期间，计入营业外收入；用于补偿小企业已发生的相关费用或亏损的，直接计入营业外收入
- 按照规定实行企业所得税、增值税、消费税等先征后返的，应当在实际收到返还的企业所得税、增值税（不含出口退税）、消费税时，计入营业外收入

（五）政府补助的会计核算

小企业应设置“递延收益”科目核算小企业已经收到、应在以后期间计入损益的政府补助。该科目为负债类科目，应按照相关补贴项目进行明细核算。

政府补助的账务处理见表 5-10。

表 5-10 政府补助的账务处理

<table>
<tr><th colspan="3">业务情景</th><th>账务处理</th></tr>
<tr><td rowspan="2">与资产相关的政府补助</td><td colspan="2">收到政府补助时</td><td>借：银行存款
贷：递延收益</td></tr>
<tr><td colspan="2">在相关资产的使用寿命内摊销资产费用时，配比的分配递延收益</td><td>借：管理费用
贷：累计折旧
借：递延收益
贷：营业外收入</td></tr>
<tr><td rowspan="3">与收益相关的政府补助</td><td rowspan="2">用于补偿本企业以后期间发生的相关费用或亏损的</td><td>收到政府补助时</td><td>借：银行存款
贷：递延收益</td></tr>
<tr><td>未来发生相关费用或亏损时</td><td>借：递延收益
贷：营业外收入</td></tr>
<tr><td colspan="2">用于补偿本企业已发生的相关费用或亏损的</td><td>借：银行存款
贷：营业外收入</td></tr>
</table>

链接实例 5-43 某公司为一小型环保企业。2015 年 4 月经申请立项，企业收到一项政府补贴 500 万元，要求专门用于购置治污设备，企业购置了专门设施并于 2015 年年末达到可使用状态。该专门设施入账金额为 600 万元，预计使用 4 年，预计净残值为 0。

解 该公司会计处理如下。

（1）2015 年 4 月收到政府补贴时：

借：银行存款　　5000000

　　贷：递延收益　　5000000

（2）2015 年年底资产交付使用时：

借：固定资产　　6000000

　　贷：在建工程　　6000000

（3）在 2016 年计提资产折旧时，同时配比结转收益时的账务处理：

借：管理费用　　1500000

　　贷：累计折旧　　1500000

借：递延收益　　1250000

　　贷：营业外收入　　1250000

链接实例 5-44 某公司是一家粮食收购仓储企业，粮食的收购价及库存仓储量都受到政府严格限制，企业既要按国家指导价收购粮食，又要按保有量存储，2016 年年末政府给予企业 540 万元财政补助，其中 300 万元补偿企业 2016 年秋粮食收购价差，240 万元用于补贴 2016 年 12 月～2017 年 11 月的企业仓储损失。补贴款项已于 12 月 29 日存入银行。

解 该企业的会计处理如下。

（1）2016 年 12 月 29 日收到补贴时

借：银行存款　　5400000

　　贷：营业外收入　　3000000

　　　　递延收益　　2400000

（2）2017 年每月摊销补贴

借：递延收益　　200000

　　贷：营业外收入　　200000

（六）政府补助的计量

政府补助的计量：

- 政府补助为货币性资产的，应当按照收到的金额计量
- 政府补助为非货币性资产的，按如下方法分别计量：①政府提供了有关凭据的，政府补助为非货币性资产的，应当依据凭据上标明的金额计量；②政府没有提供有关凭据的，应当按照同类或类似资产的市场价格或评估价值计量
- 收到返还的企业所得税、增值税（不含出口退税）、消费税。小企业按照规定实行企业所得税、增值税、消费税等先征后返的，需在实际收到返还的企业所得税、增值税（不含出口退税）、消费税时，按实际收到的金额计算

三、小企业所得税费用

（一）所得税费用概述

所得税费用，就是按照税法的规定，以企业最后形成的经营所得为基础计征的一项税款。该项税款企业只要有所得就必须按照税法的规定计缴，计缴的企业所得税，会相应减少企业的所有者权益，因此，对企业来说就是一项费用，即所得税费用。

企业所得税是对我国境内企业和其他取得收入的组织，就其生产经营所得和其他所得征收的一种税。其计税依据为应纳税所得额。

《中华人民共和国企业所得税法》第二十一条规定："在计算应纳税所得额时，企业财务、会计处理办法与税收法律、行政法规的规定不一致的，应当依照税收法律、行政法规的规定计算"。因此，小企业应当在会计利润总额的基础上，按照企业所得税法规定进行纳税调整，计算出当期应纳税所得额。即：

应纳税所得额 = 利润总额 + 纳税调整增加额 − 纳税调整减少额

按税法计算的所得税，是否就是会计上确认的所得税费用，在会计上，不同的会计理念下其认识不同，对所得税费用的界定和确认也不同。

纳税调整增加额与纳税调整减少额是依据企业一定时期的税前会计利润与应纳税所得额之间，因为计算口径或计算时间不同而产生的永久性差异或时间性差异对税收的影响额确定的。

永久性差异和时间性差异：

- 永久性差异，是指企业一定时期的税前会计利润与纳税所得之间因为计算口径不同而产生的差额，这种差额在本期发生，并不在以后各期转回，如企业税收滞纳金不允许税前扣除，即不计入应纳税所得额；而小企业会计准则允许其作为一项支出列入营业外支出，计入利润总额
- 时间性差异，是指企业一定时期的税前会计利润与应税所得之间的差额，其发生是因为有些收入和支出项目计入纳税所得的时间与计入税前会计利润的时间不一致所产生的。时间性差额发生在某一时期，但在以后的一期或若干期内可以转回。如固定资产折旧项目，由于税法确认的折旧年限与会计确认的折旧年限不同，即使其他条件都相同，而计算计入当期损益或应税所得当中的折旧费也不同

无论是时间性差异，还是永久性差异，这种差异因素对应纳税所得额的计算一定是有影响的。会计上，差异因素对应纳税所得额的影响在确认企业所得税时有不同的会计处理方法。历史上有过应付税款法、纳税影响会计法（递延法、利润表债务法）和资产负债表债务法。现在为了简化小企业会计核算，缩小小企业会计核算与所得税法的差异，我国《小企业会计准则》中对所得税的确认均采用应付税款法，执行《企业会计准则》的企业采用的是资产负债表债务法。

应付税款法是指企业不确认时间性差异对所得税费用的影响金额，按照当期计算的应交所得税确认为所得税费用的方法。在此法下，一定期间的所得税费用等于本期应交所得税。

（二）所得税费用的会计核算

1. 科目设置

所得税费用的科目设置

- 为了核算和监督所得税的计算和缴纳情况，小企业应设置“所得税费用”和“应交税费——应交所得税”两个科目
- “所得税费用”科目属于损益类科目，核算小企业根据企业所得税法确定的应从当期利润总额中扣除的所得税费用。年度终了，应将该科目的余额转入“本年利润”科目，结转后该科目应无余额。小企业根据企业所得税法规定补缴的所得税，也通过该科目核算
- 小企业按照规定实行企业所得税先征后返的，实际收到返还的企业所得税，在“营业外收入”科目核算，不在该科目核算
- “应交税费——应交所得税”科目属于负债类科目，核算小企业按企业所得税法规定应缴纳的所得税。贷方登记按企业所得税法规定计算出的当期应纳所得税额；借方登记实际缴纳的企业所得税；期末贷方余额，反映小企业尚未缴纳的企业所得税；如为借方余额，反映小企业多缴的企业所得税

2. 所得税费用的确认、计量和核算

所得税费用的确认、计量和核算

- 确认：小企业应当在根据企业所得税法确认企业应纳税额的当期，确认所得税费用
- 计量：在应付税款法下，当期所得税费用=当期应纳所得税额
当期应纳所得税额=当期应纳税所得额×适用所得税税率
应纳税所得额=利润总额+纳税调整增加额−纳税调整减少额
- 借：所得税费用
　贷：应交税费——应交所得税
借：本年利润
　贷：所得税费用
借：应交税费——应交所得税
　贷：银行存款

（三）所得税费用的计算

1. 所得税费用的计算步骤

所得税费用的计算步骤

- 确认企业会计利润：根据企业本年利润账户或利润表核算的期末利润情况，确定年末利润总额。一般情况下，企业的“本年利润”账户期末余额应有两种情况：一为贷方余额；二为借方余额

所得税费用的计算步骤

- 确定企业应纳税所得额：根据“应纳税所得额=利润总额+纳税调整增加额−纳税调整减少额”等式关系，按照“企业所得数申报表”的填报要求和税法的规定，进行核实填列纳税调整增加额和纳税调整减少额。最后确定的应纳税所得额也会有两种情况：一是应纳税所得额>0；另一是应纳税所得额<0。当应纳税所得额<0时，说明企业本期无应税所得，故应纳税为0，即所得税费用为0，本期不确认所得税费用，此时的小于0的应纳税所得额即为企业按照税法规定以后年度可以税前弥补的亏损额，要在备查簿中予以登记，以备日后查询弥补。如果应纳税所得额>0，说明本期有应税所得，需要继续确认
- 确定以前年度税前可弥补的亏损额：按照企业以前年度的备查簿记录或年度申报表情况，确定以前年度税前可弥补亏损额。前期确定的应税所得额−税前可弥补的亏损，又有两种情况：一是应税所得额−税前可弥补的亏损>0；另一是应税所得额−税前可弥补的亏损<0。对于<0的情形，如上条所述，本期应纳税额为0，不确认所得税费用。对于应税所得额−税前可弥补的亏损>0的情形，应依法计算应交所得税
- 确认应交的企业所得税额：
  应交的企业所得税额=（应税所得额−税前可弥补的亏损>0）金额×适用税率
- 确认所得税费用金额：所得税费用=当期应纳所得税额
- 会计处理：
  借：所得税费用
  　　贷：应交税费——应交所得税
- 实际缴纳：按照本期计算的应纳所得税额，扣除企业以前会计期间预交的企业所得税后的余额，申报上缴

2. 实例链接

链接实例 5-45 某公司是一小型商贸企业，资产状况、企业规模、职工人数等符合小型企业条件。2012～2015 年每年利润总额分别为 −200 万元、80 万元、106 万元、60 万元，所得税税率为 25%，优惠税率 20%。

（1）该公司 2012 年实现销售收入 800 万元，共发生业务招待费 10 万元，其他费用及支出均符合税法要求（假定 2012 年为初始年度）。

（2）2013 年企业实现销售收入 2000 万元，共发生业务招待费 18 万元，工资费用 45.4 万元，福利支出 78840 元，其他费用及支出均符合税法要求。

（3）2014 年企业实现销售收入 2400 万元，共发生业务招待费 11 万元，罚没支出 12000 元，其他费用及支出均符合税法要求。

（4）2015 年企业实现销售收入 1800 万元，共发生业务招待费 9 万元，国债利息收入 45000 元，其他费用及支出均符合税法要求。

解 依据税法的规定，该公司会计处理如下。

（1）2012 年的相关处理

① 调整应纳税所得额。

应纳税所得额 = 利润总额 + 纳税调整增加额 − 纳税调整减少额 = −200 +（10 − 4）= −194（万元）。

② 则 2012 年企业无需缴纳企业所得税，企业留待以后年度弥补的亏损为 −194 万元。也无需进行所得税的相关处理。

（2）2013 年相关处理

① 调整应纳税所得额

应纳税所得额 = 800000 +（180000 − 100000）+（78840 − 63560）= 895280（元）

② 弥补以前年度亏损：

弥补后所得＝895280－1940000＝－1044720(元)

则截止到2013年企业尚有1044720元税前亏损留待以后年度弥补。2013年无所得税相关会计处理。

(3) 2014年相关处理

① 调整应纳税所得额：

应纳税所得额＝1060000＋(110000－66000)＋12000＝1116000(元)

② 弥补以前年度亏损：

弥补以前年度亏损后所得＝1116000－1044720＝71280(元)

③ 计算应纳税额：

应纳税额＝71280×50%×20%＝7128(元)

④ 会计处理：

借：所得税费用　　7128

　　贷：应交税费——企业所得税　　7128

(4) 2015年相关处理

① 调整应纳税所得额：

应纳税所得额＝600000＋(90000－54000)－45000＝591000(元)

② 计算应纳税额：

应纳税额＝591000×25%＝147750(元)

③ 会计处理：

借：所得税费用　　147750

　　贷：应交税费——企业所得税　　147750

企业决算结交税款时，扣除年度内已预交的企业所得税款，实行多退少补。

第四节　利润分配的核算

一、利润分配概述

所谓利润分配，是在公司实现的净利的基础上，按照公司章程中各股东的投资比例以及公司董事会的决议，对企业当期实现的净利润以及累计的净利润所进行的分配。

一个年度内企业的生产经营成果，受到很多方面的影响，经营的结果，可能会盈利，即形成税后净利；也可能会亏损。由于会计利润与应纳税所得额所形成的依据不同，实际业务发生往往二者金额存在差异。而利润分配则只是会计意义上对净利润的分配以及对净亏损的弥补。

(一) 利润分配的顺序

利润

- 公司利润是指公司在一定会计期间的经营成果，公司应当按照下图的顺序进行利润分配
- 公司弥补亏损和提取公积金后所余税后利润，有限责任公司依照股东实缴的出资比例分配，但是全体股东约定不按出资比例分配的除外；股份有限公司按股东持有的股份比例分配，但股份有限公司章程规定不按照持股比例分配的除外
- 公司股东会、股东大会或者董事会违反规定，在公司弥补亏损及提取法定公积金之前向股东分配利润的，股东必须将违反规定分配的利润退还公司。公司持有的本公司股份不可分配利润

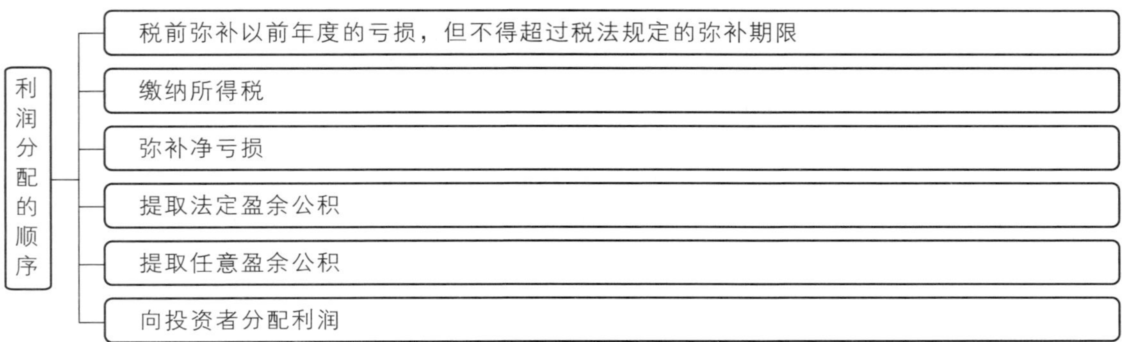

（二）利润分配涉及的主要概念

1. 税前亏损与亏损弥补

税前亏损是企业按照税前会计利润，进行纳税调整后所形成的应纳税所得额为小于 0 的情形，此时所形成的小于 0 的金额即为税前亏损额。这个金额企业可以按照税法的规定，用以后一定年度的会计利润在税前弥补。一定时间内按照税法的规定尚未弥补的亏损，以后只能用税后利润弥补。

税前会计利润或亏损，经纳税调整后所形成的应纳税所得额为大于 0 时，此时企业会计利润无论表现为何种状态（大于 0 或小于 0），企业均不存在税前可弥补的亏损，企业均需按照调整后大于 0 的应纳税所得额计算缴纳企业所得税。此时会计账面所表现的亏损，即为净亏损。企业的净亏损，只能用税后利润弥补。

2. 公积金

企业的公积金有两种，一种是资本公积，另一种是盈余公积。资本公积主要与投资者投入资本有关，其主要的形成渠道是投资溢价。盈余公积与企业的经营所得相关，它是在企业盈利的基础上，为了保证企业的后续发展，对盈余资金的一种留置制度。按照公司法的规定和一定的比例留存的盈余叫法定盈余公积，按照公司董事会的决定和一定的比例留存的盈余叫任意盈余公积。

公积金

- 公积金是公司在资本之外所保留的资金金额，又叫做附加资本或准备金。公积金制度是各国公司法通常采用的一项强制性制度
- 盈余公积金是从公司税后利润中提取的公积金，分为法定公积金与任意公积金两种。法定公积金按照公司税后利润的10%提取，当公司法定公积金不够弥补以前年度亏损的，在依照规定提取法定公积金前，需先用当年利润弥补亏损。任意公积金按照公司股东会或者股东大会决议，从公司税后利润中提取
- 资本公积金是直接由资本原因形成的公积金，是投资者实际投入企业资产价值高于其在公司中所占有的份额部分形成的资本溢价等，列为公司资本公积金

公积金应当按照规定的用途使用，主要用途如下。

公积金用途

- 弥补公司亏损。公司发生重大亏损，企业的税后利润不足以弥补企业亏损时，公司可以用已经提取的盈余公积来弥补亏损。资本公积金不得用于弥补公司的亏损
- 可以用来分配利润。公司经营的年度，如果发生经营亏损，为了提升投资者的信心，企业可以用以前年度积累的部分盈余公积向投资者分配利润
- 转增公司资本。公司为了扩大生产经营规模，实现增加资本的目的，可以将公积金的一部分转为资本。对于用任意公积金转增资本的，法律没有限制，但用法定公积金转增资本时，转增后所留存的该项公积金不能少于转增前公司注册资本的25%

3.分配利润

向投资者分配利润，是企业根据公司的章程或协议，公司董事会按照企业实际经营情况、盈利情况以及现金流量等情况，按照出资人实际出资的比例，对扣除税后留存收益后仍结余的利润所做的再分配。

企业做出利润分配的决定，是对企业结余利润所做的分配。当做出利润分配决定时，本期纳入分配部分的利润，将使企业权益资金减少，同时增加企业的债务资金。因此，利润分配实际是企业权益自己流出企业的过程。

二、小企业利润分配的会计处理

小企业利润分配的会计处理

- 小企业利润分配业务的核算，主要是通过设置“利润分配”科目进行的。“利润分配”为权益类科目，主要核算小企业利润的分配（或亏损的弥补）以及历年利润分配（或弥补）后的余额
- 小企业以当年净利润弥补以前年度亏损等，无需进行专门的会计处理。但用税后净利进行利润分配，必须按利润分配的顺序，依次进行相关的业务处理。即按照公司法的规定提取法定公积金和任意公积金、向投资者分配现金利润等
- 年度终了，小企业应当将本年实现的净利润，自“本年利润”科目转入“利润分配”科目，借记“本年利润”科目，贷记“利润分配”科目（未分配利润）；为净亏损的，做相反的会计分录。同时，将“利润分配”科目所属明细科目（应付利润、盈余公积补亏）的余额转入“利润分配”科目明细科目（未分配利润）
- 结转后，“利润分配”科目除“未分配利润”明细科目外，其他明细科目应无余额。“利润分配”科目年末余额，反映小企业的未分配利润（或未弥补亏损）
- “利润分配”科目应按照“应付利润”“未分配利润”等进行明细核算

小企业利润分配的账务处理见表5-11。

表5-11 小企业利润分配的账务处理

业务情景		账务处理
结转小企业当年实现的净亏损		借：利润分配——未分配利润 贷：本年利润
若小企业当年实现净利小于以前年度累计的净亏损，不足以弥补以前年度亏损时	直接结转净利	借：本年利润 贷：利润分配——未分配利润
若尚未弥补的亏损用以前年度累计的盈余公积弥补	按准备弥补的金额或可用金额	借：盈余公积 贷：利润分配——盈余公积补亏
若小企业当年实现净利大于以前年度累计的净亏损，用当年净利补亏后有结余	按当年补亏后的结余净利的一定比例提取法定盈余公积和任意盈余公积	借：利润分配——提取法定盈余公积 贷：盈余公积——法定盈余公积 借：利润分配——提取任意盈余公积 贷：盈余公积——任意盈余公积
若企业还有可分配利润，根据有关规定向投资者分配利润	在董事会做出利润分配决定的当天	借：利润分配——应付利润 贷：应付利润

续表

业务情景	账务处理
小企业（外商投资）按照规定提取储备基金、企业发展基金	借：利润分配——提取储备基金 　　贷：盈余公积——储备基金 借：利润分配——提取企业发展基金 　　贷：盈余公积——企业发展基金
小企业（外商投资）按照规定提取职工奖励及福利基金	借：利润分配——提取职工奖励及福利基金 　　贷：应付职工薪酬
中外合作经营的小企业根据合同规定在合作期间归还投资者的投资	借：实收资本——已归还投资（按照实际归还投资的金额） 　　贷：银行存款 同时： 借：利润分配——利润归还投资 　　贷：盈余公积——利润归还投资
用盈余公积转增资本	借：盈余公积 　　贷：实收资本

链接实例 5-46 接【链接实例 5-45】，某公司 2012～2015 年每年利润总额分别为 -200 万元、80 万元、106 万元、60 万元，所得税税率为 25%，优惠税率 20%。纳税调整及纳税情况如前例所述。则该公司年终利润及亏损结转、留存收益分配等做如下会计处理。

解 （1）2012 年结转年终亏损

借：利润分配——未分配利润　　2000000

　　贷：本年利润　　2000000

当年未分配利润为 -200 万元，留待以后年度弥补。

（2）2013 年年末会计处理

借：本年利润　　800000

　　贷：利润分配——未分配利润　　800000

企业弥补以前年度亏损后未分配利润为 -120(-200+80) 万元，留待以后年度弥补。

（3）2014 年年末会计处理

① 结转所得税费用：

借：本年利润　　7128

　　贷：所得税费用　　7128

② 结转当年净利：

借：本年利润　　1052872（1060000-7128）

　　贷：利润分配——未分配利润　　1052872

③ 计算未分配利润结余情况：

未分配利润 = -147128(-1200000+1052872) 元，为尚未弥补的亏损，留待以后年度弥补。

（4）2015 年年末会计处理

① 结转所得税费用：

借：本年利润　147750

　　贷：所得税费用　147750

② 结转当年净利：

借：本年利润　452250（600000 - 147750）

　　贷：利润分配——未分配利润　452250

③ 计算未分配利润结余情况：

未分配利润 = 305122(- 147128 + 452250）元，为当年可分配的净利。按利润分配原则分配。

④ 按 10% 提取法定盈余公积，按 15% 提取任意盈余公积：

借：利润分配——提取法定盈余公积　30512.2

　　贷：盈余公积——法定盈余公积　30512.2

借：利润分配——提取任意盈余公积　45768.3

　　贷：盈余公积——法定任意公积　45768.3

⑤ 经董事会决定，向投资者分配现金股利 120000 元。

借：利润分配——应付利润　120000

　　贷：应付利润　120000

⑥ 结转“利润分配”账户各明细账，计算“未分配利润”：

借：利润分配——未分配利润　196280.5

　　贷：利润分配——提取法定盈余公积　30512.2

　　　　利润分配——提取任意盈余公积　45768.3

　　　　利润分配——应付利润　120000

“未分配利润”账户余额 = 305122 - 196280.5 = 108841.5(元)，为留待以后年度可分配的利润。

第六章　小企业外币业务

06 Chapter

第一节　小企业外币交易

一、小企业外币交易综述

小企业外币交易，是指小企业以外币计价或者结算的交易。所谓外币，是指小企业记账本位币以外的货币。

（一）记账本位币

《小企业会计准则》规定，小企业应当选择人民币作为记账本位币，业务收支以人民币以外的货币为主的小企业，可以选择其中一种货币作为记账本位币，但编报的财务报表应当折算为人民币。

小企业记账本位币一经确定，不得随意更改，但小企业经营所处的主要经济环境发生重大变化除外。小企业因为经营所处的主要经济环境发生重大变化，确需变更记账本位币的，应当采用变更当日的即期汇率将所有项目折算成变更后的记账本位币，折算后的金额作为新的记账本位币的历史成本。

（二）汇率

汇率，是指两种货币相兑换的比率，是一种货币用另一种货币单位所表示的价格。我们通常在银行见到的汇率有三种表示方式：买入价、卖出价和中间价。买入价与卖出价是银行的买入卖出价。即期汇率，即当下时间点的汇率。

买入价：是指银行向客户买入外汇时所采用的汇率。企业卖出外汇，即银行买入外汇，就按买入价结算。

卖出价，是指银行向客户出售外汇时所采用的汇率。企业买入外汇，即银行出售外汇，就按卖出价结算。银行的卖出价一般高于买入价，以获取其中的差价。

中间价，是银行买入价与卖出价的平均价。

平均汇率：平均汇率通常与交易发生日的即期汇率近似，通常也叫交易当期平均汇率。为了简化核算，《小企业会计准则》所称交易当期平均汇率，是指外币交易当期的月初即期汇率与月末即期汇率的平均汇率，即中国人民银行公布的月初人民币汇率的中间价与月末人民币汇率的中间价的平均值。可用公式表示如下：

$$\text{交易当期平均汇率}=\frac{\text{中国人民银行公布的月初人民币汇率的中间价}+\text{中国人民银行公布的月末人民币汇率的中间价}}{2}$$

折算汇率相关内容如下。

折算汇率

- 无论是在交易日对外币交易进行初始确认时，还是在资产负债表日对外币交易余额进行处理，抑或对外币财务报表进行折算时，都涉及折算汇率的选择
- 汇率指两种货币相兑换的比率，是一种货币单位通过另一种货币单位所表示的价格。根据表示方式的不同，汇率可以分为直接汇率与间接汇率，直接汇率是一定数量的其他货币单位折算为本国货币的金额，间接汇率是指一定数量的本国货币折算为其他货币的金额
- 通常人民币汇率是以直接汇率表示，一般在银行见到的汇率有三种表示方式：买入价、卖出价和中间价。买入价指银行买入其他货币的价格，卖出价指银行出售其他货币的价格，中间价是银行买入价和卖出价的平均价，银行的卖出价通常高于买入价，以获取其中的差价
- 无论买入价，还是卖出价均是立即交付的结算价格，都是即期汇率，即期汇率是相对于远期汇率而言的，远期汇率是在未来某一日交付时的结算价格
- 为了便于核算，《小企业会计准则》中企业用于记账的即期汇率通常是指当日中国人民银行公布的人民币汇率的中间价。但是，在企业发生单纯的货币兑换交易或是涉及货币兑换的交易时，只用中间价不能反映货币买卖的损益，需要使用买入价或卖出价折算
- 中国人民银行每日仅公布银行间外汇市场人民币兑美元、欧元、日元、港元的中间价
- 企业发生的外币交易只涉及人民币和这四种货币之间折算的，可直接采用公布的人民币汇率的中间价作为即期汇率进行折算
- 企业发生的外币交易涉及人民币与其他货币之间折算的，应以国家外汇管理局公布的各种货币对美元折算率采用套算的方法进行折算，发生的外币交易涉及人民币以外的货币之间折算的，可直接通过国家外汇管理局公布的各种货币对美元折算率进行折算

二、外币交易及其会计处理

（一）外币交易

小企业的外币交易通常包括下列几种情形。

小企业外币交易

- 买入或卖出以外币计价的商品或者劳务。一般情况下指以外币买卖商品，或者以外币结算劳务合同。这里所说的商品通常是泛指的概念，可以是有实物形态的存货、固定资产等，也可以是无实物形态的无形资产、债权或股权等
- 借入或者借出外币资金。指企业向银行或非银行金融机构借入以记账本位币以外的货币表示的资金
- 其他以外币计价或者结算的交易。指以记账本位币以外的货币计价或结算的其他交易，例如，接受外币现金捐赠等
- 小企业发生的单纯货币兑换交易或涉及货币兑换的交易

（二）外币交易的会计处理

外币交易的会计处理有外币统账制和外币分账制两种方法。在外币统账制方法下，对外币交易的核算不单独设置科目，对外币交易金额因汇率变动而产生的差额可在“财务费用”科目下设置二级科目“汇兑差额”反映。小企业发生的外币交易，是以两种货币同时（或统一）记账，即“统账”。其记账的程序是：首先将外币金额按照交易日的即期汇率或即期汇率的近似汇率折算为记账本位币金额，按照折算后的记账本位币金额登记有关账户；在登记

有关记账本位币账户的同时，按照外币金额登记相应的外币账户。其次，期末，将所有外币货币性项目的外币余额，按照期末即期汇率折算为记账本位币金额，并与原记账本位币金额相比较，其差额记入“财务费用——汇兑差额”科目。再次，结算外币货币性项目时，将其外币结算金额按照当日即期汇率折算为记账本位币金额，并与原记账本位币金额相比较，其差额记入“财务费用——汇兑差额”科目。

外币分账制是指银行办理各项外汇业务时所有账务组织和处理都以外币原币作为记账单位进行记账核算，并按各种外币设置账务系统凭证、账簿和报表记录，各种外币都自成一套独立的账务处理系统。这种方法一般只有银行和证券公司等机构采用，这里不再赘述。《小企业会计准则》规定，小企业对于发生的外币交易，应当将外币金额折算为记账本位币金额，即采用外币统账制。

1. 账户设置

小企业进行外币交易核算时，要设置相应的外币账户。外币账户就是发生外币交易，需要进行外币核算和记录的账户，包括外币库存现金、外币银行存款以及用外币结算的债权债务账户。外币结算的债权账户包括应收票据、应收账款、预付账款等；外币结算的债务账户包括短期借款、长期借款、应付票据、应付账款、预收账款等。

小企业对外币交易金额因汇率变动而产生汇兑损益，在外币统账制核算的基础上，结合小企业的特点，将小企业对外币交易金额因汇率变动而产生汇兑损失在“财务费用”科目下设置二级科目“汇兑损失”核算，小企业发生的汇兑收益，在“营业外收入”科目核算，不在“财务费用”科目核算。

2. 外币交易的会计处理

小企业发生外币交易时，按照交易发生日的即期汇率或交易当期平均汇率将外币金额折算为记账本位币金额。

（1）买入或卖出以外币计价的商品或劳务　小企业买入或者卖出以外币计价的商品或者劳务时，比如从国外或境外购进原材料、商品或引进设备，或向国外或境外销售货物，应按照交易发生日的即期汇率或交易当期平均汇率将外币金额折算为记账本位币金额，按照折算后的记账本位币金额登记有关账户，同时按照外币金额登记有关外币账户。

链接实例 6-1　甲公司为一家从事进出口业务的企业，为增值税一般纳税人，记账本位币采用人民币。2015 年 11 月 4 日，向国外 B 公司出口一批商品，货款共计 50000 美元，尚未收到，当日汇率为 1 美元 = 7.2 元人民币。该批商品出口零税率。

解　甲公司应进行以下账务处理。

借：应收账款　　360000（50000 × 7.2）
　　贷：主营业务收入　　360000

链接实例 6-2　2015 年 12 月 8 日，甲公司从美国 W 公司进口材料 200 吨，3500 美元/吨，当日的即期汇率为 1 美元 = 7.4 元人民币，材料已验收入库，货款尚未支付。另以人民币支付进口关税 570000 元，支付进口环节增值税 977500 元。（本例增值税税率以 17% 计算）

解　甲公司会计处理如下。

借：原材料　　5750000（200 × 3500 × 7.4 + 570000）
　　应交税费——应交增值税（进项税额）　　977500
　　贷：应付账款——W 公司（700000 美元）　　5180000
　　　　银行存款　　1547500

链接实例 6-3 2015 年 12 月 20 日，甲公司从美国 M 公司进口不需要安装的设备一台，设备价款 460000 美元/台，当日的即期汇率为 1 美元 = 7.35 元人民币，设备已运达企业交付使用，设备款按合同规定三月后支付。该设备进口免关税，另用银行存款支付进口环节增值税 574770 元。(本例增值税税率以 17%计算)

解 该公司会计处理如下。

借：固定资产　　3381000(460000 × 7.35)

　　应交税费——应交增值税（进项税额）　　574770

　贷：应付账款——M 公司　　3381000

　　　银行存款　　574770

（2）**借入或借出外币资金**　小企业从银行借入外币，应按照交易发生日的即期汇率或交易当期平均汇率将外币金额折算为记账本位币金额，按照借入的外币金额以及折算后的记账本位币金额登记有关账户。

链接实例 6-4 2016 年 2 月，甲公司由于付款压力，向中国银行申请借款。2016 年 2 月 18 日从中国银行借入 500000 美元，期限为 6 个月，年利率为 6%，当日的即期汇率为 1 美元 = 7.22 元人民币。假定借入的美元暂存银行。

解 甲公司会计处理如下。

借：银行存款——美元户　　3610000

　贷：短期借款——美元户　　3610000

链接实例 6-5 2016 年 3 月 10 日，甲公司向乙公司拆借 50000 美元，期限 3 个月。借款当日中国人民银行公布的即期汇率为 1 美元 = 7.25 元人民币。

解 乙公司会计处理如下。

借：其他应收款——甲公司　　(50000)362500

　贷：银行存款——美元户　　(50000)362500

（3）**其他以外币计价或结算的交易**　小企业其他以外币计价或结算的交易，如小企业收到投资者以外币投入的资本等，应当采用交易发生日即期汇率折算，不得采用合同约定汇率和交易当期平均汇率折算。

链接实例 6-6 2016 年 1 月 12 日，国外 B 公司与甲公司签订投资合同，用 300000 美元投入甲公司，占甲公司资本总额的 20%，甲公司原有注册资本 800 万元，当日汇率为 1 美元 = 6.84 元人民币，假定投资合同约定汇率为 1 美元 = 6.67 元人民币。

解 甲公司应做如下账务处理。

借：银行存款　　2052000

　贷：实收资本　　2000000

　　　资本公积　　52000

（4）**外币兑换业务**　外币兑换业务是指小企业从银行等金融机构购入外汇（即银行卖出外汇）或向银行等金融机构售出外汇（即银行买入外汇）的业务。

小企业购入外汇时，应按银行卖出价计算应向银行支付的记账本位币金额，同时按当日的即期汇率或交易当期平均汇率将买入外币折算为记账本位币，二者差额作为汇兑损益处理。

小企业售出外汇时，应按银行买入价计算实际收到的记账本位币，同时按当日的即期汇率或交易当期平均汇率将售出外币折算为记账本位币，二者差额作为汇兑损益处理。

链接实例 6-7 2016 年 3 月 1 日，甲公司由于还款需要，从银行购入 50000 美元，银行当日的美元卖出价为 1 美元 = 6.8 元人民币，当日的中间价为 1 美元 = 6.7 元人民币。

解 甲公司会计处理如下。

借：银行存款——美元户 335000(50000×6.7)

财务费用 5000

贷：银行存款——人民币 340000(50000×6.8)

链接实例 6-8 2016 年 3 月 7 日，由于国内结算需要，甲公司将乙公司归还的 50000 美元到银行兑换为人民币，银行当日的美元买入价为 1 美元 = 6.66 元人民币，中间价为 1 美元 = 6.71 元人民币。

解 甲公司会计处理如下。

借：银行存款——人民币 333000(50000×6.66)

财务费用 2500

贷：银行存款——美元户（50000 美元） 335500(50000×6.71)

三、外币项目在资产负债表日的调整

（一）小企业外币项目的分类

小企业外币项目的分类

- 货币性项目，是指小企业持有的货币资金和将以固定或可确定的金额收取的资产或者偿付的负债
- 外币货币性项目分为货币性资产和货币性负债。货币性资产包括库存现金、银行存款、应收账款、其他应收款等；货币性负债包括短期借款、应付账款、其他应付款、长期借款、长期应付款等
- 非货币性项目，是指货币性项目以外的项目，该项目形成时是以外币的形式，并按照当时的即期汇率折算确认的，包括存货、长期股权投资、固定资产、无形资产等

（二）小企业外币项目在会计期末的调整

小企业在资产负债表日应当按照如下规定对外币货币性项目和外币非货币性项目进行会计处理。

1. 外币货币性项目

外币货币性项目

- 在会计期末，采用资产负债表日的即期汇率折算。由于资产负债表日即期汇率与货币性项目初始确认时或者前一资产负债表日即期汇率不同而产生的汇兑差额，计入当期损益
- 在资本化期间内，外币专门借款本金及利息的汇兑差额，应当进行资本化，计入符合资本化条件的资产的成本。对于外币货币性项目，资产负债表日或结算日，因为汇率波动而产生的汇兑差额计入当期损益，同时调增或调减外币货币性项目的记账本位币金额
- 汇兑差额指的是对同样数量的外币金额采用不同的汇率折算为记账本位币金额所产生的差额。如资产负债表日或结算日，以不同于交易日即期汇率或前一资产负债表日即期汇率的汇率折算同一外币金额产生的差额即为汇兑差额

链接实例 6-9 2015 年 10 月 31 日，甲公司总账情况如表 6-1 所示。（本例增值税税率以 17%计算）

表 6-1 甲公司总账情况 单位：元

资产类账户		负债及所有者权益类账户	
库存现金	3574	应付账款——美元户	（100000）711000
银行存款——美元户	（400000）2844000	应付账款——人民币	4067000
银行存款——人民币	2750000		
应收账款——美元户	（350000）2488500	实收资本	8000000
应收账款——人民币	279400	资本公积	452000
库存商品	4864526		
合计	13230000	合计	13230000

2015 年 12 月 31 日，中国人民银行公布的人民币兑美元的即期汇率为 1 美元＝7.32 元人民币。

根据甲公司 2015 年 11～12 月发生的业务（延用【链接实例 6-1】～【链接实例 6-3】），甲公司按期末汇率对相关账户进行了调整。其中由于本次购进的设备为引进的技术领先型设备，国内尚没有同类设备的比价，该公司依然采用美元计量。

经把 11～12 月发生的业务登记入账，甲公司 2015 年 12 月 31 日未折算前账户余额情况如表 6-2 所示。

表 6-2 甲公司 2015 年 12 月 31 日未折算前账户余额情况 单位：元

资产类账户		负债及所有者权益类账户	
库存现金	3574	应付账款——美元户	（1260000）9272000
银行存款——美元户	（400000）2844000	应付账款——人民币	4067000
银行存款——人民币	627730	应交税费	-1552270
应收账款——美元户	（400000）2848500		
应收账款——人民币	279400		
库存商品	4864526	实收资本	8000000
原材料	5750000	资本公积	452000
固定资产	（460000）3381000	本年利润	360000
合计	20598730	合计	20598730

解 （1）对货币性项目进行折算（按期末即期汇率）

银行存款：400000×7.32＝2928000（元）

应收账款：400000×7.32＝2928000（元）

应付账款：1260000×7.32＝9223200（元）

形成的汇兑差异＝2928000＋2928000＋9223200－（2844000＋2848500＋9272000）＝114700（元）

相应的会计处理如下。

借：银行存款——美元户　　84000(2928000 − 2844000)
　　应收账款　　79500(2928000 − 2848500)
　　应付账款——美元户　　48800(9223200 − 9272000)
　　贷：营业外收入——汇兑收益　　212300

按期末即期汇率调整后账面余额情况如表 6-3 所示。

表 6-3 调整后账面余额情况

资产类账户		负债及所有者权益类账户	
库存现金	3574	应付账款——美元户	(1260000) 9223200
银行存款——美元户	(400000) 2928000	应付账款——人民币	4067000
银行存款——人民币	627730	应交税费	− 1552270
应收账款——美元户	(400000) 2928000		
应收账款——人民币	279400	实收资本	8000000
库存商品	4864526	资本公积	452000
原材料	5750000	本年利润	572300
固定资产	(460000) 3381000		
合计	20762230	合计	20762230

(2) 结算日进行资金支付结算，按结算日即期汇率

链接实例 6-10　2016 年 2 月 15 日，甲公司收到美国 B 公司支付的货款 400000 美元，企业存入银行。当日银行美元兑人民币中间价为 1 美元 = 7.21 元人民币。

解　甲公司相应的会计处理。

借：银行存款——美元户　　2884000(400000 × 7.21)
　　财务费用　　44000(2928000 − 2884000)
　　贷：应收账款——B 公司　　2928000

外币结算日，可以根据外币账面结算情况，将结算日汇率与结算前账面汇率的差额形成的汇兑损益计入当期损益。

链接实例 6-11　2016 年 3 月 20 日，甲公司按照合同规定，支付美国 M 公司进口设备价款 460000 美元，支付当日的市场即期汇率为 1 美元 = 7.24 元人民币。

解　甲公司相应的会计处理如下。

借：应付账款——M 公司　　3330400(460000 × 7.24)
　　贷：银行存款——美元户　　3330400(460000 × 7.24)

外币结算日，也可以按结算日的即期汇率对相关项目进行折算记账，不计算汇兑损益，待期末按前述方法对货币性项目按期末即期汇率进行调整，一并计转损益。

2. 以历史成本计量的外币非货币性项目

以历史成本计量的外币非货币性项目，由于已在交易发生日按当日即期汇率折算，资产负债表日不应改变其原记账本位币金额，不产生汇兑差额，仍采用交易发生日的即期汇率折算，不改变其记账本位币金额。

如【链接实例 6-9】中，对固定资产项目，期末仍按照其交易日的历史成本计量，所以，资产负债表日不再对固定资产项目进行调整。

第二节 小企业外币财务报表的折算

一、现行汇率法

现行汇率法

- 用现行汇率法对外币财务报表进行折算，只改变外币财务报表的表现形式，并没有改变财务报表中各项目之间的比例关系。因此，现行汇率法可以保持外币财务报表的内部结构和各项目之间的经济联系
- 现行汇率法意味着被折算的外币财务报表各项目均承受着相同的汇率风险，但实际上企业资产、负债各项目所承受的汇率风险是不一样的，像固定资产和存货等以实物形态存在的资产不一定承受汇率风险，对这些项目都以现行汇率进行折算并没有体现各项目实际承受的汇率风险
- 以现行汇率进行折算与目前普遍采用的历史成本原则不相符合
- 现行汇率法是以子公司的净资产为基准来衡量汇率变动影响的

二、流动与非流动项目法

流动与非流动项目法

- 流动与非流动项目法是将资产负债表项目划分为流动项目与非流动项目两大类，采用不同的汇率进行折算
- 对于流动资产项目和流动负债项目，依照资产负债表日的即期汇率折算；对于非流动资产项目和非流动负债项目，则依照历史汇率折算；对于所有者权益中的实收资本（或股本）、资本公积等项目，依照历史汇率进行折算；对于利润表各项目，除固定资产折旧费用和摊销费用等依照相关资产入账时的历史汇率折算外，其他收入和费用各项目均依照当期的平均汇率折算
- 流动与非流动项目法对流动资产和流动负债项目均采用现行汇率折算，有利于对子公司营运资金进行分析
- 不足之处是，对流动项目采用现行汇率折算、对非流动项目采用历史汇率折算缺乏足够的理论支持；对存货和现金、应收账款一样均采用现行汇率折算，意味着存货与现金、应收账款项目同样承受汇率风险，没有反映存货的实际情况；对于长期应收款、长期应付款、长期银行借款以及应付债券等项目采用历史汇率折算，没有反映这些项目承受的汇率风险这一事实

三、货币性与非货币性项目法

货币性与非货币性项目法

- 货币性与非货币性项目法是将资产负债表项目划分为货币性项目与非货币性项目，分别采用不同汇率折算。其中，货币性项目是指企业持有的货币和将以固定或可确定金额收回的资产或者偿付的负债，除此之外，则属于非货币性项目
- 货币性与非货币性项目法的计算见下页图
- 期初存货和期末存货是按各自的历史汇率折算的，当期购货是按当期平均汇率折算的。利润表项目的折算和流动与非流动项目法下折算方法基本相同
- 在货币性与非货币性项目法下，对于货币性项目采用现行汇率，对于非货币性项目采用历史汇率，反映了汇率变动对资产、负债各项目的不同影响，体现了货币性项目承受汇率风险这一事实
- 不足之处在于，没有考虑非货币性项目的计量基础。在非货币性项目采用现行市价计量的情况下，采用历史汇率折算与市价计量基础是矛盾的

货币性与非货币性项目法的计算

- 对货币性项目采取现行汇率折算，对非货币性项目和所有者权益项目，则采取历史汇率折算
- 对于利润表项目，除折旧费用及摊销费用依照有关资产的历史汇率折算外，所有的收入和费用项目都以当期的平均汇率折算
- 销售成本项目则是在对期初存货、期末存货、当期购货分别进行折算的基础上，按照“期初存货+当期购货-期末存货=当期销货”的公式计算确定

四、时态法

时态法

- 时态法，是指对现金、应收及应付项目按现行汇率折算，对其他的资产和负债项目则根据其性质分别按历史汇率或现行汇率折算
- 时态法也称为时间度量法，是针对前述货币性与非货币性项目法的不足提出的，其理论依据为，外币财务报表的折算不应当改变财务报表所反映的经济事实，所以，在选择汇率时只能改变计量单位，而不应当改变原有的计量属性
- 按照时态法，外币财务报表的现金、应收项目和应付项目采用现行汇率折算
- 对于按历史成本反映的非货币性资产，采用历史汇率折算
- 对于按现行成本反映的非货币性资产，采用现行汇率折算
- 对所有者权益中的实收资本或股本，采用历史汇率折算，所有者权益中除了未分配利润以外的其他项目也采用历史汇率折算，来分配利润项目则为轧算的平衡数
- 对收入、费用项目，采用交易发生时的实际汇率折算，如果与收入和费用有关的业务比较频繁，可以采用当期加权平均汇率折算
- 对于折旧费用和摊销费用，按照有关资产的历史汇率折算
- 对于销售成本，则在对期初存货、当期购货、期末存货等项目按适用汇率分别折算的基础上计算确定

外币财务报表折算是将一种货币反映的财务报表，通过一定的程序和方法按选定的汇率折合为另一种货币来反映。《小企业会计准则》规定，业务收支以人民币以外的货币为主的小企业，可以选定其中一种货币作为记账本位币，但编报的财务报表应当折算为人民币财务报表。

小企业对外币财务报表进行折算，应当采用报告期资产负债表日的即期汇率对外币资产负债表、利润表和现金流量表的所有项目进行折算。

外币财务报表折算，只是把一种货币反映的财务报表转换为以另一种货币表述的财务报表，它并不会打破报表的平衡，也不会影响所报告企业的财务状况和经营成果。

链接实例 6-12 甲公司为一家专门从事来料加工业务的小企业，执行小企业会计准则，由于公司的主要经营与结算货币为美元，确定的记账本位币为美元。2015 年 12 月 31 日的人民币对美元的中间价为 1 美元 = 7.9 元人民币，则甲公司相关的资产负债表、利润表、现金流量表的折算情况分别如表 6-4～表 6-6 所示。(本例增值税税率以 17% 计算)

表 6-4 资产负债表

编制单位：甲公司 2015 年 12 月 31 日

资产	期末数/美元	汇率	折算为人民币金额/元	负债和所有者权益	期末数/美元	汇率	折算为人民币金额/元
流动资产：				流动负债：			
货币资金	900	7.9	7110	短期借款	300	7.9	2370
应收票据	240	7.9	1896	应付账款	510	7.9	4029
应收账款	660	7.9	5214	应付职工薪酬	360	7.9	2844
存货	1200	7.9	9480	应交税费	90	7.9	711
流动资产合计	3000		23700	流动负债合计	1260		9954
非流动资产：				非流动负债：			
固定资产	3600	7.9	28440	长期借款	360	7.9	2844
无形资产	900	7.9	7110	长期应付款	600	7.9	4740
非流动资产合计	4500		35550	非流动负债合计	960		7584
				所有者权益：			
				实收资本	3750	7.9	29625
				盈余公积	510	7.9	4029
				未分配利润	1020	7.9	8058
				所有者权益合计	5280		41712
资产总计	7500		59250	负债和所有者权益总计	7500		59250

表 6-5 利润表

编制单位：甲公司 2015 年度

项目	本年累计数/美元	汇率	折算为人民币金额/元
一、营业收入	3150	7.9	24885
减：营业成本	1200	7.9	9480
营业税金及附加	180	7.9	1422
销售费用	240	7.9	1896
管理费用	360	7.9	2844
财务费用	300	7.9	2370
二、营业利润	870		6873
加：营业外收入	150	7.9	1185
减：营业外支出	120	7.9	948
三、利润总额	900		7110
减：所得税费用	230	7.9	1817
四、净利润	670		5293
五、每股收益			

表6-6 现金流量表

编制单位：甲公司　　　　2015 年度

项目	本年累计数/美元	汇率	折算为人民币金额/元
一、经营活动产生的现金流量:			
销售产成品、商品、提供劳务收到的现金	3000	7.9	23700
收到其他与经营活动有关的现金	400	7.9	3160
购买原材料、商品、接受劳务支付的现金	2700	7.9	21330
支付的职工薪酬	360	7.9	2844
支付的税费	30	7.9	237
支付其他与经营活动有关的现金	540	7.9	4266
经营活动产生的现金流量净额	-230		-1817
二、投资活动产生的现金流量:			
收回短期投资、长期债券投资和长期股权投资收到的现金	500	7.9	3950
取得投资收益收到的现金	60	7.9	474
处置固定资产、无形资产和其他长期资产收回的现金净额	690	7.9	5451
短期投资、长期债券投资和长期股权投资支付的现金	600	7.9	4740
购建固定资产、无形资产和其他长期资产支付的现金	750	7.9	5925
投资活动产生的现金流量净额	-100		-790
三、筹资活动产生的现金流量:			
取得借款收到的现金	900	7.9	7110
吸收投资者投资收到的现金			
偿还借款本金支付的现金	600	7.9	4740
偿还借款利息支付的现金	30	7.9	237
分配利润支付的现金	90	7.9	711
筹资活动产生的现金流量净额	180		1422
四、现金净增加额	-150		-1185
加：期初现金余额	1050	7.9	8295
五、期末现金余额	900		7110

第七章　小企业财务报表

07 Chapter

小企业应当根据实际发生的交易和事项，按照《小企业会计准则》的规定加以确认和计量，并进行系统的记录，并在此基础上按月或者按季编制财务报表。

第一节　小企业财务报表综述

小企业财务报表，是指对小企业财务状况、经营成果及现金流量的结构性表述。小企业的财务报表至少应当包括下列组成部分。

小企业财务报表的构成
- 资产负债表
- 利润表
- 现金流量表
- 附注

一、小企业财务报表的作用

由于小企业规模小，业务相对简单，会计信息的使用者信息需求相对单一，小企业外部会计信息使用者主要为税务部门和银行。税务部门主要通过小企业会计报表了解企业经营情况，制定相关税收政策，调整税收征管方式；银行部门主要利用小企业会计信息了解小企业经营状况，制定信贷政策。因此，小企业财务报表的作用主要体现在以下几方面。

小企业财务报表的作用
- 由于小企业会计准则要求，小企业的会计报告必须遵循客观性和可比性原则，因此，小企业会计报表有助于财务报表使用者了解企业的财务状况、经营成果和现金流量，了解企业的成长情况，并据以做出经济决策、进行宏观经济管理
- 由于《小企业会计准则》减少了职业判断的内容，使会计报表反映的内容更符合企业所得税管理实际，使小企业税收管理更清晰、更明了，节约了税收成本
- 小企业会计报表简单直接，有助于企业管理层通过报表了解企业经营情况，加强经营管理、提高经济效益

二、小企业财务报表的列报

小企业至少按年编制财务报表。

在一个经营年度内，小企业应当按月或按季编报财务报告。根据《会计法》的规定，会计年度自公历1月1日起至12月31日止，且年度终了必须编制年度财务报表。但在编制年

度财务报表时，可能存在年度财务报表涵盖的期间短于一年的情况，比如小企业在年度中间设立的情况。在这种情况下，小企业的实际经营年度作为一个年度，但在会计报告中必须披露年度财务报表的实际涵盖期间，说明其短于一年的原因，并说明由此引起财务报表项目与比较数据不具可比性的事实。

小企业财务报表的种类和列报时间如表 7-1 所示。

表 7-1 小企业财务报表的种类和列报时间

编号	报表名称	编报期
会小企 01 表	资产负债表	月（或季）报、年报
会小企 02 表	利润表	月（或季）报、年报
会小企 03 表	现金流量表	月（或季）报、年报

三、小企业财务报表列报的基本要求

（一）列报基础——持续经营

企业需以持续经营为基础，根据实际发生的交易和事项，按照《企业会计准则——基本准则》以及小企业会计准则的规定进行确认和计量，在此基础上编制财务报表。企业不得以附注披露代替确认和计量。以持续经营为基础编制财务报表不再合理，企业需采用其他基础编制财务报表，并在附注中披露这一事实。

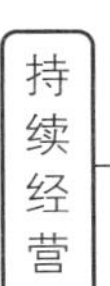

企业管理层应当评价企业的持续经营能力，对持续经营能力产生严重怀疑的，应当在附注中披露导致对持续经营能力产生重大怀疑的不确定因素

企业在当期已经决定或正式决定下一个会计期间进行清算或停止营业，表示其处于非持续经营状态，应当采用其他基础编制财务报表，例如破产企业的资产应当采用可变现净值计量等，并在附注中声明财务报表未以持续经营为基础列报，披露未以持续经营为基础的原因以及财务报表的编制基础

（二）一致性

财务报表项目的列报应当在各个会计期间保持一致，不得随意更改，但下列情况除外。

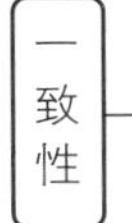

小企业会计准则要求改变财务报表项目的列报

企业经营业务的性质发生重大变化后，变更财务报表项目的列报能够提供更可靠、更相关的会计信息

（三）重要性

重要性

性质或功能不同且具有重要性的项目，需在财务报表中单独列报；性质或功能类似的项目，可以合并列报

重要性，是指财务报表某项目的省略或错报会影响使用者据此做出经济决策的，该项目具有重要性

判断项目性质的重要性，应当考虑该项目的性质是否属于企业日常生产经营活动、是否对企业的财务状况和经营成果具有较大影响等因素

判断项目金额大小的重要性，应当通过单项金额占资产总额、负债总额、所有者权益总额、营业收入总额及净利润等直接相关项目金额的比重加以确定

（四）正常营业周期

正常营业周期：

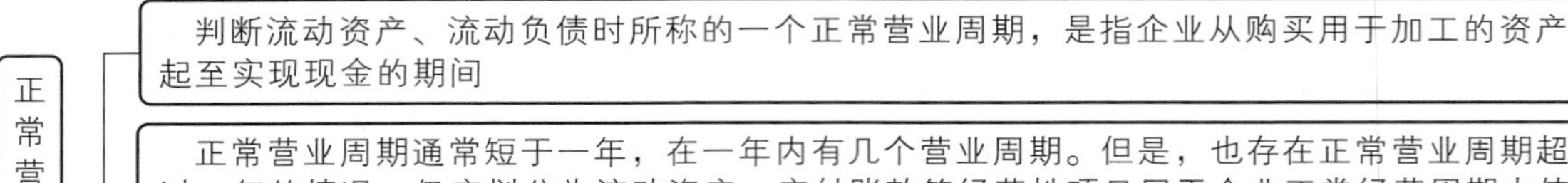

- 判断流动资产、流动负债时所称的一个正常营业周期，是指企业从购买用于加工的资产起至实现现金的期间
- 正常营业周期通常短于一年，在一年内有几个营业周期。但是，也存在正常营业周期超过一年的情况，仍应划分为流动资产；应付账款等经营性项目属于企业正常经营周期中使用的营运资金的一部分，有时在资产负债表日后超过一年才到期清偿，也需划分为流动负债
- 正常营业周期不能确定时，应当以一年（12个月）作为划分流动资产或流动负债的标准

（五）抵销

财务报表中的资产项目与负债项目的金额、收入项目与费用项目的金额不得相互抵销。非日常生产经营活动产生的损益，以收入扣减费用后的净额列示，不属于抵销。

（六）可比信息

可比信息：

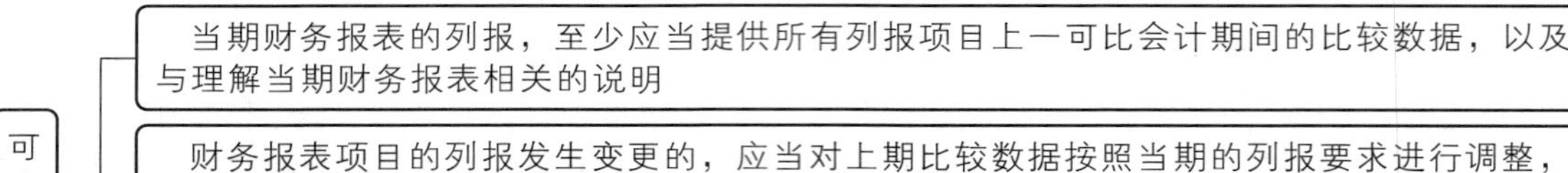

- 当期财务报表的列报，至少应当提供所有列报项目上一可比会计期间的比较数据，以及与理解当期财务报表相关的说明
- 财务报表项目的列报发生变更的，应当对上期比较数据按照当期的列报要求进行调整，并在附注中披露调整的原因和性质，以及调整的各项目金额
- 对上期比较数据进行调整不切实可行的，应当在附注中披露不能调整的原因
- 不切实可行，是指企业在做出所有合理努力后仍然无法采用某项规定

（七）会计政策变更、会计估计变更和会计差错更正

会计政策变更、会计估计变更和会计差错更正：

- 小企业对会计政策变更、会计估计变更和会计差错更正应采用未来适用法进行会计处理
- 未来适用法，是指将变更后的会计政策和会计估计应用于变更日及以后发生的交易或者事项，或者在会计差错发生或发现的当期更正差错的方法
- 会计政策是指小企业在会计确认、计量和报告中所采用的原则、基础和会计处理方法
- 会计估计变更，是指由于资产和负债的当前状况及预期经济利益和义务发生了改变，从而对资产或负债的账面价值或者资产的定期消耗金额进行调整
- 前期差错包括：计算错误、应用会计政策错误、应用会计估计错误等

（八）披露的内容

企业应当在财务报表的显著位置至少披露以下各项。

披露的内容：

- 编报企业的名称
- 资产负债表日的编报日期以及利润表和现金流量表涵盖的会计期间
- 货币名称和金额单位

（九）涵盖期间

企业至少应当按年编制财务报表。年度财务报表涵盖的期间少于一年的，应当披露年度财务报表的涵盖期间，以及短于一年的原因。

（十）单独列报

在财务报表中单独列报的项目应当单独列报。

第二节 小企业资产负债表

小企业资产负债表，是指反映小企业在某一特定日期的财务状况的报表。资产负债表主要反映小企业资产、负债和所有者权益三者的关系，并满足“资产＝负债＋所有者权益”。

一、小企业资产负债表的编制要求

（一）小企业资产负债表应当单独列示反映的项目

1.资产类应当单独列示的项目

资产，是指小企业过去的交易或者事项形成的、由小企业拥有或者控制的、预期会给小企业带来经济利益的资源，包括流动资产和非流动资产。

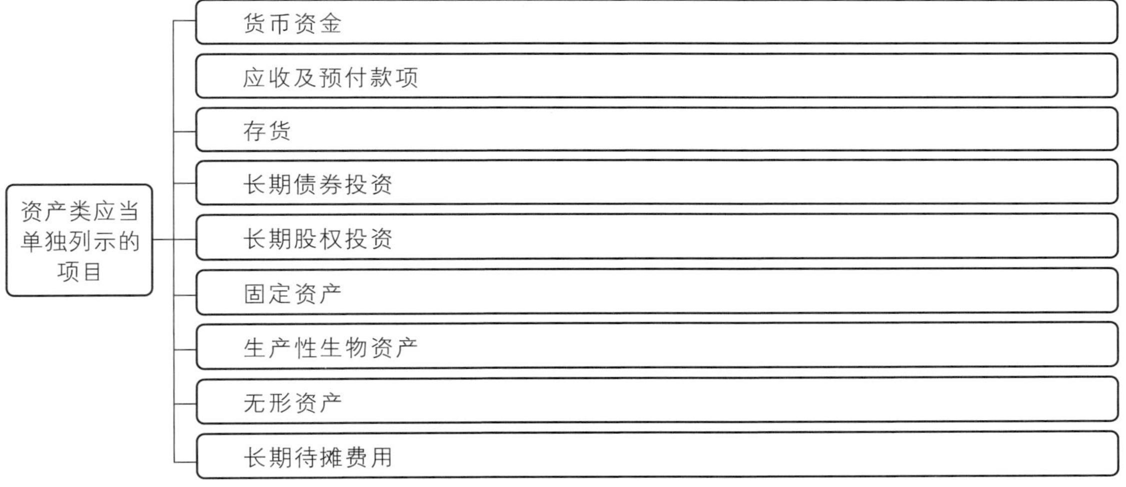

2.负债类应当单独列示的项目

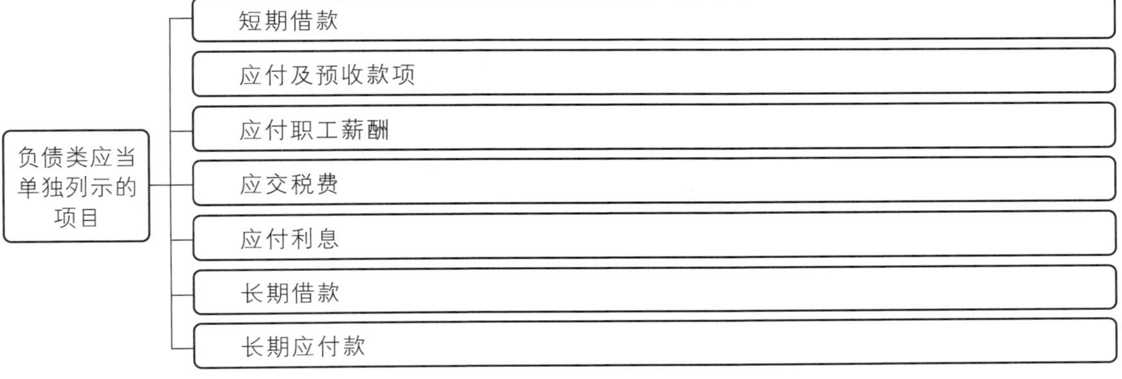

3. 所有者权益类应当单独列示的项目

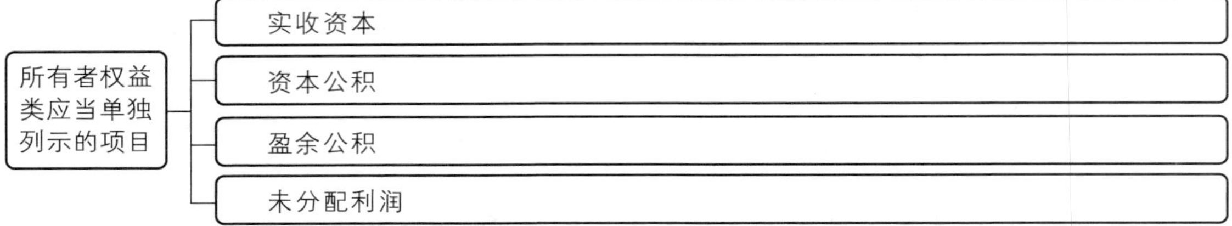

（二）小企业资产负债表的格式

小企业的资产负债表采用账户式结构，报表分为左右两方，左方列示资产各项目，反映全部资产的分布及存在形态，自上而下依资产的流动性由强至弱的顺序排列。右方列示负债和所有者权益各项目，负债项目在上方，自上而下依次按照负债的流动性由强至弱排列；下部为所有者权益项目；两者反映全部负债和所有者权益的内容及构成情况。资产负债表左右两方平衡，即资产总计等于负债和所有者权益总计。资产负债表中一般设有“期末余额”和“年初余额”两栏，其格式如表 7-2 所示。编制资产负债表时，要填报“期末余额”和“年初余额”两栏数据。到年度终了，由于资产负债表反映的是小企业资产、负债和所有者权益两个会计年度的比较数据，所以也叫比较资产负债表。

表 7-2 资产负债表

会小企 01 表

编制单位： 年 月 日 单位：元

资产	行次	期末余额	年初余额	负债和所有者权益	行次	期末余额	年初余额
流动资产：				流动负债：			
货币资金	1			短期借款	31		
短期投资	2			应付票据	32		
应收票据	3			应付账款	33		
应收账款	4			预收账款	34		
预付账款	5			应付职工薪酬	35		
应收股利	6			应交税费	36		
应收利息	7			应付利息	37		
其他应收款	8			应付利润	38		
存货	9			其他应付款	39		
其中：原材料	10			其他流动负债	40		
在产品	11			流动负债合计	41		
库存商品	12			非流动负债：			
周转材料	13			长期借款	42		
其他流动资产	14			长期应付款	43		

续表

资产	行次	期末余额	年初余额	负债和所有者权益	行次	期末余额	年初余额
流动资产合计	15			递延收益	44		
非流动资产：				其他非流动负债	45		
长期债券投资	16			非流动负债合计	46		
长期股权投资	17			负债合计	47		
固定资产原价	18						
减：累计折旧	19						
固定资产账面价值	20						
在建工程	21						
工程物资	22						
固定资产清理	23						
生产性生物资产	24			所有者权益（或股东权益）：			
无形资产	25			实收资本（或股本）	48		
开发支出	26			资本公积	49		
长期待摊费用	27			盈余公积	50		
其他非流动资产	28			未分配利润	51		
非流动资产合计	29			所有者权益（或股东权益）合计	52		
资产总计	30			负债和所有者权益（或股东权益）总计	53		

小企业（中外合作经营）根据合同规定在合作期间归还投资者的投资，需在“实收资本（或股本）”项目下增加“减：已归还投资”项目单独列示。

二、小企业资产负债表的编制方法

（一）“年初余额”的填列方法

“年初余额”的填列方法

- 资产负债表“年初余额”栏内各项数字，应根据上年末资产负债表“期末余额”栏内所列数字填列
- 计上年年末资产负债表的项目名称和内容与本年年末资产负债表不一致，应对上年年末资产负债表的项目名称和数字按本年年末资产负债表的规定进行调整，并填入“年初余额”栏
- 小企业由于会计政策变更、会计估计变更造成“年初余额”与“年末余额”比较口径不一致的，应按变更后的政策及估计对“年初余额”进行调整或进行披露

（二）“期末余额”的填列方法

资产负债表中各报表项目“期末余额”的填列方法，因报表项目的不同而各有差异。报

表项目名称有的与总账科目相同，有的则没有相应的总账科目。报表数据的填列，在财务核算程序上，一般都要在企业完成所有的会计记录、成本计算、成本结转以及所有账户结账或相关账户转账之后，才能进行报表列报。而企业账簿中所记录事项，无论是记录于总账中还是记录于明细账中，按照客观性的要求，都必须予以客观的反映。因此，各报表项目的填列，就要根据该报表项目所反映内容的实质，既要考虑总账数据情况，还要考虑明细账数据情况。

1. 根据总账科目直接填列的项目

资产负债表各项目的数据，有很多是直接根据总账科目余额填列的。如“短期投资”“应收票据”“应收股利”“应收利息”“其他应收款”“长期债券投资”“长期股权投资”“固定资产原价”“累计折旧”“在建工程”“工程物资”“固定资产清理”“开发支出”“长期待摊费用”“短期借款”“应付票据”“应付职工薪酬”“应交税费”“应付利息”“应付利润”“其他应付款”“长期借款”“实收资本（或股本）”“资本公积”“盈余公积”等项目，应根据有关总账科目的期末余额直接填列。

“期末余额”根据总账科目直接填列的项目

- “短期投资”项目。反映小企业购入的能随时变现并且持有时间不准备超过一年的股票、债券和基金投资的余额。本项目直接跟据“短期投资”科目的期末余额填列
- “应收票据”项目。反映小企业持有的未到收款期，也未向银行办理贴现的银行承兑汇票和商业承兑汇票总额。本项目直接根据“应收票据”科目的期末余额填列
- “应收股利”项目。反映小企业应收取的现金股利或利润。本项目直接根据“应收股利”科目的期末余额填列
- “应收利息”项目。反映小企业债券投资应收取的利息。小企业购入到期一次还本付息债券应收的利息，不包括在本项目内。本项目直接根据“应收利息”科目的期末余额填列
- “其他应收款”项目。反映小企业除应收票据、应收账款、预付账款、应收股利、应收利息等之外的其他各种应收或暂付款项。包括各种应收的赔款、应向职工收取的各种垫付款项等。本项目直接根据“其他应收款”科目的期末余额填列
- “长期债券投资”项目。反映小企业准备长期持有的债券投资的本息。本项目直接根据“长期债券投资”科目的期末余额填列
- “长期股权投资”项目。反映小企业准备长期持有的权益性投资的成本。本项目直接根据“长期股权投资”科目的期末余额填列
- “固定资产原价”和“累计折旧”项目。反映小企业固定资产的原始成本及累计折旧额。这两个项目直接根据“固定资产原价”科目和“累计折旧”科目的期末余额填列
- “在建工程”项目。反映小企业尚未完工或虽已完工，但尚未办理竣工决算的工程成本。本项目直接根据“在建工程”科目的期末余额填列
- “工程物资”项目。反映小企业为在建工程准备的各种物资的成本。本项目直接根据“工程物资”科目的期末余额填列
- “固定资产清理”项目。反映小企业因出售、报废、毁损、对外投资等原因处置固定资产所转出的固定资产账面价值以及在清理过程中发生的费用等。本项目直接根据“固定资产清理”科目的期末借方余额填列；如“固定资产清理”科目期末为贷方余额，以“-”号填列

"期末余额"根据总账科目直接填列的项目

- "开发支出"项目。反映小企业正在进行的无形资产研究开发项目满足资本化条件的支出。本项目直接根据"开发支出"科目的期末余额填列
- "长期待摊费用"项目。反映小企业尚未摊销完毕的已提足折旧的固定资产的改建支出、经营租入固定资产的改建支出、固定资产的大修理支出和其他长期待摊费用。本项目直接根据"长期待摊费用"科目的期末余额填列
- "短期借款"项目。反映小企业向银行或其他金融机构等借入的期限在一年以内的、尚未偿还的各种借款本金。本项目直接根据"短期借款"科目的期末余额填列
- "应付票据"项目。反映小企业因购买材料、商品以及接受劳务等日常生产经营活动开出、承兑的商业汇票(银行承兑汇票和商业承兑汇票)尚未到期的票面金额。本项目直接根据"应付票据"科目的期末余额填列
- "应付职工薪酬"项目。反映小企业应付未付的职工薪酬。本项目直接根据"应付职工薪酬"科目期末余额填列
- "应交税费"项目。反映小企业期末未交、多交或尚未抵扣的各种税费。本项目直接根据"应交税费"科目的期末贷方余额填列;如"应交税费"科目期末为借方余额,以"-"号填列
- "应付利息"项目。反映小企业尚未支付的利息费用。本项目直接根据"应付利息"科目的期末余额填列
- "应付利润"项目。反映小企业尚未向投资者支付的利润。本项目直接根据"应付利润"科目的期末余额填列
- "其他应付款"项目。反映小企业除应付账款、预收账款、应付职工薪酬、应交税费、应付利息、应付利润等外的其他各项应付、暂收的款项。包括:应付租入固定资产和包装物的租金、存入保证金等。本项目直接根据"其他应付款"科目的期末余额填列
- "长期借款"项目。反映小企业向银行或其他金融机构借入的期限在一年以上的、尚未偿还的各项借款本金。本项目应依据"长期借款"科目的期末余额分析填列
- "实收资本(或股本)"项目。反映小企业收到投资者按照合同协议约定或相关规定投入的、构成小企业注册资本的部分。本项目直接根据"实收资本(或股本)"科目的期末余额填列
- "资本公积"项目。反映小企业收到投资者投入资本超出其在注册资本中所占份额的部分。本项目直接根据"资本公积"科目的期末余额填列
- "盈余公积"项目。反映反映小企业(公司制)的法定公积金和任意公积金,小企业(外商投资)的储备基金和企业发展基金。本项目直接根据"盈余公积"科目的期末余额填列

2. 根据几个总账科目计算填列

资产负债表的一些项目,需要根据几个总账科目余额计算填列。如"货币资金""无形资产""存货""生产性生物资产""未分配利润"等,需要根据"库存现金""银行存款""其他货币资金";"无形资产""累计摊销";"材料采购""在途物资""原材料""生产成本""库存商品""委托加工物资""周转材料""消耗性生物资产""材料成本差异"

"商品进销差价";"生产性生物资产""生产性生物资产累计折旧";"利润分配""本年利润"等计算填列。

"期末余额"根据几个总账科目计算填列

- "货币资金"项目。反映小企业会计期末实际持有的可支配货币资金的总额。本项目应依据"库存现金""银行存款"和"其他货币资金"科目的期末余额加总填列
- "无形资产"项目。反映小企业无形资产的账面价值。本项目应依据"无形资产"科目的期末余额减去"累计摊销"科目的期末余额后的金额填列
- "存货"项目。反映小企业期末在库、在途和在加工过程中的各项存货的成本。包括各种原材料、在产品、半成品、产成品、商品、周转材料(包装物、低值易耗品等)、消耗性生物资产等。本项目依据"材料采购""在途物资""原材料""材料成本差异""生产成本""库存商品""商品进销差价""委托加工物资""周转材料""消耗性生物资产"等科目的期末余额分析加总填列
- "生产性生物资产"项目。反映小企业生产性生物资产的账面价值,本项目应依据"生产性生物资产"科目的期末余额减去"生产性生物资产累计折旧"科目的期末余额后的金额填列
- "未分配利润"项目。反映小企业尚未分配的历年结存的利润。本项目应依据"利润分配"和"本年利润"科目的期末余额加总填列。未弥补的亏损,在本项目内以"-"号填列

3. 根据明细科目余额分析计算填列

资产负债表还有几个特殊项目,例如"应收账款"和"预收账款"项目,"应付账款"和"预付账款"项目,其总账余额不能如实地反映企业的应收、预收和应付、预付账款的实际情况,需要根据明细账,对每一客户的实际往来结算情况进行分析,按照其往来款项结余的实际性质进行分类计算,列入相应账户。

"期末余额"根据明细科目余额分析计算填列

- "应收账款"项目。反映小企业因销售商品、提供劳务等日常生产经营活动向购货方应收取的款项。本项目根据"应收账款"明细账和"预收账款"明细账的期末各借方余额加总填列
- "预收账款"项目。反映小企业因销售商品、提供劳务根据合同规定预先收取的款项,包括预收的购货款、工程款等。本项目应依据"预收账款"和"应收账款"各明细账的期末贷方余额加总填列;属于超过一年期以上的预收账款的贷方余额需在"其他非流动负债"项目列示
- "应付账款"项目。反映小企业因购买材料、商品和接受劳务等日常生产经营活动尚未支付的款项。本项目应根据"应付账款"和"预付账款"各明细账的期末贷方余额加总填列
- "预付账款"项目。反映小企业因购买商品或劳务的需要,按照合同规定预先支付的款项,包括根据合同规定预付的购货款、租金、工程款等。本项目应依据"预付账款"和"应付账款"各明细账的期末借方余额加总填列;属于超过一年期以上的预付账款的借方余额应当在"其他非流动资产"项目列示

4. 根据表内相关项目的金额计算填列

资产负债表中还有一些项目,如"流动资产合计""非流动资产合计""资产总计""流动负债合计""非流动负债合计""负债合计""所有者权益(或股东权益)合计""负债和所有者权益(或股东权益)总计"等项目,属于表内计算项目,应根据报表设计的逻辑关系,

按相关项目的合计额填列。

“期末余额”根据表内相关项目的金额计算填列

- “其他流动资产”项目。反映小企业除以上流动资产项目外的其他流动资产（含一年内到期的非流动资产）。本项目应依据相关科目的期末余额分析填列
- “其他非流动资产”项目。反映小企业除以上非流动资产以外的其他非流动资产。本项目应依据有关科目的期末余额分析填列
- “其他流动负债”项目。反映小企业除以上流动负债以外的其他流动负债（含一年内到期的非流动负债）。本项目应依据有关科目的期末余额填列
- “其他非流动负债”项目。反映小企业除以上非流动负债项目以外的其他非流动负债。本项目应依据有关科目的期末余额分析填列
- “固定资产账面价值”项目。反映小企业固定资产原价扣除累计折旧后的余额。本项目应依据“固定资产”科目的期末余额减去“累计折旧”科目的期末余额后的金额填列
- “长期应付款”项目。反映小企业除长期借款以外的其他各种应付未付的长期应付款项。包括：应付融资租入固定资产的租赁费、以分期付款方式购入固定资产发生的应付款项等。本项目应依据“长期应付款”科目的期末余额分析填列
- “递延收益”项目。反映小企业收到的、应在以后期间计入损益的政府补助。本项目应依据“递延收益”科目的期末余额分析填列

注： 本钩稽关系图对应的是表 7-2。

第三节　小企业利润表

小企业利润表是指反映小企业在一定会计期间的经营成果的报表，即是反映企业收入总额减掉费用后的净额。

费用应当按照功能分类，分为营业成本、营业税金及附加、销售费用、管理费用和财务

费用等。

一、小企业利润表至少应当单独列示反映的项目

二、小企业利润表的格式

小企业的利润表采用的是多步式利润表，利润的计算是按照营业利润—利润总额—净利润的层次递进推演的，反映企业当年实现的利润（或亏损）。利润表主要反映两组数据，即“本年累计金额”和“本月金额”。在编报年度财务报表时，需将“本月金额”栏改为“上年金额”栏，填列上年全年实际发生额。因此，利润表也是比较会计报表。其格式如表 7-3 所示。

表 7-3 利润表

会小企 02 表

编制单位： 年 月 单位：元

项目	行次	本年累计金额	本月金额
一、营业收入	1		
减：营业成本	2		
营业税金及附加	3		
其中：消费税	4		
城市维护建设税	5		
资源税	6		
土地增值税	7		
城镇土地使用税、房产税、车船税、印花税	8		
教育费附加、矿产资源补偿费、排污费	9		
销售费用	10		
其中：商品维修费	11		
广告费和业务宣传费	12		

续表

项目	行次	本年累计金额	本月金额
管理费用	13		
其中：开办费	14		
业务招待费	15		
研究费用	16		
财务费用	17		
其中：利息费用（收入以“-”号填列）	18		
加：投资收益（损失以“-”号填列）	19		
二、营业利润（亏损以“-”号填列）	20		
加：营业外收入	21		
其中：政府补助	22		
减：营业外支出	23		
其中：坏账损失	24		
无法收回的长期债券投资损失	25		
无法收回的长期股权投资损失	26		
自然灾害等不可抗力因素造成的损失	27		
税收滞纳金	28		
三、利润总额（亏损总额以“-”号填列）	29		
减：所得税费用	30		
四、净利润（净亏损以“-”号填列）	31		

三、小企业利润表的编制说明

1.“利润表”横向栏次的填报说明

“利润表”横向栏次的填报说明

- “本年累计金额”：反映各项目自年初起至报告期末（月末、季末、年末）止的累计实际发生额。本栏各项目金额应根据本期利润表“本月金额”加上期利润表“本年累计金额”栏的数字填列
- “本月金额”：反映各项目的本月实际发生额，应根据本期各损益类科目的发生额分析填列
- 在编制季度利润表时，应将“本月金额”栏改为“本季度金额”栏，反映各项目本季度实际发生额
- 小企业编制年度利润表时，应将“本月金额”栏改为“上年金额”栏，填列上年全年实际发生额。如果上年度利润表的项目名称和内容与本年度利润表不一致，应对上年度利润表项目的名称和数字按本年度的规定进行调整，填入报表的“上年金额”栏

2.“利润表”各项目的内容及其填列方法

“利润表”各项目的内容及其填列方法

- “营业收入”项目。反映小企业销售商品和提供劳务所实现的收入总额。本项目应依据“主营业务收入”科目和“其他业务收入”科目的发生额合计填列
- “营业成本”项目。反映小企业所销售商品的成本和所提供劳务的成本。本项目应依据“主营业务成本”科目和“其他业务成本”科目的发生额合计填列
- “营业税金及附加”项目。反映小企业开展日常生产活动应负担的消费税、城市维护建设税、资源税、土地增值税、城镇土地使用税、房产税、车船税、印花税和教育费附加、矿产资源补偿费、排污费等。本项目应依据“营业税金及附加”科目的发生额填列
- “销售费用”项目。反映小企业销售商品或提供劳务过程中发生的费用。本项目应依据“销售费用”科目的发生额填列
- “管理费用”项目。反映小企业为组织和管理生产经营发生的其他费用。本项目应依据“管理费用”科目的发生额填列
- “财务费用”项目。反映小企业为筹集生产经营所需资金发生的筹资费用。企业的存款利息收入，也在本科目中反映。本项目应依据“财务费用”科目的借方发生额填列，如为利息收入，以“–”号列示
- “投资收益”项目。反映小企业股权投资取得的现金股利（或利润）、债券投资取得的利息收入和处置股权投资和债券投资取得的处置价款扣除成本或账面余额、相关税费后的净额。本项目应依据“投资收益”科目的发生额填列；如为投资损失，以“–”号填列
- “营业利润”项目。反映小企业当期开展日常生产经营活动实现的利润。本项目应依据营业收入扣除营业成本、营业税金及附加、销售费用、管理费用和财务费用，加上投资收益后的金额填列。如为亏损，以“–”号填列
- “营业外收入”项目。反映小企业实现的各项营业外收入金额。包括非流动资产处置净收益、政府补助、捐赠收益、盘盈收益、汇兑收益、出租包装物和商品的租金收入、逾期未退包装物押金收益、确实无法偿付的应付款项、已做坏账损失处理后又收回的应收款项、违约金收益等。本项目应依据“营业外收入”科目的发生额填列
- “营业外支出”项目。反映小企业发生的各项营业外支出金额。包括存货的盘亏、毁损、报废损失，非流动资产处置净损失，坏账损失，无法收回的长期债券投资损失，无法收回的长期股权投资损失，自然灾害等不可抗力因素造成的损失，税收滞纳金，罚金，罚款，被没收财物的损失，捐赠支出，赞助支出等。本项目应依据“营业外支出”科目的发生额填列
- “利润总额”项目。反映小企业当期实现的利润总额。本项目应依据营业利润加上营业外收入减去营业外支出后的金额填列。如为亏损总额，以“–”号填列
- “所得税费用”项目。反映小企业依据企业所得税法确定的应从当期利润总额中扣除的所得税费用。本项目应依据“所得税费用”科目的发生额填列
- “净利润”项目。反映小企业当期实现的净利润。本项目应依据利润总额扣除所得税费用后的金额填列。如为净亏损，以“–”号填列

注：本钩稽关系对应的是表 7-3。

第四节 小企业现金流量表

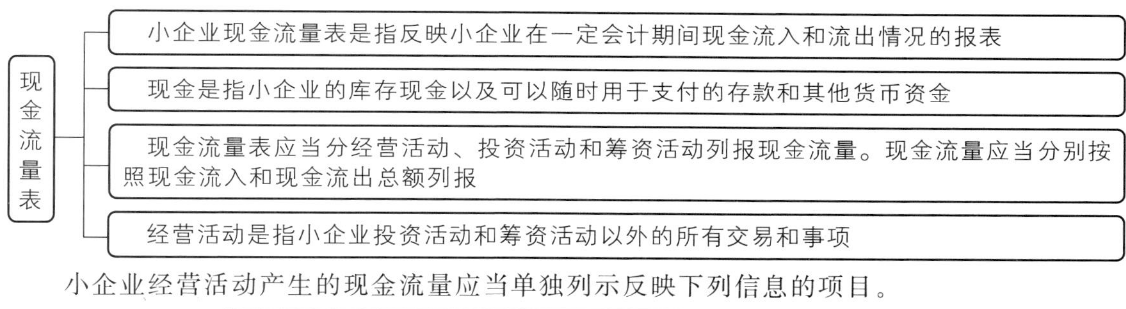

小企业经营活动产生的现金流量应当单独列示反映下列信息的项目。

经营活动产生的现金流量应单独列示反映的信息项目
- 销售产成品、商品，提供劳务收到的现金
- 购买原材料、商品，接受劳务支付的现金
- 支付的职工薪酬
- 支付的税费

投资活动是指小企业固定资产、无形资产、其他非流动资产的购建和短期投资、长期债券投资、长期股权投资及其处置活动。

小企业投资活动产生的现金流量应当单独列示反映下列信息的项目。

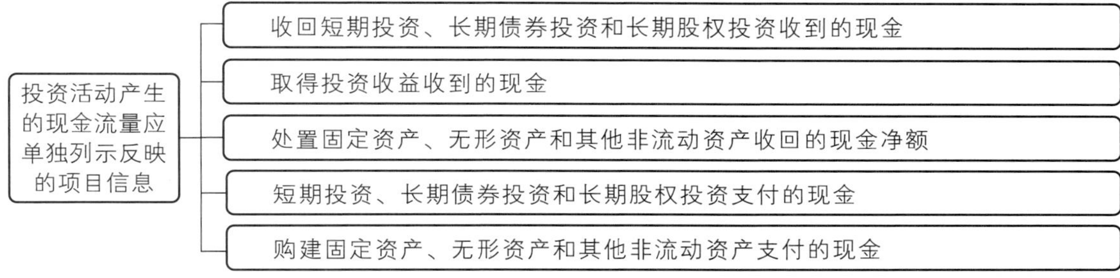

筹资活动是指导致小企业资本及债务规模和构成发生变化的活动。

小企业筹资活动产生的现金流量应当单独列示反映以下信息的项目。

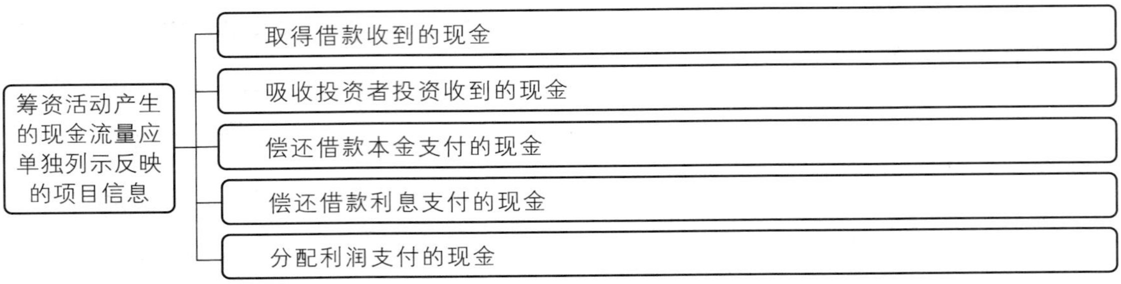

筹资活动产生的现金流量应单独列示反映的项目信息
- 取得借款收到的现金
- 吸收投资者投资收到的现金
- 偿还借款本金支付的现金
- 偿还借款利息支付的现金
- 分配利润支付的现金

一、现金流量表的结构及编制基础

小企业现金流量表采用报告式结构，分类反映经营活动产生的现金流量、投资活动产生的现金流量和筹资活动产生的现金流量，最后汇总反映企业某一期间的现金净增加额。小企业现金流量表采用直接编报法，不需要采用间接法编报现金流量表补充资料部分。

小企业现金流量表的格式如表 7-4 所示。

表 7-4 现金流量表

会小企 03 表

编制单位： 年 月 单位：元

项目	行次	本年累计金额	本月金额
一、经营活动产生的现金流量:			
销售产成品、商品，提供劳务收到的现金	1		
收到其他与经营活动有关的现金	2		
购买原材料、商品，接受劳务支付的现金	3		
支付的职工薪酬	4		
支付的税费	5		
支付其他与经营活动有关的现金	6		
经营活动产生的现金流量净额	7		
二、投资活动产生的现金流量:			
收回短期投资、长期债券投资和长期股权投资收到的现金	8		
取得投资收益收到的现金	9		
处置固定资产、无形资产和其他非流动资产收回的现金净额	10		
短期投资、长期债券投资和长期股权投资支付的现金	11		
购建固定资产、无形资产和其他非流动资产支付的现金	12		
投资活动产生的现金流量净额	13		
三、筹资活动产生的现金流量:			

续表

项目	行次	本年累计金额	本月金额
取得借款收到的现金	14		
吸收投资者投资收到的现金	15		
偿还借款本金支付的现金	16		
偿还借款利息支付的现金	17		
分配利润支付的现金	18		
筹资活动产生的现金流量净额	19		
四、现金净增加额	20		
加：期初现金余额	21		
五、期末现金余额	22		

二、小企业现金流量表的编制方法

编制现金流量表可以采用工作底稿法，也可以采用 T 形账户法。两种方法的基本程序大致相同，结果也一样，只是所采用的手段不同。

（一）工作底稿法

采用工作底稿法编制现金流量表，就是以工作底稿作为手段，以利润表和资产负债表数据为基础，对每一项目进行分析并且编制调整分录，从而编制出现金流量表。

工作底稿法

- 在直接法下，整个工作底稿纵向分成三段：第一段是资产负债表项目，其中又分为借方项目与贷方项目两部分；第二段是利润表项目；第三段是现金流量表项目
- 整个工作底稿横向分为五栏，在资产负债表部分，第一栏为项目栏，填列资产负债表各项目名称；第二栏为期初数，用来填列资产负债表项目的期初数；第三栏为调整分录的借方；第四栏为调整分录的贷方；第五栏为期末数，用来填列资产负债表项目的期末数
- 在利润表和现金流量表部分，第一栏也为项目栏，用来填列利润表和现金流量表项目名称；第二栏空置不填；第三、第四栏分别为调整分录的借方和贷方；第五栏为本期数，利润表部分这一栏数字应和本期利润表数字核对相符，现金流量表部分这一栏的数字可直接用来编制正式的现金流量表

采用工作底稿法编制现金流量表的程序如下。

工作底稿法编制现金流量表的程序

- 将资产负债表的期初数和期末数过入工作底稿的期初数栏和期末数栏
- 对当期业务进行分析并编制调整分录。调整分录的分类见调整分录的分类图，调整分录的特点见调整分录的特点图
- 将调整分录过入工作底稿中的相应部分
- 核对调整分录，借贷合计应当相等，资产负债表项目期初数加减调整分录中的借贷金额以后，应当等于期末数
- 根据工作底稿中的现金流量表项目部分编制正式的现金流量表

调整分录的分类

- 第一类涉及利润表中的收入、成本和费用项目及资产负债表中的资产、负债和所有者权益项目，通过调整，将权责发生制下的收入费用转换为现金基础
- 第二类涉及资产负债表和现金流量表中的投资、筹资项目，反映投资和筹资活动的现金流量
- 第三类涉及利润表和现金流量表中的投资和筹资项目，目的是将利润表中有关投资和筹资方面的收入和费用列入现金流量表投资、筹资现金流量中去
- 还有一些调整分录并不涉及现金收支，只是为了核对资产负债表项目的期末期初变动

调整分录的特点

- 调整分录为一定时期（年）内该类业务的汇总分录
- 调整分录不过入账册，而是直接过入工作底稿（在采用T形账户法的情况下，直接过入T形账户）
- 调整分录不是按会计科目编制，而是按资产负债表、利润表、现金流量表中的项目编制
- 现金事项不直接借记或贷记现金，而是分别计入“经营活动现金流量”“投资活动现金流量”“筹资活动现金流量”，借方表明现金流入，贷方表明现金流出

（二）T形账户法

采用T形账户法，就是以T形账户为手段，以利润表和资产负债表数据作为基础，对每一项目进行分析并且编制调整分录，从而编制现金流量表。采用T形账户法编制现金流量表的程序如下。

工作底稿法编制现金流量表的程序

- 为所有的非现金项目（包括资产负债表项目和利润表项目）分别开设T形账户，并将各自的期末期初变动数过入各账户
- 开设一个大的“现金”T形账户，每边分为经营活动、投资活动和筹资活动三个部分，左边记现金流入，右边记现金流出。与其他账户一样，过入期末期初变动数
- 以利润表项目为基础，结合资产负债表分析每一个非现金项目的增减变动，并据此编制调整分录
- 将调整分录过入各T形账户，并进行核对，该账户借贷相抵后的余额与原先过入的期末期初变动数应当一致
- 根据大的“现金”T形账户编制正式的现金流量表

三、小企业编制现金流量表应注意的有关问题

应注意的问题

- 总额与净额列示的问题。在编制现金流量表时，现金流量通常应当以总额反映，从而全面揭示企业现金流量的方向、规模及结构。但是，对于那些代客户收取或支付的现金及周转快、金额大、期限短的项目的现金收入和现金支出需以净额列示
- 重要非现金流量的披露。对于不涉及当期现金收支，但影响企业财务状况或可能在未来影响企业现金流量的重大投资、筹资活动，也应在会计报表附注中进行说明，如企业以承担债务形式购置资产等
- 自然灾害损失、保险索赔等特殊项目的现金流量分类。对于自然灾害损失、保险索赔等特殊项目的现金流量，需根据其性质，分别归并到经营活动、投资活动和筹资活动现金流量类别中单独列报

四、小企业现金流量表的格式及编制说明

现金流量表的格式及编制说明

- 小企业现金流量表反映小企业一定会计期间内有关现金流入和流出的信息
- 小企业现金流量表“本年累计金额”栏反映各项目自年初起至报告期末止的累计实际发生额。小企业现金流量表“本月金额”栏反映各项目的本月实际发生额；在编报年度财务报表时，应将“本月金额”栏改为“上年金额”栏，填列上年全年实际发生额
- 小企业现金流量表各项目的内容及填列方法。经营活动产生的现金流量见经营活动产生的现金流量图，筹资活动产生的现金流量见筹资活动产生的现金流量图，投资活动产生的现金流量见投资活动产生的现金流量图
- 小企业现金流量表中各项目之间的钩稽关系见钩稽关系图

经营活动产生的现金流量

- “销售产成品、商品和提供劳务收到的现金”项目。反映小企业本期销售产成品、商品和提供劳务收到的现金。本项目可以根据“库存现金”“银行存款”和“主营业务收入”等科目的本期发生额分析填列
- “收到其他与经营活动有关的现金”项目。反映小企业本期收到的其他与经营活动有关的现金。本项目可以根据“库存现金”和“银行存款”等科目的本期发生额分析填列
- “购买原材料、商品和接受劳务支付的现金”项目。反映小企业本期购买原材料、商品和接受劳务支付的现金。本项目可以根据“库存现金”“银行存款”“其他货币资金”“原材料”“库存商品”等科目的本期发生额分析填列
- “支付的职工薪酬”项目。反映小企业本期向职工支付的薪酬。本项目可以根据“库存现金”“银行存款”“应付职工薪酬”科目的本期发生额填列
- “支付的税费”项目。反映小企业本期支付的税费。本项目可以根据“库存现金”“银行存款”“应交税费”等科目的本期发生额填列
- “支付其他与经营活动有关的现金”项目。反映小企业本期支付的其他与经营活动有关的现金。本项目可以根据“库存现金”“银行存款”等科目的本期发生额分析填列

筹资活动产生的现金流量

- “取得借款收到的现金”项目。反映小企业举借各种短期、长期借款收到的现金。本项目可以依据“库存现金”“银行存款”“短期借款”“长期借款”等科目的本期发生额分析填列
- “吸收投资者投资收到的现金”项目。反映小企业收到的投资者作为资本投入的现金。本项目可以依据“库存现金”“银行存款”“实收资本”“资本公积”等科目的本期发生额分析填列
- “偿还借款本金支付的现金”项目。反映小企业以现金偿还各种短期、长期借款的本金。本项目可以依据“库存现金”“银行存款”“短期借款”“长期借款”等科目的本期发生额分析填列
- “偿还借款利息支付的现金”项目。反映小企业以现金偿还各种短期、长期借款的利息。本项目可以依据“库存现金”“银行存款”“应付利息”等科目的本期发生额分析填列
- “分配利润支付的现金”项目。反映小企业向投资者实际支付的利润。本项目可以依据“库存现金”“银行存款”“应付利润”等科目的本期发生额分析填列

投资活动产生的现金流量

- “收回短期投资、长期债券投资和长期股权投资收到的现金”项目。反映小企业出售、转让或到期收回短期投资、长期股权投资而收到的现金，以及收回长期债券投资本金而收到的现金，不包括长期债券投资收回的利息。本项目可以依据“库存现金”“银行存款”“长期债券投资”等科目的本期发生额分析填列
- “取得投资收益收到的现金”项目。反映小企业因权益性投资和债权性投资取得的现金股利或利润和利息收入。本项目可以依据“库存现金”“银行存款”“投资收益”等科目的本期发生额分析填列
- “处置固定资产、无形资产和其他非流动资产收回的现金净额”项目。反映小企业处置固定资产、无形资产和其他非流动资产取得的现金，减去为处置这些资产而支付的有关税费等后的净额。本项目可以依据“库存现金”“银行存款”“固定资产清理”“无形资产”“生产性生物资产”等科目的本期发生额分析填列
- “短期投资、长期债券投资和长期股权投资支付的现金”项目。反映小企业进行权益性投资和债权性投资支付的现金。本项目可以依据“库存现金”“银行存款”“短期投资”“长期债券投资”“长期股权投资”等科目的本期发生额分析填列
- “购建固定资产、无形资产和其他非流动资产支付的现金”项目。反映小企业购建固定资产、无形资产和其他非流动资产支付的现金。本项目可以依据“库存现金”“银行存款”“固定资产”“在建工程”“无形资产”“研发支出”“生产性生物资产”“应付职工薪酬”等科目的本期发生额分析填列

钩稽关系

- 行7=行1+行2−行3−行4−行5−行6
- 行13=行8+行9+行10−行11−行12
- 行19=行14+行15−行16−行17−行18
- 行20=行7+行13+行19
- 行22=行20+行21

注：本钩稽关系对应的是表 7-4。

第五节　小企业财务报表附注

小企业财务报表附注是指小企业对在资产负债表、利润表和现金流量表等报表中列示项目的文字描述或明细资料，以及对没有在这些报表中列示项目的说明等。附注是财务报表的重要组成部分。

财务报表中的数字是经过分类和汇总后的结果，是对企业发生的经济业务的高度简化及浓缩的数字，若没有形成这些数字所使用的会计政策、理解这些数字所必需的披露，财务报表就不可能充分发挥效用。所以，附注与资产负债表、利润表、现金流量表等报表具有同等的重要性，是财务报表的重要组成部分。报表使用者掌握企业的财务状况、经营成果和现金流量，应当全面阅读附注。

一、小企业财务报表附注的披露顺序

财务报表附注的披露顺序

- 遵循小企业会计准则的声明
- 短期投资、应收账款、存货、固定资产项目的说明
- 应付职工薪酬、应交税费项目的说明
- 利润分配的说明
- 用于对外担保的资产名称、账面余额及形成的原因；未决诉讼、未决仲裁及对外提供担保所涉及的金额
- 发生严重亏损的，应当披露持续经营的计划、未来经营的方案
- 对已在资产负债表和利润表中列示项目与企业所得税法规定存在差异的纳税调整过程
- 其他需要在附注中说明的事项

二、小企业财务报表附注披露的基本要求

财务报表附注披露的基本要求

- 附注披露的信息应是定量、定性信息的结合，从而能从量和质两个角度对企业经济事项进行完整的反映，也才能满足信息使用者的决策需求
- 附注应当按照一定的结构进行系统合理的排列和分类，有顺序地披露信息。由于附注的内容繁多，故而更应按逻辑顺序排列，分类披露，条理清晰，具有一定的组织结构，有利于使用者理解和掌握，也更好地实现财务报表的可比性
- 附注相关信息应当与资产负债表、利润表、现金流量表等报表中列示的项目相互参照，方便使用者联系相关联的信息，并由此从整体上更好地理解财务报表

三、小企业财务报表附注信息主要包括的内容

小企业应当按照《小企业会计准则》规定披露附注信息，主要包括下列内容。

财务报表附注信息主要内容

- 遵循小企业会计准则的声明。小企业应当声明编制的财务报表符合小企业会计准则的要求，真实、完整地反映了小企业的财务状况、经营成果以及现金流量等有关信息
- 短期投资、应收账款、存货、固定资产项目的说明。短期投资的披露格式如表7–5所示，应收账款按账龄结构披露的格式如表7–6所示，存货的披露格式如表7–7所示，固定资产的披露格式如表7–8所示
- 应付职工薪酬、应交税费项目的说明。应付职工薪酬明细表如表7–9所示，应交税费明细表如表7–10所示
- 利润分配表如表7–11所示
- 用于对外担保的资产名称、账面余额及形成的原因；未决诉讼、未决仲裁及对外提供担保所涉及的金额
- 发生严重亏损的，应当披露持续经营的计划、未来经营的方案
- 对已在资产负债表和利润表中列示项目与企业所得税法规定存在差异的纳税调整过程参见《中华人民共和国企业所得税年度纳税申报表》
- 其他需要说明的事项

表 7-5 短期投资的披露格式

项目	期末账面余额	期末市价	期末账面余额与市价的差额
1. 股票			
2. 债券			
3. 基金			
4. 其他			
合计			

表 7-6 应收账款按账龄结构披露的格式

项目	期末账面余额	年初账面余额
1 年以内（含 1 年）		
1~2 年（含 2 年）		
2~3 年（含 3 年）		
3 年以上		
合计		

表 7-7 存货的披露格式

项目	期末账面余额	期末市价	期末账面余额与市价的差额
1. 原材料			
2. 在产品			
3. 库存商品			
4. 周转材料			
5. 消耗性生物资产			
……			
合计			

表 7-8 固定资产的披露格式

项目	原价	累计折旧	期末账面价值
1. 房屋、建筑物			
2. 机器			
3. 机械			
4. 运输工具			
5. 设备			
6. 器具			
7. 工具			
……			
合计			

表 7-9 应付职工薪酬明细表

会小企 01 表附表 1

编制单位： 年 月 单位：元

项目	期末账面余额	年初账面余额
1. 职工工资		
2. 奖金、津贴和补贴		
3. 职工福利费		
4. 社会保险费		
5. 住房公积金		
6. 工会经费		
7. 职工教育经费		
8. 非货币性福利		
9. 辞退福利		
10. 其他		
合计		

表 7-10 应交税费明细表

会小企 01 表附表 2

编制单位： 年 月 单位：元

项目	期末账面余额	年初账面余额
1. 增值税		
2. 消费税		
3. 城市维护建设税		
4. 企业所得税		
5. 资源税		
6. 土地增值税		
7. 城镇土地使用税		
8. 房产税		
9. 车船税		
10. 教育费附加		
11. 矿产资源补偿费		
12. 排污费		
13. 代扣代缴的个人所得税		
……		
合计		

表 7-11 利润分配表

会小企 01 表附表 3

编制单位： 年度 单位：元

项目	行次	本年金额	上年金额
一、净利润	1		
加：年初未分配利润	2		
其他转入	3		
二、可供分配的利润	4		
减：提取法定盈余公积	5		
提取任意盈余公积	6		
提取职工奖励及福利基金①	7		
提取储备基金①	8		
提取企业发展基金①	9		
利润归还投资②	10		
三、可供投资者分配的利润	11		
减：应付利润	12		
四、未分配利润	13		

① 提取职工奖励及福利基金、提取储备基金、提取企业发展基金这三个项目仅适用于小企业（外商投资）按照相关法律规定提取的三项基金。

② 利润归还投资这个项目仅适用于小企业（中外合作经营）根据合同规定在合作期间归还投资者的投资。

链接实例 7-1 某小企业为增值税一般纳税人，适用的增值税税率为 17%，所得税税率为 25%；存货采用实际成本进行核算。该企业 2015 年 12 月 31 日的资产负债表如表 7-12 所示。（本例增值税税率以 17% 计算）

表 7-12 资产负债表（简表）

会小企 01 表

编制单位：××企业 2015 年 12 月 31 日 单位：元

资产	金额	负债和所有者权益	金额
流动资产：		流动负债：	
货币资金	900000.00	短期借款	0
短期投资	0	应付票据	400000.00
应收票据	40000.00	应付账款	1000000.00
应收账款	78000.00	预收账款	0
预付账款	20000.00	应付职工薪酬	220000.00
应收股利	0	应交税费	73200.00
应收利息	0	应付利息	0
其他应收款	0	应付利润	0

续表

资产	金额	负债和所有者权益	金额
存货	1600000.00	其他应付款	100000.00
其中：原材料	700000.00	其他流动负债	0
在产品	0	流动负债合计	1793200.00
库存商品	900000.00	非流动负债：	
周转材料	0	长期借款	0
其他流动资产	0	长期应付款	0
流动资产合计	2638000.00	递延收益	0
非流动资产：		其他非流动负债	0
长期债券投资	0	非流动负债合计	0
长期股权投资	0	负债合计	1793200.00
固定资产原价	2300000.00		
减：累计折旧	890000.00		
固定资产账面价值	1410000.00		
在建工程	0		
工程物资	0		
固定资产清理	0		
生产性生物资产	0	所有者权益（或股东权益）：	
无形资产	180000.00	实收资本（或股本）	1000000.00
开发支出	0	资本公积	300000.00
长期待摊费用	0	盈余公积	520000.00
其他非流动资产	0	未分配利润	614800.00
非流动资产合计	1590000.00	所有者权益（或股东权益）合计	2434800.00
资产总计	4228000.00	负债和所有者权益（或股东权益）总计	4228000.00

注：表中“应交税费”为“应交税费——应交增值税”期初数：73200元。

解 2016年，该小企业发生的相关经济业务如下。

（1）2016年1月10日，该小企业从开户银行提取2000元现金。

该企业编制如下会计分录。

借：库存现金　　2000

　　贷：银行存款　　2000

（2）2016年年初，该企业核定销售部备用金定额为2000元，以现金拨付，并规定每月月底由备用金专门经管人员凭有关凭证向会计部门报销，补足备用金。月末，销售部报销日常业务支出1600元。

该企业编制如下会计分录。

① 拨付备用金

借：其他货币资金　　2000

　　贷：库存现金　　2000

② 报销日常业务支出，补足备用金

借：销售费用　　1600

　　贷：库存现金　　1600

(3) 该企业为临时到外地采购原材料，2016 年 3 月 5 日委托开户银行汇款 20000 元到采购地设立采购专户。3 月 20 日，采购员交来从采购专户付款购入材料的有关凭证，增值税专用发票上的原材料价款为 18000 元，增值税税额为 2720 元。3 月 28 日，收到开户银行的收款通知，该采购专户中的结余款项已经转回。

该企业编制如下会计分录。

① 汇出款项

借：其他货币资金——外埠存款　　20000

　　贷：银行存款　　20000

② 采购原材料

借：原材料　　16000

　　应交税费——应交增值税（进项税额）　　2720

　　贷：其他货币资金——外埠存款　　18720

③ 转回余款

借：银行存款　　1280

　　贷：其他货币资金——外埠存款　　1280

(4) 2016 年 3 月 1 日，该企业以银行存款购入 A 公司股票 20000 股，作为短期投资，每股成交价 9.8 元，其中包括 0.2 元为已宣告但尚未分派的现金股利，另支付相关税费 800 元。3 月 8 日，该企业收到 A 公司发放的现金股利。10 月 25 日，该企业出售上述股票，售价为 200000 元。

该企业编制如下会计分录。

① 购入短期投资时

借：短期投资　　192800

　　应收股利　　4000

　　贷：银行存款　　196800

② 收到现金股利时

借：银行存款　　4000

　　贷：应收股利　　4000

③ 出售短期投资时

借：银行存款　　200000

　　贷：短期投资　　192800

　　　　投资收益　　7200

(5) 2016 年 10 月 1 日，该企业购入 B 公司当日发行的 3 年期债券，作为短期投资，支付价款为 560000 元，另支付相关税费 6000 元。该笔债券面值为 540000 元，票面利率为 4%，每季度末付息，到期一次还本。

该企业编制如下会计分录。

① 购入债券时

借：短期投资　　566000
　　贷：银行存款　　566000

② 季末确认债券利息收入时

借：应收利息　　5400
　　贷：投资收益　　5400

③ 实际收到债券利息时

借：银行存款　　5400
　　贷：应收利息　　5400

（6）2016 年 2 月 8 日，该企业对外销售一批商品，开出的增值税专用发票上注明售价为 300000 元，增值税税额为 51000 元；该企业收到购货单位开出的不带息银行承兑汇票一张，票面金额为 351000 元，期限为两个月；商品已发出，该批商品成本为 160000 元。两个月后，该企业按票面金额收回款项，存入银行。

该企业编制如下会计分录。

① 销售实现时

借：应收票据　　351000
　　贷：主营业务收入　　300000
　　　　应交税费——应交增值税（销项税额）　　51000
借：主营业务成本　　160000
　　贷：库存商品　　160000

② 收到款项时

借：银行存款　　351000
　　贷：应收票据　　351000

（7）2016 年 5 月 20 日，该企业采用托收承付结算方式对外销售商品一批，货款 600000 元，增值税税额 102000 元，以银行存款代垫运杂费 12000 元，已办理托收手续。商品已发出，该批商品成本为 400000 元。

该企业编制如下会计分录。

借：应收账款　　714000
　　贷：主营业务收入　　600000
　　　　应交税费——应交增值税（销项税额）　　102000
　　　　银行存款　　12000
借：主营业务成本　　400000
　　贷：库存商品　　400000

（8）2016 年 3 月 3 日，该企业根据原材料采购合同约定，向供货单位预付 200000 元货款的 50%。3 月 26 日，该企业收到供货方发来的原材料，验收无误，增值税专用发票记载的货款为 200000 元，增值税税额为 34000 元。该企业以银行存款补付剩余款项 134000 元。

该企业编制如下会计分录。

① 预付 50% 的货款时

借：预付账款　　100000
　　贷：银行存款　　100000

② 收到原材料并验收入库时

借：原材料　　200000

应交税费——应交增值税（进项税额） 34000
贷：预付账款 234000
借：预付账款 134000
贷：银行存款 134000

（9）2016年4月10日，该企业以银行存款替职工垫付应由其个人负担的医疗费1000元，并从其当月工资中扣回。

该企业编制如下会计分录。

① 垫付时

借：其他应收款 1000
贷：银行存款 1000

② 扣款时

借：应付职工薪酬 1000
贷：其他应收款 1000

（10）2016年5月10日，该企业租入一批包装物，以银行存款向出租方支付押金2000元。

该企业编制如下会计分录。

借：其他应收款 2000
贷：银行存款 2000

（11）2016年8月2日，因债务人破产，该企业将一笔4000元的应收账款金额确认为坏账损失。

该企业编制如下会计分录。

借：营业外支出 4000
贷：应收账款 4000

（12）2016年2月4日，该企业购入原材料一批，增值税专用发票上记载的货款为100000元，增值税税额17000元，全部款项已用转账支票付讫，材料已验收入库。

该企业编制如下会计分录。

借：原材料 100000
应交税费——应交增值税（进项税额） 17000
贷：银行存款 117000

（13）2016年3月10日，该企业采用汇兑结算方式购入原材料一批，发票及账单已收到，增值税专用发票上记载的货款为4000元，增值税税额680元。另支付保险费200元，材料尚未到达。

该企业编制如下会计分录。

借：在途物资 4200
应交税费——应交增值税（进项税额） 680
贷：银行存款 4880

上述购入的原材料已收到，并验收入库。

该企业编制如下会计分录。

借：原材料 4200
贷：在途物资 4200

（14）2016年3月20日，该企业采用委托收款结算方式购入原材料一批，材料已验收入库，月末发票账单尚未收到也无法确定其实际成本，暂估价值为 6000 元。

该企业编制如下会计分录。

借：原材料　6000

　贷：应付账款——暂估应付账款　6000

4 月初做相反的会计分录予以冲回。

借：应付账款——暂估应付账款　6000

　贷：原材料　6000

上述购入的原材料于 4 月 5 日收到发票账单，增值税专用发票上记载的货款为 6200 元，增值税税额 1054 元，对方代垫保险费 400 元，已用银行存款付讫。

该企业编制如下会计分录。

借：原材料　6600

　应交税费——应交增值税（进项税额）　1054

　贷：银行存款　7654

（15）2016 年 5 月 6 日，该企业委托某企业加工一批包装物，发出一批原材料，实际成本为 14000 元，以银行存款支付运杂费 400 元，支付加工费用 4000 元。8 月 6 日，收回委托加工的包装物，以银行存款支付运杂费 500 元，包装物已验收入库。

该企业编制如下会计分录。

① 发出原材料

借：委托加工物资　14000

　贷：原材料　14000

② 支付运杂费

借：委托加工物资　400

　贷：银行存款　400

③ 支付加工费

借：委托加工物资　4000

　贷：银行存款　4000

④ 收回包装物

借：委托加工物资　500

　贷：银行存款　500

借：周转材料　18900

　贷：委托加工物资　18900

（16）2016 年，该企业根据“发料凭证汇总表”的记录，生产车间领用实际成本为 1080000 元的原材料，车间管理部门领用实际成本为 10000 元的原材料，企业行政管理部门领用实际成本为 8000 元的原材料，计 1098000 元。

该企业编制如下会计分录。

借：生产成本　1080000

　制造费用　10000

　管理费用　8000

　贷：原材料　1098000

（17）该企业计算并结转本期完工产品成本 1428000 元。期末没有在产品，本期生产的产品全部完工入库。

该企业编制如下会计分录。

借：库存商品 1428000

贷：生产成本 1428000

(18) 2016 年 12 月 20 日，该企业在财产清查中盘盈材料 1000 千克，按同类材料市场价格计算确定的价值为 12000 元。

该企业编制如下会计分录。

① 批准处理前

借：原材料 12000

贷：待处理财产损溢——待处理流动资产损溢 12000

② 批准处理后

借：待处理财产损溢——待处理流动资产损溢 12000

贷：营业外收入 12000

(19) 2016 年 4 月 2 日，该企业因台风造成一批库存材料毁损，实际成本 6000 元，根据保险责任范围及保险合同规定，应由保险公司赔偿 4000 元，残料已办理入库手续，价值 400 元。

该企业编制如下会计分录。

① 批准处理前

借：待处理财产损溢——待处理流动资产损溢 6000

贷：原材料 6000

② 批准处理后

借：其他应收款 4000

原材料 400

营业外支出 1600

贷：待处理财产损溢——待处理流动资产损溢 6000

(20) 2016 年 1 月 3 日，该企业购入 A 公司 1 月 1 日发行的 5 年期公司债券，票面利率 12%，债券面值 200 元。该企业按 210 元的价格购入 800 张，另支付有关税费 800 元。该债券每年付息一次，最后一年偿还本金并支付最后一次利息。

该企业编制如下会计分录。

借：长期债券投资——面值 160000

——溢折价 8800

贷：银行存款 168800

(21) 沿用本例第 (20) 项。该企业按年计提利息。2016 年 12 月 31 日该企业编制如下会计分录。

① 计提债券利息时

借：应收利息 19200

贷：投资收益 17440

长期债券投资——溢折价 1760

② 实际收到债券利息时

借：银行存款 19200

贷：应收利息 19200

(22) 2016 年 6 月 1 日，该企业以银行存款购买某上市公司的股票 2000 股，作为长期股权投资核算，每股买入价为 10 元，每股价格中包含有 0.2 元的已宣告但尚未发放的现金股利，另支付相关税费 140 元。数日后，该企业实际收到上述现金股利。

该企业编制如下会计分录。

① 取得投资时

借：长期股权投资　19740

　　应收股利　400

　　贷：银行存款　20140

② 实际分得现金股利时

借：银行存款　400

　　贷：应收股利　400

（23）2016 年 3 月 15 日，该企业以 1 台专有设备换入一项长期股权投资。该设备账面原价 600000 元，已计提折旧 440000 元，评估价值为 200000 元。假定不考虑相关税费。

该企业编制如下会计分录。

借：固定资产清理　160000

　　累计折旧　440000

　　贷：固定资产　600000

借：长期股权投资　200000

　　贷：固定资产清理　200000

借：固定资产清理　40000

　　贷：营业外收入　40000

（24）沿用本例第（23）项。2016 年 5 月 30 日该企业收到被投资单位宣告发放现金股利的通知，应分得现金股利 1000 元。

该企业编制如下会计分录。

借：应收股利　1000

　　贷：投资收益　1000

（25）2016 年 8 月 14 日，该企业处置部分长期股权投资，出售价款为 30000 元，另支付相关税费 200 元，款项已由银行收妥。该长期股权投资处置部分相对应的账面价值为 28000 元。

该企业编制如下会计分录。

借：银行存款　29800

　　贷：长期股权投资　28000

　　　　投资收益　1800

（26）2016 年 2 月 3 日，该企业购入 1 台不需要安装即可投入使用的设备，取得的增值税专用发票上注明的设备价款为 6000 元，增值税税额为 1020 元，另支付运输费 60 元，包装费 80 元，款项以银行存款支付。假设该企业属于增值税一般纳税人，增值税进项税额不纳入固定资产成本核算。

该企业编制如下会计分录。

借：固定资产　6140

　　应交税费——应交增值税（进项税额）　1020

　　贷：银行存款　7060

（27）2016 年 3 月 6 日，该企业用银行存款购入 1 台需要安装的设备，增值税专用发票上注明的设备买价为40000元，增值税额为6800元，支付运输费2000元，支付安装费6000元。该企业为增值税一般纳税人，增值税进项税额不纳入固定资产成本核算。

该企业编制如下会计分录。

① 购入进行安装时

借：在建工程 42000

应交税费——应交增值税（进项税额） 6800

贷：银行存款 48800

② 支付安装费时

借：在建工程 6000

贷：银行存款 6000

③ 设备安装完毕交付使用时

借：固定资产 48000

贷：在建工程 48000

（28）2016年4月5日，该企业自建办公楼，购入为工程准备的各种物资100000元，支付的增值税额为17000元，全部用于工程建设。领用一批本企业生产的材料，实际成本为16000元，税务部门确定的计税价格为20000元，增值税税率为17%；工程人员应计工资20000元，支付的其他费用6000元。当年，工程完工并办理竣工决算。

该企业编制如下会计分录。

① 购入工程物资时

借：工程物资 117000

贷：银行存款 117000

② 工程领用工程物资时

借：在建工程 117000

贷：工程物资 117000

③ 工程领用本公司生产的材料时

借：在建工程 19400

贷：库存商品 16000

应交税费——应交增值税（销项税额） 3400

④ 分配工程人员工资时

借：在建工程 20000

贷：应付职工薪酬 20000

⑤ 支付工程发生的其他费用时

借：在建工程 6000

贷：银行存款 6000

⑥ 工程完工转入固定资产＝117000＋19400＋20000＋6000＝162400（元）

借：固定资产 162400

贷：在建工程 162400

（29）2016年，该企业计提固定资产折旧240000元，其中计入制造费用180000元，管理费用60000元。

该企业编制如下会计分录。

借：制造费用 180000

管理费用 60000

贷：累计折旧 240000

(30) 2016 年 8 月 12 日，该企业对现有的一台管理用设备进行日常修理，以银行存款支付维修费用 1000 元。

该企业编制如下会计分录。

借：管理费用 1000

贷：银行存款 1000

(31) 2016 年 9 月 30 日，该企业现有 1 台设备由于性能等原因决定提前报废，原价 100000 元，已计提折旧 90000 元。报废时的残值变价收入为 4000 元，报废清理过程中发生清理费用 700 元。有关收入、支出均通过银行办理结算。假定不考虑相关税费影响。

该企业编制如下会计分录。

① 将报废固定资产转入清理

借：固定资产清理 10000

累计折旧 90000

贷：固定资产 100000

② 收回残料变价收入

借：银行存款 4000

贷：固定资产清理 4000

③ 支付清理费用

借：固定资产清理 700

贷：银行存款 700

④ 结转报废固定资产发生的净损失

借：营业外支出 6700

贷：固定资产清理 6700

(32) 2016 年 12 月 1 日，该企业购入一项非专利技术，支付的买价和有关费用合计 180000 元，以银行存款支付。

该企业编制如下会计分录。

借：无形资产 180000

贷：银行存款 180000

(33) 2016 年 3 月 1 日，该企业自行研究开发一项专利技术，研究开发过程中发生材料费 80000 元、人工工资 20000 元，以及用银行存款支付其他费用 60000 元，总计 160000 元，其中，符合资本化条件的支出为 100000 元。年末，该专利技术达到预定用途。假定不考虑相关税费。

该企业编制如下会计分录。

① 相关费用发生时

借：研发支出——费用化支出 60000

——资本化支出 100000

贷：原材料 80000

应付职工薪酬 20000

银行存款 60000

② 年末开发项目达到预定用途形成无形资产

借：管理费用　60000

　　无形资产　100000

　　贷：研发支出——费用化支出　60000

　　　　　　　——资本化支出　100000

(34) 2016年，该企业计提无形资产摊销额20000元，全部计入管理费用，会计分录如下。

借：管理费用　20000

　　贷：累计摊销　20000

(35) 2016年8月20日，该企业对其以经营租赁方式新租入的办公楼进行装修，发生以下有关支出：领用生产用材料价值100000元，购进该批原材料时支付的增值税进项税额为17000元；有关人员工资等职工薪酬87000元。年末，该办公楼装修完工，达到预定可使用状态并交付使用。

该企业编制如下会计分录。

① 装修领用原材料时

借：长期待摊费用　117000

　　贷：原材料　100000

　　　　应交税费——应交增值税（进项税额转出）　17000

② 确认工程人员职工薪酬时

借：长期待摊费用　87000

　　贷：应付职工薪酬　87000

(36) 2016年1月20日，该企业购入原材料一批，货款20000元，增值税3400元，对方代垫运杂费200元。材料已运到并验收入库，款项尚未支付。

该企业编制如下会计分录。

借：原材料　20200

　　应交税费——应交增值税（进项税额）　3400

　　贷：应付账款　23600

(37) 2016年9月25日，该企业确定一笔应付账款800元为无法支付的款项，应予转销。

该企业编制如下会计分录。

借：应付账款　800

　　贷：营业外收入　800

(38) 该企业于2016年10月1日向银行借入一笔生产经营用短期借款，共计24000元，期限为9个月，年利率为4%。根据与银行签署的借款协议，该项借款的本金到期后一次归还，利息按季支付。

该企业编制如下会计分录。

① 借入短期借款

借：银行存款　24000

　　贷：短期借款　24000

② 按季计提借款利息

借：财务费用　240

　　贷：应付利息　240

③ 实际支付借款利息

借：应付利息 240

贷：银行存款 240

(39) 该企业分配2016年应负担的职工薪酬172400元（不包括在建工程、研发项目、长期待摊项目应负担的薪酬），其中，产品生产人员薪酬为144000元，车间管理人员薪酬为14000元，公司行政管理人员薪酬为12080元，销售人员薪酬为2320元。

该企业编制如下会计分录。

借：生产成本 144000

制造费用 14000

管理费用 12080

销售费用 2320

贷：应付职工薪酬 172400

(40) 2016年，该企业以银行存款支付职工薪酬240000元。

该企业编制如下会计分录。

借：应付职工薪酬 240000

贷：银行存款 240000

(41) 该企业于2016年1月1日从银行借入资金80000元用于补充流动资金不足，借款期限为3年，年利率为8.4%，按年付息，到期一次还本，所借款项已存入银行。

该企业编制如下会计分录。

① 取得借款时

借：银行存款 80000

贷：长期借款 80000

② 按年计提长期借款利息

借：财务费用 6720

贷：应付利息 6720

③ 年末实际支付借款利息

借：应付利息 6720

贷：银行存款 6720

(42) 2016年2月5日，为扩大经营规模，经批准，该企业注册资本增加160万元，通过吸收新投资者实现。新的投资者投入现金120万元以及专用设备一台，设备经评估确定的价值为60万元，增值税进项税额为17万元。

该企业编制如下会计分录。

借：银行存款 1200000

固定资产 600000

应交税费——应交增值税（进项税额） 170000

贷：实收资本 1600000

资本公积 370000

(43) 2016年11月10日，经批准，该企业按原出资比例将资本公积40万元转增资本。

该企业编制如下会计分录。

借：资本公积 400000

贷：实收资本 400000

（44）2016 年 1 月 18 日，该企业采用托收承付结算方式销售一批商品，开出的增值税专用发票上注明售价为 120000 元，增值税税额为 20400 元；商品已经发出，并已向银行办妥托收手续；该批商品的成本为 84000 元。

该企业编制如下会计分录。

借：应收账款 140400
　　贷：主营业务收入 120000
　　　　应交税费——应交增值税（销项税额） 20400
借：主营业务成本 84000
　　贷：库存商品 84000

（45）2016 年 4 月 5 日，该企业与 A 企业签订协议，采用预收款方式向 A 企业销售一批商品。该批商品的实际成本为 120000 元。协议约定，该批商品销售价格为 160000 元，增值税税额为 27200 元；购货单位应在协议签订时预付 60% 的货款（按销售价格计算），剩余货款于 2 个月后支付。

该企业编制如下会计分录。

① 收到 60% 货款时

借：银行存款 96000
　　贷：预收账款 96000

② 收到剩余货款及增值税税款并交付商品时

借：预收账款 96000
　　银行存款 91200
　　贷：主营业务收入 160000
　　　　应交税费——应交增值税（销项税额） 27200
借：主营业务成本 120000
　　贷：库存商品 120000

（46）2016 年 5 月 10 日，该企业委托 T 公司销售商品 200 件，商品已经发出，每件成本为 12 元。合同约定 T 公司应按每件 20 元对外销售，该企业按售价的 10% 向 T 公司支付手续费。当年，T 公司对外实际销售 100 件，开出的增值税专用发票上注明的销售价格为 2000 元，增值税税额为 340 元，款项已收到。12 月 30 日，该企业收到 T 公司开具的代销清单时，向 T 公司开具一张相同金额的增值税专用发票。假定，该企业发出商品时纳税义务尚未发生；该企业采用实际成本核算，T 公司采用进价核算代销商品。

该企业编制如下会计分录。

① 发出商品时

借：委托代销商品 2400
　　贷：库存商品 2400

② 收到代销清单时

借：应收账款 2340
　　贷：主营业务收入 2000
　　　　应交税费——应交增值税（销项税额） 340
借：主营业务成本 1200
　　贷：委托代销商品 1200
借：销售费用 200

贷：应收账款 200

③ 收到 T 公司支付的货款时

借：银行存款 2140

贷：应收账款 2140

(47) 该企业于 2016 年 3 月 1 日销售商品 10000 件，每件商品的标价为 4 元（不含增值税），每件商品的实际成本为 2.4 元，适用的增值税税率为 17%；由于是成批销售，该企业给予购货方 10% 的商业折扣，并在销售合同中规定现金折扣条件为 2/10，1/20，*n*/30；商品于 3 月 1 日发出，购货方于 3 月 9 日付款。假定计算现金折扣时考虑增值税。

本例涉及现金折扣和商业折扣问题，首先需要计算确定销售商品收入的金额。根据销售商品收入金额确定的有关规定，销售商品收入的金额应是未扣除现金折扣但扣除商业折扣后的金额，现金折扣应在实际发生时计入当期财务费用。因此，该企业应确认的销售商品收入金额为 36000 元(4×10000－4×10000×10%)，增值税销项税额为 6120 元（36000×17%）。购货方于销售实现后的 10 日内付款，享有的现金折扣为 842.4 元[(36000＋6120)×2%]。

该企业编制如下会计分录。

① 3 月 1 日销售实现时

借：应收账款 42120

贷：主营业务收入 36000

应交税费——应交增值税（销项税额） 6120

借：主营业务成本 24000(2.4×10000)

贷：库存商品 24000

② 3 月 9 日收到货款时

借：银行存款 41277.6

财务费用 842.4

贷：应收账款 42120

(48) 该企业于 2016 年 2 月 20 日销售一批商品，增值税专用发票上注明售价为 70000 元，增值税税额是 11900 元；该批商品成本为 36400 元。该批商品于 2 月 20 日发出，B 公司于 3 月 1 日付款。该企业对该项销售确认了销售收入。3 月 15 日，该商品质量出现严重问题，B 公司将该批商品全部退回给该企业。该企业同意退货，于退货当日支付了退货款，并按规定向购货方开具了增值税专用发票（红字）。

该企业编制如下会计分录。

① 销售实现时

借：应收账款 81900

贷：主营业务收入 70000

应交税费——应交增值税（销项税额） 11900

借：主营业务成本 36400

贷：库存商品 36400

② 收到货款时

借：银行存款 81900

贷：应收账款 81900

③ 销售退回时

借：主营业务收入 70000

应交税费——应交增值税（销项税额） 11900
贷：银行存款 81900
借：库存商品 36400
贷：主营业务成本 36400

（49）2016 年 7 月 12 日，该企业销售一批商品，开出的增值税专用发票上注明的售价为 20000 元，增值税税额为 3400 元。该批商品的成本为 14000 元。W 公司验货时发现商品质量不合格，要求在价格上给予 5%的折让。经确认，W 公司提出的销售折让要求符合原合同的约定，该企业同意并办妥了相关手续，开具了增值税专用发票（红字）。假定此前该企业已确认该批商品的销售收入，销售款项尚未收到，发生的销售折让允许扣减当期增值税销项税额。

该企业编制如下会计分录。

① 销售实现时

借：应收账款 23400
贷：主营业务收入 20000
应交税费——应交增值税（销项税额） 3400
借：主营业务成本 14000
贷：库存商品 14000

② 发生销售折让时

借：主营业务收入 1000
应交税费——应交增值税（销项税额） 170
贷：应收账款 1170

③ 实际收到款项时

借：银行存款 22230
贷：应收账款 22230

（50）2016 年 12 月 1 日，该企业与 E 公司签订一项为期 6 个月的非工业性劳务合同，合同总收入为 80 万元，当天预收劳务款 20 万元。至 12 月 31 日，实际发生劳务成本 10 万元（以银行存款支付），估计为完成合同还将发生劳务成本 30 万元。假定该企业按实际发生的成本占估计总成本的比例确定劳务的完工进度。

该企业编制如下会计分录。

① 预收劳务款时

借：银行存款 200000
贷：预收账款 200000

② 实际发生劳务成本时

借：劳务成本 100000
贷：银行存款 100000

③ 12 月 31 日确认提供劳务收入并结转劳务成本时

借：预收账款 200000
贷：其他业务收入 200000
借：其他业务成本 100000
贷：劳务成本 100000

（51）2016 年 10 月 15 日该企业销售一批商品，开出的增值税专用发票上注明售价为

40000 元，增值税税额为 6800 元；该批产品成本为 38000 元。商品已发出，货款已收到并存入银行。

该企业编制如下会计分录。

借：银行存款 46800

贷：主营业务收入 40000

应交税费——应交增值税（销项税额） 6800

借：主营业务成本 38000

贷：库存商品 38000

（52）2016 年 6 月 8 日，该企业销售一批原材料，开具的增值税专用发票上注明的售价为 2000 元，增值税税额为 340 元，款项已由银行收妥。该批原材料的实际成本为 1400 元。

该企业编制如下会计分录。

借：银行存款 2340

贷：其他业务收入 2000

应交税费——应交增值税（销项税额） 340

借：其他业务成本 1400

贷：原材料 1400

（53）2016 年，该企业为宣传新产品发生广告费 2000 元，均用银行存款支付。

该企业编制如下会计分录。

借：销售费用 2000

贷：银行存款 2000

（54）2016 年 3 月 10 日，该企业以银行存款支付年度财务报表审计费 6000 元。该公司支付咨询费时编制如下会计分录。

借：管理费用 6000

贷：银行存款 6000

（55）2016 年 11 月 1 日，该企业收到财政拨款 30000 元，要求用于购买节能设备。11 月 15 日，该企业购入节能设备 1 台（假定不需安装），实际成本为 30000 元，预计使用寿命为 5 年，预计净残值为零。假定不考虑相关税费。

该企业编制如下会计分录。

① 收到财政拨款确认政府补助

借：银行存款 30000

贷：递延收益 30000

② 购入设备

借：固定资产 30000

贷：银行存款 30000

③ 设备使用期间按月计提折旧和分配递延收益

借：管理费用 500

贷：累计折旧 500

借：递延收益 500

贷：营业外收入 500

（56）2016 年 8 月 11 日，按照国家相关规定，该企业收到先征后返的增值税税款 50000 元。

该企业编制如下会计分录。

借：银行存款　　50000

　　贷：营业外收入　　50000

(57) 2016 年 5 月 8 日该企业用银行存款支付税款滞纳金 800 元。

该企业编制如下会计分录。

借：营业外支出　　800

　　贷：银行存款　　800

(58) 该企业 2016 年度按小企业会计准则计算的税前会计利润为 1627937.6 元，适用所得税税率为 25%。该企业当年管理费用中有 60000 元为内部研究开发费用，根据税法规定可以按照 50%加计扣除；营业外支出中有 800 元为税收滞纳金，根据税法规定在计算应纳税所得额时不得扣除。假定该企业全年无其他纳税调整因素。

应纳税所得额 = 1627937.6 − (60000 × 50%) + 800 = 1598737.6(元)

当期应交所得税 = 1598737.6 × 25% = 399684.4(元)

该企业编制如下会计分录。

借：所得税费用　　399684.4

　　贷：应交税费——应交所得税　　399684.4

(59) 2016 年年度终了，该企业将各收支科目结转本年净利润。

该企业编制如下会计分录。

借：主营业务收入　　2406200

　　其他业务收入　　202000

　　投资收益　　32840

　　营业外收入　　12650

　　贷：本年利润　　2767540

借：本年利润　　1139602.4

　　贷：主营业务成本　　841200

　　　　其他业务成本　　101400

　　　　销售费用　　6120

　　　　管理费用　　167580

　　　　财务费用　　10202.4

　　　　营业外支出　　13100

借：本年利润　　399684.4

　　贷：所得税费用　　399684.4

借：本年利润　　1228253.2

　　贷：利润分配——未分配利润　　1228253.2

(60) 年度终了，该企业按当年净利润的 10%提取法定盈余公积金。

该企业编制如下会计分录。

借：利润分配——提取法定盈余公积　　122825.32

　　贷：盈余公积——法定盈余公积　　122825.32

(61) 该企业以银行存款向投资者分配利润 100000 元。

该企业编制如下会计分录。

借：利润分配——应付利润　　100000

贷：应付利润 100000

借：应付利润 100000

贷：银行存款 100000

(62) 年度终了，该企业将利润分配各明细科目的余额转入“未分配利润”明细科目。

该企业编制如下会计分录。

借：利润分配——未分配利润 222825.32

贷：利润分配——提取法定盈余公积 122825.32

——应付利润 100000

(63) 该企业以人民币作为记账本位币，其外币交易在初始确认时采用交易日即期汇率折算。2016 年度该企业发生的有关外币交易或事项如下。

① 以人民币向银行买入 40000 欧元。当日即期汇率为 1 欧元 =9.69 元人民币，当日银行卖出价为 1 欧元 =9.75 元人民币。

② 从国外购入一批原材料，总价款为 80000 欧元。该原材料已验收入库，货款尚未支付。当日即期汇率为 1 欧元 =9.64 元人民币。另外，以银行存款支付该原材料的进口关税 128800 元人民币，增值税 153000 元人民币。

③ 出口销售一批商品，销售价款为 120000 欧元，货款尚未收到。当日即期汇率为 1 欧元 =9.41 元人民币。假设不考虑相关税费。

④ 收到应收账款 60000 欧元，款项已存入银行。当日即期汇率为 1 欧元 =9.54 元人民币。

该企业编制如下会计分录。

① 借：银行存款——××银行（欧元） 387600(40000×9.69)

财务费用——汇兑差额 2400

贷：银行存款——××银行（人民币） 39000(40000×9.75)

② 借：原材料 900000(80000×9.64+128800)

应交税费——应交增值税——进项税额 153000

贷：应付账款——××单位（欧元） 771200(80000×9.64)

银行存款——××银行（人民币） 281800

③ 借：应收账款——××单位（欧元） 1129200(120000×9.41)

贷：主营业务收入 1129200

④ 借：银行存款——××银行（欧元） 572400(60000×9.54)

贷：应收账款——××单位（欧元） 572400

(64) 沿用本例第（63）项。2016 年 12 月 31 日，即期汇率为 1 欧元 =9.61 元人民币。

该企业计算期末产生的汇兑差额如下。

① 银行存款欧元户余额 =40000+60000=100000(欧元)

按当日即期汇率折算为人民币金额 =100000×9.61=961000(元人民币)

汇兑差额 =961000−(387600+572400)=1000(元人民币)(汇兑收益)

② 应收账款欧元户余额 =120000−60000=60000(欧元)

按当日即期汇率折算为人民币金额 =60000×9.61=576600(元人民币)

汇兑差额 =576600−(1129200−572400)=19800(元人民币)(汇兑收益)

③ 应付账款欧元户余额 =80000 欧元

按当日即期汇率折算为人民币金额 =80000×9.61=768800(元人民币)

汇兑差额 =768800−771200=2400(元人民币)(汇兑收益)

④ 应计入当期损益的汇兑差额 = 1000 + 19800 + 2400 = 23200（元人民币）（汇兑收益）

借：银行存款——××银行（欧元） 1000

　　应收账款——××单位（欧元） 19800

　　应付账款——××单位（欧元） 2400

　　贷：营业外收入——汇兑差额 23200

那么，该企业编制的 2016 年 12 月 31 日资产负债表如表 7-13 所示。

表 7-13 资产负债表

会小企 01 表

编制单位：某企业　　2016 年 12 月 31 日　　单位：元

资产	行次	年初数	期末数	负债及所有者权益	行次	年初数	期末数
流动资产：				流动负债：			
货币资金	1	900000	1421073.6	短期借款	28		24000
短期投资	2		566000	应付票据	29	400000	400000
应收票据	3	40000	40000	应付账款	30	1000000	1791600
应收账款	4	78000	1505000	预收账款	31		278400
预付账款	5	20000	20000	应付职工薪酬	32	220000	389040.4
应收股利	6		1000	应交税费	33	73200	
应收利息	7			应付利息	34		
其他应收款	8		6000	应付利润	35		
存货	9	1600000	2149700	其他应付款	36	100000	100000
其中：原材料	10	700000	660000	其他流动负债	37		
在产品	11			流动负债合计	38	1793200	2983040.4
库存商品	12	900000	1469600				
周转材料	13		18900				
其他流动资产	14						
流动资产合计	15	2638000	5708773.6				
非流动资产：				非流动负债：			
长期债券投资	16		167040	长期借款	39		80000
长期股权投资	17		191740	递延收益	40		29500
固定资产原价	18	2300000	2446540	其他非流动负债	41		
减：累计折旧	19	890000	600500	非流动负债合计	42	0	109500
固定资产账面价值	20	1410000	1846040	负债合计	43	1793200	3092540.4
固定资产清理	21			所有者权益（股东权益）：			
生产性生物资产	22			实收资本（或股本）	44	1000000	3000000
无形资产	23	180000	440000	资本公积	45	300000	202000
长期待摊费用	24		204000	盈余公积	46	520000	642825.32

续表

资产	行次	年初数	期末数	负债及所有者权益	行次	年初数	期末数
其他非流动资产	25			未分配利润	47	614800	1620227.88
非流动资产合计	26	1590000	48820	所有者权益（股东权益）合计	48	2434800	5465053.2
资产总计	27	4228000	8557593.6	负债和所有者权益（股东权益）总计	49	4228000	8557593.6

链接实例 7-2 沿用【链接实例 7-1】。该企业编制的 2016 年度利润表如表 7-14 所示。

解

表 7-14 利润表

会小企 02 表

编制单位：某企业　　2016 年度　　单位：元

项目	行次	本年累计金额	上年金额
一、营业收入	1	2608200	
减：营业成本	2	942600	
营业税金及附加	3	0	
其中：消费税	4		
城市维护建设税	5		
资源税	6		
土地增值税	7		
城镇土地使用税、房产税、车船税、印花税	8		
教育费附加、矿产资源补偿费、排污费	9		
销售费用	10	6120	
其中：商品维修费	11		
广告费及业务宣传费	12	2000	
管理费用	13	167580	
其中：开办费	14		
业务招待费	15		
研究费用	16	60000	
财务费用	17	10202.4	
其中：利息费用（收入以“-”号填列）	18		
加：投资收益（损失以“-”号填列）	19	32840	
二、营业利润（亏损以“-”号填列）	20	1514537.6	
加：营业外收入	21	126500	

续表

项目	行次	本年累计金额	上年金额
其中：政府补助	22	500	
减：营业外支出	23	13100	
其中：坏账损失	24	4000	
无法收回的长期债券投资损失	25		
无法收回的长期股权投资损失	26		
自然灾害等不可抗力因素造成的损失	27	1600	
税收滞纳金	28	800	
固定资产清理损失	29	6700	
三、利润总额（亏损总额以“-”号填列）	30	1627937.6	
减：所得税费用	31	399684.4	
四、净利润（净亏损以“-”号填列）	32	1228253.2	

链接实例 7-3 沿用【链接实例 7-1】。该企业应在 2016 年财务报表附注中做哪些信息披露。

解 （1）遵循小企业会计准则的声明。本公司按照《小企业会计准则》的要求编制财务报表，真实、完整地反映了本公司的财务状况、经营成果和现金流量等有关信息。

（2）短期投资、应收账款、存货、固定资产项目的说明。

① 短期投资说明见表 7-15。

表 7-15 短期投资说明　　单位：元

项目	期末账面余额	期末市价	期末账面余额与市价的差额
1. 股票	0		
2. 债券	566000.00	566000.00	0
3. 基金			
4. 其他			
合计	566000.00	566000.00	0

② 应收账款说明见表 7-16。

表 7-16 应收账款说明　　单位：元

项目	期末账面余额	年初账面余额
1 年以内（含 1 年）	1465000.00	-56000.00
1～2 年（含 2 年）	40000.00	22000.00
2～3 年（含 3 年）	0	0
3 年以上	0	0
合计	1505000.00	78000.00

③ 存货说明见表7-17。

表7-17 存货说明 单位：元

项目	期末账面余额	期末市价	期末账面余额与市价的差额
1. 原材料	660000.00	720000.00	-60000.00
2. 在产品	0	0	0
3. 库存商品	1469600.00	1569600.00	-100000.00
4. 周转材料	18900.00	18900.00	0
5. 消耗性生物资产			
6. 委托代销商品	1200.00	1300.00	-100.00
合计	2149700.00	2309800.00	-160100.00

④ 固定资产说明见表7-18。

表7-18 固定资产说明 单位：元

项目	原价	累计折旧	期末账面价值
1. 房屋、建筑物	622400	244500	177920
2. 机器	1040000	186000	1003980
3. 机械			
4. 运输工具			
5. 设备	784140	170000	464140
6. 器具			
7. 工具			
……			
合计	2446540	600500	1846040

(3) 应付职工薪酬、应交税费项目的说明。

① 应付职工薪酬说明见表7-19。

表7-19 应付职工薪酬说明

会小企01表附表1

编制单位： 年 月 单位：元

项目	期末账面余额	年初账面余额
1. 职工工资	201739.20	
2. 奖金、津贴和补贴		
3. 职工福利费		
4. 社会保险费	48417.40	
5. 住房公积金	21182.60	
6. 工会经费	4034.80	
7. 职工教育经费	3026.00	
8. 非货币性福利		
9. 辞退福利		

续表

项目	期末账面余额	年初账面余额
10. 其他		
合计	278400.00	

② 应交税费说明见表 7-20。

表 7-20 应交税费说明

会小企 01 表附表 2

编制单位： 年 月 单位：元

项目	期末账面余额	年初账面余额
1. 增值税	-10644.00	73200
2. 消费税		
3. 城市维护建设税		
4. 企业所得税	399684.40	
5. 资源税		
6. 土地增值税		
7. 城镇土地使用税		
8. 房产税		
9. 车船税		
10. 教育费附加		
11. 矿产资源补偿费		
12. 排污费		
13. 代扣代缴的个人所得税		
……		
合计	389040.40	

（4）利润分配的说明见表 7-21。

表 7-21 利润分配的说明

会小企 01 表附表 3

编制单位： 年度 单位：元

项目	行次	本年金额	上年金额
一、净利润	1	1228253.2	
加：年初未分配利润	2	614800	
其他转入	3		
二、可供分配的利润	4	1843053.2	
减：提取法定盈余公积	5	122825.32	
提取任意盈余公积	6		
提取职工奖励及福利基金[①]	7		

续表

项目	行次	本年金额	上年金额
提取储备基金①	8		
提取企业发展基金①	9		
利润归还投资②	10		
三、可供投资者分配的利润	11	1720227.88	
减：应付利润	12	100000	
四、未分配利润	13	1620227.88	

① 提取职工奖励及福利基金、提取储备基金、提取企业发展基金这三个项目仅适用于小企业（外商投资）按照相关法律规定提取的三项基金。

② 利润归还投资这个项目仅适用于小企业（中外合作经营）根据合同规定在合作期间归还投资者的投资。

（5）用于对外担保的资产名称、账面余额及形成的原因；未决诉讼、未决仲裁以及对外提供担保所涉及的金额。

2016 年 1 月 1 日，该企业从银行借入资金 80000 元用于补充流动资金不足，借款期限为 3 年，年利率为 8.4%，按年付息，到期一次还本。该企业以其一处仓库抵押作为借款保证，该仓库账面价值为 350000 元，经某评估公司评估价值为 100000 元。

（6）对已在资产负债表和利润表中列示项目与企业所得税法规定存在差异的纳税调整过程。企业所得税年度纳税申报表见表 7-22。

表 7-22 中华人民共和国企业所得税年度纳税申报表（A 类）

税款所属期间：　　年　月　日至　年　月　日

纳税人名称：

纳税人识别号：□□□□□□□□□□□□□□□　　金额单位：元

类别	行次	项目	金额
利润总额计算			
	1	一、营业收入	2608200
	2	减：营业成本	942600
	3	营业税金及附加	
	4	销售费用	6120
	5	管理费用	167580
	6	财务费用	10202.4
	7	资产减值损失	
	8	加：公允价值变动收益	
	9	投资收益	32840
	10	二、营业利润	1514537.6
	11	加：营业外收入	126500
	12	减：营业外支出	13100
	13	三、利润总额（10+11-12）	1627937.6

续表

类别	行次	项目	金额
应纳税所得额计算	14	加：纳税调整增加额	800
	15	减：纳税调整减少额	30000
	16	其中：不征税收入	
	17	免税收入	
	18	减计收入	
	19	减、免税项目所得	
	20	加计扣除	30000
	21	抵扣应纳税所得额	
	22	加：境外应税所得弥补境内亏损	
	23	纳税调整后所得（13+14－15+22）	1598737.6
	24	减：弥补以前年度亏损	
	25	应纳税所得额（23－24）	1598737.6
应纳税额计算	26	税率（25%）	25%
	27	应纳所得税额（25×26）	399684.4
	28	减：减免所得税额	
	29	减：抵免所得税额	
	30	应纳税额（27－28－29）	399684.4
	31	加：境外所得应纳所得税额	
	32	减：境外所得抵免所得税额	
	33	实际应纳所得税额（30+31－32）	399684.4
	34	减：本年累计实际已预缴的所得税额	
	35	其中：汇总纳税的总机构分摊预缴的税额	
	36	汇总纳税的总机构财政调库预缴的税额	
	37	汇总纳税的总机构所属分支机构分摊的预缴税额	
	38	合并纳税（母子体制）成员企业就地预缴比例	
	39	合并纳税企业就地预缴的所得税额	
	40	本年应补（退）的所得税额（33－34）	399684.4
附列资料	41	以前年度多缴的所得税额在本年抵减额	
	42	以前年度应缴未缴在本年入库所得税额	

纳税人公章：	代理申报中介机构公章：	主管税务机关受理专用章：
经办人：	经办人及执业证件号码：	受理人：
申报日期： 年 月 日	代理申报日期： 年 月 日	受理日期： 年 月 日

参考文献

[1] 梁美仪.小企业会计准则从入门到精通［M］.北京：清华大学出版社，2014.

[2] 贺志东.《小企业会计准则》深入解读与核算实务全书［M］.北京：中国纺织出版社，2016.

[3] 栾庆忠.小企业会计从入门到高手［M］.北京：中国市场出版社，2012.

[4] 齐飞.小企业会计准则：案例解读与实战演练［M］.北京：中国经济出版社，2013.

[5] 夏文娟.小企业会计实务［M］.重庆：重庆大学出版社，2015.

[6] 史玉光.小企业会计准则操作实务［M］.第2版.北京：电子工业出版社，2013.

[7] 罗胜强，刘兵，赵团结.会计领军人才手把手教你学小企业会计［M］.上海：立信会计出版社，2014.

[8] 方文彬.小企业会计科目使用规则大通关［M］.北京：中国宇航出版社，2013.

[9] 孙美杰.小企业会计［M］.上海：立信会计出版社，2016.

[10] 国家税务总局教材编写组.小企业会计［M］.北京：中国税务出版社，2015.

[11] 李敏.小企业会计：理论实务习题解答［M］.上海：上海财经大学出版社，2013.

[12] 韩艳华.会计新手成长手记（小企业会计准则版）［M］.北京：清华大学出版社，2014.